国家社会科学基金重点项目

"中国集体林权改革研究"(编号:2010010007)

刘金龙 著

参与式林业政策过程

PARTICIPATORY FORESTRY
POLICY PROCESS

中国社会科学出版社

图书在版编目(CIP)数据

参与式林业政策过程 / 刘金龙著. —北京：中国社会科学出版社，2019.12
ISBN 978-7-5203-5403-5

Ⅰ.①参…　Ⅱ.①刘…　Ⅲ.①林业政策—研究—中国　Ⅳ.①F326.20

中国版本图书馆 CIP 数据核字(2019)第 244542 号

出 版 人	赵剑英
责任编辑	田　文
特约编辑	陈　琳
责任校对	张爱华
责任印制	王　超

出　　版	中国社会科学出版社
社　　址	北京鼓楼西大街甲 158 号
邮　　编	100720
网　　址	http://www.csspw.cn
发 行 部	010-84083685
门 市 部	010-84029450
经　　销	新华书店及其他书店
印　　刷	北京君升印刷有限公司
装　　订	廊坊市广阳区广增装订厂
版　　次	2019 年 12 月第 1 版
印　　次	2019 年 12 月第 1 次印刷
开　　本	710×1000　1/16
印　　张	17
插　　页	2
字　　数	288 千字
定　　价	96.00 元

凡购买中国社会科学出版社图书，如有质量问题请与本社营销中心联系调换
电话：010-84083683
版权所有　侵权必究

前 言

参与式林业在行动层面包括两方面的内容：其一是将参与式发展的理念引入到森林管理实践中；其二是将参与式发展的理念引入到林业发展战略、政策、法律、法规的形成过程中以及林业行政管理机构的建设中。近20年中，在森林管理实践上，参与式林业已经显现出积极的影响。在人力资源培养，特别是改变林业部门及其职工的传统观念和行为态度、处理森林和社区的关系，以及在区域林业发展项目的选择、规划、实施、监测和评估、森林管理模式等方面取得了实质性的进展。针对我国重大的森林资源保护工程项目——天然林资源保护工程的研究提出的村级森林管理规划的概念（刘金龙，2006），村级森林管理规划已经成为参与式林业在我国森林管理实践中的重要行动话语。在欧盟委员会的资助下，我们在甘肃省小陇山林区的部分社区，试验性地开展了村级森林管理规划，在行动过程中研究基层森林管理的正式和非正式制度、相关利益者、权力关系和冲突、知识体系的形成和转移，天然林资源保护工程等项目以及这些项目的干预对社区机构、权力关系、不同角色的利益等方面带来的影响，阐释这些变化的政策含义，提出导向森林可持续管理和人民生活水平改善双赢的战略。

然而，参与式林业的理念在我国林业制度建设上的作用还不显著。2000年以后，一批在森林社区从事森林管理、林区社会学和经济学研究的同仁，站在社区角度审视我国的林业政策，在林地林木权属安排、利益分配方案和促进私有林、合作林发展政策等方面取得了一些成果。这些工作仍然是作为一个专业工作者，基于社区或其他利益相关者的立场，思辨当前的林业政策。由此提出的政策建议往往能够得到强调"为人民服务"、"有利于人民的政策"的那一部分专家和政府官员的呼应。而这些专家和官员往往被人冠之以"教条死板"的一群人，进入21世纪，这些人陆续退休了。而我国林业政策和制度制定与实施领域，长期以来一直被传统林学所主导，植树造林、绿化祖国、限额采伐、资源管理、良种良法、工业用材等话语主导了林业的政策和制度构建。而在林业政策和制度研究领域，则被一大批对新自由主义经济学并不熟悉的但坚持新自由主义教义的研究人员所垄断。客观地说，中国森林管理政策和制度建立与完善、实施、监测和评估的大门并没有真正向利益相关者打开，不同相关利益群体也没有主动参与到森林管理政策和制度建立与完善、实施、监测和评估中来。如果非要说进步，这些社区视角的工作更加立足于基层，在政策设计中充分考虑到不同利益相关者的需求，为利益相关者的参与奠定了基础。

我们在国家林业局国际合作司的支持下，与福建省三明市林业局合作，实施了"参与式林业政策过程试验"的项目。这个项目历时8年，分为三个阶段。第一阶段，2007年5月至2008年12月，主要活动包括在福建省三明市开展了参与式林业政策过程的培训，以集体林权改革背景下制定《三明市林木采伐管理规定》为切入点，开展了参与式林业政策过程的试验，首次尝试将参与式的理念运用到林业政策和制度的制定、监测和评估中。这个过程得到了国家林业局政策法规司和联合国粮农组织的资助。第二阶段，2009年1—12月，主要活动包括组织了一次亚洲参与式林业政策过程研讨会，探讨亚洲国家参与式林业政策过程的工具、方法和逻辑。这个阶段是在国家软科学基金的支持下开展研究工作的。第三阶段，2010年1月至2016年10月，在系统整理参与式林业政策过程理论、方法、工具的基础上，在贵州黔东南州、福建三明市、湖南怀化市，推广参与式林业过程方法，运用到集体林权制度改革配套政策措施的研究中来。这些政策措施包括森林、林木所有权流转政策，林业税费政策，采伐管理规定等。这个阶段的研究纳入到了国家社科基金重点项目"南方集体林权改革配套政策"中去。不难预料，将参与式发展的理念引入到林业政策过程中远比引入到森林管理实践中要困难得多，很难为绝大多数从事林业政策工作的政府官员和研究人员所认同。之所以迎接这个挑战，我们认为有必要把当前国际林业发展新的潮流和思路介绍给中国，为中国林业政策的形成开辟一个全新的视角。

作为一个参与式林业的发起人、倡导者，我坚信参与式林业政策过程是当今国际社会解决全球森林问题的唯一途径。在与林业相关的国际环境政治舞台上，各成员国、国际组织、非政府组织、研究者、倡导者各持不同的观点和立场，在全球、区域机制中寻求妥协和共识的过程。尤其要强调的是，像中国这样的大国，不同地区社会经济差异很大，各地林情也不一样，相关利益者众多，参与式林业政策过程是解决国内林业政策问题的必由之路。这是因为，对于中国这样一个大国，参与式林业政策过程是我国林业政策和制度形成与完善最重要的路径。在全球化不断深化的今天，中国林业已经是世界林业重要的组成部分。2005年联合国粮农组织发布的世界森林资源报告指出，全球森林数量下降趋缓，20世纪末期每年约减少1100万公顷，21世纪则下降到每年减少约730万公顷（FAO，2007）。中国在过去的10年，平均年增加森林面积200万—400万公顷，为世界最大，缓解了全球森林面积减少的状况。另外，全球化正在冲击中国林业的方方面面，中国迅速成为世界林产品贸易的大国。从宏观看，国内林业政策、法律法规、贸易政策、环境和发展策略，与国际机构和各国政府的林业合作行动已经成为国际林业和环境的焦点；从微观看，地方性的关于林木采伐利用规定的调整，新的林地流转措施出台，森林生态效益补助政策的调整，甚至是否允许林中打猎，关闭环境敏感地区的林业加工企业，都会引起国际社会相关人士的关注。

这是盛势，也是兴事，然而却挑战着我们的智慧，考验着我们的胆识，检阅着我们的胸襟。对于国际上的指手画脚，大可忽略，毕竟国内的林业政策和制度的制定是要立足于我国的实践，问题的核心是我们如何应对行业外的国人对我们林业政策和制度的评头论足。长期以来，林业部门内部很容易形成这样的认知：林业到底存在什么问题，应如何发展，政策该怎样调整？林业部门内部拥有足够的智慧，最权威的信息，最充分的知识储备和经验积累，也只能由林业部门自己人回答问题，调整政策和制定发展规划。这种说法过去如此，现在如此，然而将来未必如此！

经历30多年改革开放的历程，我国林业面临的社会经济环境发生了天翻地覆的变化，话语讨论的热点已经由过去的生产、运输计划下达、计划执行、劳动竞赛转向集体和国有林权改革、发展林下经济、森林生态效益补偿、林业金融、气候变化、生物多样性保护、荒漠化防治等林业发展焦点话题。在所有制体系中，过去只是国有和集体两种所有制形式，有国有森工企业、国有林场和集体三种经营形式。而现在的森林经营形式，五花八门、纷繁芜杂，包括国有、集体和私人，外资和内资，传统森林经营方法和现代企业组织模式，规模大的和规模小的，组织规范的和零散不规范的，有以资本为纽带的，也有以土地或技术为纽带的，或者以出售林下资源开发权，也有拍卖森林景观使用权，有出售水资源涵养权的，也有将森林管护权委托出去的。围绕着林木采伐利用、林地开发利用、政府林业发展项目，有人做研究，有人攻市场，事业掺和着利益，一时间搞采伐、跑运输、专加工、做贸易的人纷至沓来。林子还没怎么变大，形形色色、林林总总的"鸟"却接踵而至。于是乎，国外人想出了一个词，叫"stakeholder"，即"利益相关者"，"相关利益者"或称"利益攸关方"。

无论怎样，这些利益相关者会时刻站在本身的利益平台上思考问题，甚至使得林业部门很被动。例如老鼠会式的造林公司，骗得老百姓数以亿计的资金。再如，当南方集体林权改革明确把落实和维护林农的权力和利益放在重要位置时，2007 年我在福建调研时，一位林农告诉我："自打人民公社起，木头是村里的事，组里（指的是村民小组）不管，组里管毛竹。联产承包责任制后，砍木头还是村里的事，农户不管，农户只管毛竹。村里的树今天砍一棵，明天再砍一棵，至今村里的树不多了。树砍了，竹子就长上去了，成了我们自己的。村里没有东西了，现在他们正在闹改革。"

显然，这种现象似乎和缺乏与这些利益相关者的沟通相关，缺乏能够被这些利益相关者接受和理解的语言和方式进行解释相关。这个认知是不错的，花大力气推行新闻发言人措施，推行政务公开，推进行政审批的改革。然而，局限于这样一个认知显然是不够的，这些利益相关者更需要知道我们制定政策的宗旨和含义，政策的具体措施对他们的影响，以及政策实施的有效监管。更进一步，相关利益群体已经开始渴望知道政策制定过程是否公正，程序是否合法，方法是否恰当，政策内容与执行力是否匹配，研究和培训计划是否合适，评价和监测体系是否完备。

当今我国林业部门面临的挑战不仅仅是在实践上，理论上也同样直面着许多困惑。"从群众中来，到群众中去"历来是我国政策生成的基本原则。然而，这些政策的真正落实需要程序、方法和手段方面的配合，这恰恰是我们缺乏的。从深层次看，我们缺少理论支持和本土理论的研究以及在科学理论指导下寻求实现"从群众中来，到群众中去"的具体方法和措施。1992 年，里约热内卢联合国环境和发展大会通过了《里约环境与发展宣言》《21 世纪议程》和《关于森林问题的原则声明》。原则声明指出"林业这一主题涉及环境与发展的整个范围内的问题和机会,包括社会经济可持续地发展的权利在内","森林是经济发展和维持所有生物所必不可少的"。将推动公众参与作为落实这一原则声明的重要原则,"各国政府应促进和提供机会,让有关各方包括地方社区和土著居民、工商界、劳工界、非政府组织和个人、森林居民和妇女,参与制定、执行和规划国家森林政策"。原则声明并没有给出如何才能实现公众参与。

越来越多的学者认识到人类缺乏足够的知识来管理森林。对森林生态系统的自然功能和反应的理解,不足以从理论上支持森林的生态系统经营。即使有足够的生态系统知识,但远不能解决问题,因为社会、政治、经济和法律等对实施生态系统经营有极大的影响。林业部门并没有拥有足够的知识和经验,解决林业面临的发展道路、策略和政策措施问题。这在理论上要求林业部门必须放弃自我封闭政策形成的路径,与其他相关利益群体共同构建恰当的林业发展政策。林业政策形成过程,如同政策实践一样,应该成为大众的权力,同时要求林业政策执行和监测、评估成为大众的责任和自觉行为。

参与式林业政策过程的核心是提供一个开放式的过程,尽可能为不同利益相关者提供咨询、质疑和谈判的平台和机制,整合不同利益相关者的观点和化解不同利益需求间的冲突,在对话中解决问题,达成林业发展政策的共识。倘若没有一个被其他利益群体所接受的林业政策和发展战略,中国林业必然走向自我封闭、自我陶醉,最终被这些利益相关者捅开封闭的大门,而被迫迎接开放的时代,被迫去适应责任分享的社会。

当今中国走在现代化的道路上,正面临着全球化和社会、经济、技术快速变迁的挑战,中国更需要一个正确的林业发展政策,这个政策能够被不同的利益群体所理解和支持,可以变成以林为生的人们,与林相伴的人们,甚至是整个社会的集体行动,引领中国走向森林可持续经营,社会的和谐发展,在现代化过程中创新出与森林相关的文化和生活方式。

针对上述需求,本书试图系统总结国内外运用于林业政策制定、执行和监测、评估中参与式的工具和方法。我们将这些理论和方法、工具实际操作于福建省三明市《林木采伐指标分配和管理》的制定过程中和在福建、湖南以及贵州集体林权改革配套政策研究中,本书忠实地记录了其实践和研究的过程、经验、教训和体会。

本书是参与式林业系列著作中的一部,与已经出版的《参与、组织、发展》《村级森林管理规划》《社区参与森林管理》以及 *Forests in the Mist* 和将要出版的《发展视角下的南方集体林权改革研究》《发展视角下的林业公共财政政策》等构成参与式林业理论、方法与实践体系。本书在充分收集国内外资料的基础上，采用理论研究与实证分析相结合的方法，系统介绍了参与式林业政策过程的基本理论、方法、步骤，并运用到福建省三明市林木采伐指标管理分配制度形成和评估中，整理和总结了运用过程中的具体方法、步骤和成果，以及分析在中国推进参与式林业政策过程面临的挑战和未来发展前景。

本书希望成为林业部门的官员、从事林业政策研究和教育的学者的参考。本书也可对农业和农村发展，自然和环境管理的部门，尤其涉及自然资源综合管理的部门或行业，如生物多样性保护、反贫困、牧区发展政策等具有参考借鉴价值。参与式方法和工具运用于中国林业政策形成过程是一个全新的尝试，本书不成熟和不完善的地方很多，敬请读者批评指正。

目　　录

第一章　林业与公共政策 …………………………………………（1）
　第一节　公共政策 …………………………………………………（1）
　第二节　林业政策
　　　　——公共政策的重要组成部分 ………………………………（4）
　第三节　林业政策过程环节 ………………………………………（10）
　第四节　参与式林业政策过程内容、特点及效果 ………………（12）

第二章　利益相关者 …………………………………………………（17）
　第一节　利益相关者的概念 ………………………………………（17）
　第二节　利益相关者分析方法 ……………………………………（20）
　第三节　利益相关者代表的筛选 …………………………………（27）

第三章　角色 …………………………………………………………（34）
　第一节　政策发起机构 ……………………………………………（34）
　第二节　协调员 ……………………………………………………（35）
　第三节　专家 ………………………………………………………（38）
　第四节　利益相关者的代表 ………………………………………（41）
　第五节　林业政策决策者 …………………………………………（43）
　第六节　资助机构 …………………………………………………（44）
　第七节　参与式林业政策过程的特殊角色 ………………………（46）
　第八节　不同角色的职责及参与阶段 ……………………………（48）

第四章 参与 (50)
第一节 参与的层次 (50)
第二节 选择参与层次的因素 (52)
第三节 落实参与的理念 (56)

第五章 协调与沟通 (63)
第一节 协调和合作 (63)
第二节 我国集体林权制度改革政策协调分析 (66)
第三节 协调机制的建立 (72)
第四节 政府组织间的协调与合作 (86)
第五节 沟通 (90)
第六节 参与式林业政策过程的沟通策略 (96)
第七节 组织高效率的会议 (99)

第六章 森林伙伴关系的构建 (105)
第一节 森林伙伴关系的概念 (105)
第二节 森林伙伴关系的组织结构与功能 (106)
第三节 中国森林伙伴关系实践与经验 (108)
第四节 伙伴关系建立的关键 (114)
第五节 如何构建伙伴关系 (116)

第七章 实施准备 (117)
第一节 组建参与式林业过程项目团队 (117)
第二节 明确政策目标和行动目的 (119)
第三节 寻找合适的切入点 (121)
第四节 确定利益相关者 (122)
第五节 收集资料和筹集资源 (123)
第六节 制定工作日程 (124)
第七节 建立档案和信息管理系统 (125)

第八章 实施操作要点 (128)
第一节 分析宏观社会经济发展政策 (128)

第二节　评估政策问题 ·· (130)
　　第三节　确定愿景 ·· (132)
　　第四节　确定优先政策领域 ·· (134)
　　第五节　创造团队工作方式 ·· (136)
　　第六节　信任、弱势群体和公众参与 ························ (140)
　　第七节　加强与媒体的合作 ·· (142)

第九章　监测与评估 ·· (144)
　　第一节　实践内涵 ·· (144)
　　第二节　制定 PME 计划的要点 ································ (147)
　　第三节　实施 PME 的要点 ·· (150)

第十章　方法和工具 ·· (153)
　　第一节　沟通方法 ·· (153)
　　第二节　问题树和 SWOT 分析 ································ (155)
　　第三节　H—图形法 ·· (158)
　　第四节　大事记 ·· (159)
　　第五节　文氏图 ·· (160)
　　第六节　鱼缸辩论法 ·· (162)

第十一章　参与式方法在制定林木采伐管理规定中的运用 ········ (164)
　　第一节　参与式林木采伐管理政策项目的由来 ········ (164)
　　第二节　三明市参与式林木采伐管埋规定制定项目清单 ········ (168)
　　第三节　我国林木采伐管理体系的历史回顾 ············ (169)
　　第四节　福建三明地区森林采伐管理制度演变和
　　　　　　面临的挑战 ·· (171)

第十二章　参与式林业政策过程培训 ································ (174)
　　第一节　培训班的组织与管理 ···································· (174)
　　第二节　林木采伐管理问题分析 ································ (175)
　　第三节　参与式方法与工具 ·· (179)
　　第四节　角色扮演练习 ·· (183)

第五节　鱼缸辩论 …………………………………………（185）
　　第六节　制定采伐管理规定政策工作计划 …………………（187）

第十三章　参与式采伐管理政策田野调研 ……………………（188）
　　第一节　采伐指标问题分析 …………………………………（188）
　　第二节　毛竹限额采伐管理改革的经验 ……………………（190）
　　第三节　木材限额采伐管理存在的问题 ……………………（192）
　　第四节　生态公益林与采伐管理 ……………………………（198）
　　第五节　生态保护与合理利用 ………………………………（199）

第十四章　森林采伐管理利益相关者分析 ……………………（203）
　　第一节　利益相关者 …………………………………………（203）
　　第二节　利益相关者的诉求 …………………………………（211）
　　第三节　利益相关者分析 ……………………………………（217）
　　第四节　关于完善森林采伐管理制度的政策建议 …………（219）

第十五章　听证会 ………………………………………………（222）
　　第一节　听证目的与听证内容 ………………………………（222）
　　第二节　听证组织 ……………………………………………（223）
　　第三节　听证效果评估 ………………………………………（228）
　　第四节　社会媒体反应 ………………………………………（229）

第十六章　采伐管理制度的出台和效果 ………………………（230）
　　第一节　采伐管理制度的出台 ………………………………（230）
　　第二节　政策出台后的反响 …………………………………（237）

参考文献 …………………………………………………………（240）

后　　记 …………………………………………………………（251）

第一章　林业与公共政策

为了应对全球气候变化、荒漠化和生物多样性减少，实现联合国可持续发展目标，加快森林社区的发展，改善以林为生居民的福利，林业政策逐步成为全球治理、国家社会经济发展，实现绿色、均衡、包容式发展和推动全球、国家、亚国家水平的可持续发展十分重要的公共政策之一。这一趋势得到了联合国经济和社会发展理事会、发展署、环境署、粮农组织、世界银行、亚洲开发银行等国际组织的重视。

第一节　公共政策

公共政策一般指政府为解决现实和潜在的社会问题而作出的决定和行动（徐湘林，2003）。当今中国，"政策"一词成为人们生活中一个非常重要的名词。近30年来，在中国人心目中，"政策"一词犹如五味罐，无数人因"政策"而改变了财富、荣辱、地位，甚至自己的人生轨迹。因此，对大多数基层民众而言，"政策"变得十分玄妙，变得神奇。改革开放以来，中国各类企事业单位，都热衷于争取各种优惠政策。政策制定、实施、监测和评估与普通群众都无法建立起直接的联系。

公共政策研究源于欧美西方发达国家，已有近半个世纪的历史。主要是研究公共政策现象和寻求政策解决方案。"如何使政府决策和行为更加合理有效"始终是公共政策研究必须面对的现实问题。作为一门传统政治学分支学科的公共政策研究，不可规避的矛盾一直充斥着它的理论发展。偏向于政治学的学者往往十分关注制定公共政策的过程，而从事公共行政管理的学者则更加重视政策的实质性内容以及应用。

就当前林业政策的实践来看，林业部门凭借在技术、信息和人才上的垄断地位，自然而然地突出林业政策设计、实施、监测和评估的实质性内容及其运用。在这方面,相比于世界上许多国家,我国情况尤甚。主要有两个方面的原因:一是林业部门与我国其他行业一样,建立起了一个从上至下、十分完备的行政管理体系,科学研究和技术开发、推广和示范体系,林业政策和资源信息收集、管理和研究体系;二是我国政策研究起步比较晚,就笔者的认知,林业政策研究的历史只有 20 余年。从政治学角度研究政策问题,在我国也只有十余年的历史。自从 2004 年颁布和实施《中华人民共和国行政许可法》以来,程序正确才受到了社会的关注。

在中国,专家分各种等级,中国科学院院士和中国工程院院士无疑是最高层次,在高校工作的有教授级、副教授级等不同层次;在企业工作的分为高级工程师和工程师等。政策分析与研究因而也被划分为不同等级,例如,由中国林业出版社出版的《中国可持续发展林业战略研究》(中国林业出版社 2002 年版)一书就集中了一大批领导参与而组成的领导小组,参加该书编写的中国科学院院士、工程院院士和国家有关部门的资深专家近 60 人,研究队伍近 300 人,开始了跨部门、多学科的中国林业可持续发展战略研究(中国林业可持续发展战略研究课题组,2002)。[①]

政策研究在理论和方法上存在分歧。部分人认为人们对政策科学的要求是科学性和有效性,科学的和理性的方法是研究和分析的主要手段,专家和专业技能充当重要的角色。就政策内容而言,其政策分析与研究逐步形成了理论和具体的研究方法,运用到政策的调研、制定、分析、筛选、实施和评价的全过程。理论基础涉及控制论、运筹学、系统分析、对策论、决策分析、行为科学、社会心理学、组织理论、威权理论、群体理论、结构功能理论、渐进理论和有限理性论等(徐湘林,1999)。美国耶鲁大学经济学家林德布洛姆(C. E. Lindblom)于 1959 年提出了渐进理论,该理论认为政策在每一阶段的变化是渐进的,目的是为了减少冲突,保持政治系统的稳定性。H. A. 西蒙提出的有限理论认为:人的认识能力或信息处理能力有限,政策的制定和贯彻是不断利用信息加以逐步改进的过程。用可行的手段去衡量和调整目标,只能寻求较满意的政策。

[①] 我国政策研究项目,往往谁的职位高,谁的学术头衔多,地位高,谁就是政策研究的负责人。就其中的原因,除了不正常的项目立项、审批和监督管理程序外,可能与谁的职位高,所掌握的信息越充分,对其运用需求越直接相关。

政策分析重视比较研究，通过对不同地区、不同国家采取不同政策的结果分析，可寻找政策分析规律，提高政策分析的有效性和普遍性，提出新的比较方法和理论。政策分析和研究十分重视正确采用经济学或社会学理论框架，十分重视政策分析的正确过程，重视在不同的政策方案中比较分析。

拉斯韦尔（1951）认为，政策科学必须以民主政治为前提。在政治领域，人们的要求是平等的政治参与和政治利益，谈判、说服、对抗、妥协是民主决策的主要手段，在参与式民主决策中发挥重要作用。在一定程度上，政策科学与民主存在明显的不兼容。强调民主建立于政策科学的基础上，将使得科学有效的逻辑陷入混乱。从20世纪70年代开始，西方政治学和公共管理更注重公共政策的研究。越来越多的政治学家将研究重点放在制定和执行公共政策的规划中。公共政策趋向于采用叙事的分析方法，从宏观和微观两个层面分析探讨公共政策的制定和发展的实证研究。从宏观层面出发的研究注重长远发展和政策的变化，社会、政府组织和公共政策的变革等。微观层面则重点研究个体行为在政策执行中的表现，试图总结出各方利益集团，尤其是政治精英、政府机构和利益集团的行为决策模式及其动因。

我国当下林业政策研究十分重视借鉴国际的经验，这其中蕴含的一个假设前提是，我国和发达国家遵循相同或相似的发展轨迹，从农业社会进入工业社会进而进入发达的现代化社会，在同一发展阶段各国政府所作的政策反应应当是相同的。从20世纪60年代始，比较政策研究兴起，发展社会学和发展经济学主导了比较政策研究，借鉴先发展国家政策实践，为后发展中国家制定适应经济发展和社会现代化一般进程的政策。20世纪70年代以后，越来越多的学者开展质疑上述理论，即使每个国家都遵循相同或相似的发展轨迹，人们发现政府在同一政策问题上作出的反应与国家所处的经济社会发展阶段并不一定相关。20世纪80年代，公共政策研究开始研究侧重于历史文化传承、社会价值观和道德观变迁，强调需要综合运用政治学、历史学、经济学、管理学、社会学等多学科知识于规划和设计未来的政策。公共政策的政策设计理念应重点考察社会环境因素，不应仅仅局限于规则制定者和获利者，还应该重点考察政策本身对于社会及个人的影响。学者普遍认为，政策失败的根本原因在于设计。政策设计应该将历史、文化、政治、社会、经济等因素纳入考虑范围，并且其设计理念应能够引导个人选择有利政策执行的行为。因此，政策设计理论至少包括三个方面：政策结构逻辑模型、政策环境的模型和个体决策模型，而这些概念和模型应该是建立在经验性研究的基础上的（Lasswell，1971）。

公共政策过程一般分为广义和狭义两种：广义的公共政策过程，从确定问题开始，到政策评估为止，为一个政策的完整周期；狭义的公共政策过程则是从确认政策目标到抉择政策方案的过程，重点是关注政策方案的决策过程。一般认为，公共政策过程主要包括政策制定、政策执行、政策监测、政策终结、政策评估五个方面（石磊，2011）。（1）政策制定，包括政策问题界定、构建政策议程、政策方案规划、政策合法化等阶段。（2）政策执行，指政策制定完成后，将其由理论付诸实践的过程。其形成过程主要包括：①设置政策执行机构；②政策执行资源配置；③政策宣传；④政策分解；⑤政策试验；⑥政策实施。（3）政策监测，政策监测以衡量并纠正公共政策偏差，实现公共政策为目标，是提高公共政策实施质量和效果的有力保证。（4）政策终结，政策终结即公共决策者通过科学严谨的政策评估后，采取相应措施，终止过时、多余、无效、失败的公共政策的过程。（5）政策评估，政策评估是依据一定的标准、程序和方法，对公共政策的效率、效益和价值进行测量、评价的过程，它的主旨在于获取公共政策实行的相关信息，以作为公共政策维持、调整、终结、创新的依据。

第二节　林业政策
——公共政策的重要组成部分

自1992年里约"联合国环境与发展大会"以来，林业政策内容的焦点是推动全球和各国森林可持续经营，以满足这一代人和子孙后代在社会、经济、文化和精神方面的需要。森林可提供人类多方面产品和服务的需要，包括木材和木材产品、水、粮食、饲料、医药、燃料、住宿、就业、娱乐、野生动物住区、风景、生物多样性、碳库和碳汇等。林业多功能性，决定了林业参与群体的多样性，林业政策的内容在一定程度上规定了林业政策过程的选择。林业政策已经成为国际社会和各国政府公共政策的组成部分。

一 林业政策发展的客观要求

长期以来,大多数发展中国家的林业政策和制度体系,经历过殖民地的过程,是由原宗主国建立起来的。而那些没有或没有完全被殖民化的国家,与我国林业政策和制度一样,是建立在森林作为矿藏、森林作为自然资源,或者实现可持续采伐的经营管理等基础上的,其政策和制度框架背后源于发达国家,包括苏联创造的系统知识。而这些系统知识完全忽略了知识的本土性、局限性。前者可被称为武力化殖民主义,后者是知识化的殖民主义。但结果是共同的,那就是林业政策和制度在"科学"、"现代化"等美丽的光环下从民众的生活中脱离出来,被少数精英控制在"象牙塔"中,林业政策逐步成为部门政策、精英政策。

林业政策失灵普遍发生。近半个世纪以来,国际社会和各国政府重视森林恢复和造林活动,财政投入增长很快。然而,全球森林面积仍然在持续减少,与森林相关的环境问题越发突出,森林社区被排斥在现代化进程之外。各国的林业政策设计都针对上述问题,但实际运行的结果是与林业政策初始目标相背离、对政策目标群体造成的负面影响超过其获利程度的现象,林业政策失灵成为一个普遍现象。进入21世纪,全球森林面积下降的速度有所放缓,但仍然高达每年730万公顷(FAO,2010)。而林业在维护全球生态系统健康和安全,防治气候变化,缓解贫困和均衡发展,供应人类必需的清洁水源,保护传统知识和文化,持续供应可再生能源,维护全球粮食安全,提供休憩和恢复身心的场所等方面的重要性越来越突出。长期以来,传统林学忽视上述森林的功能。越来越多的科学研究证明上述非传统林业的森林价值远远大于森林生产木材和纤维的价值。这从根本上是导致政策失灵的重要原因。然而,政策失灵也与其他因素相关,包括政策制定中信息掌握不充分、不准确,政策环境发生了变化,政策执行出现了偏差,或者政策制定方法不正确(马爱国,2003)。林业政策失灵不只是中国特有的现象,世界上大多数发展中国家的林业政策都成为"政治家"、"外交家"的玩物,利益集团的猎物,而一批林业专业人士则成为政治家和利益集团的工具。

从外部环境来看,林业政策深受全球化、本土化和私有化、城市化的影响。全球正在发生的社会、经济和文化、生活方式的变迁彻底改变了传统森林与人的关系,尽管森林社区的生计与文化应当予以特别的关注。森林的公众认知在整体上发生了深刻的调整,从农业文明时代的"荒芜之地"、工业文明时代的"绿色宝库",变成当代的"碳库"、"水库"、"基因库"、"粮库"、"再生能源库"等,从以木材为中心转向以人为中心,从单一功能转向多功能来经营森林。森林已经成为国际环境政治,这种现象在1992年后更加明显。2007年,非法律约束力的森林文书在联合国得到通过,2011年是"国际森林年"。一大批与森林相关的国际公约、文书和进程推动了全球森林政策的变迁。

环保主义的兴起是推动林业政策变化的又一个动因。欧盟、日本等林产品绿色采购政策、绿色信贷政策、森林认证、森林管理和林业执法进程(FLEG)等背后就有环保主义倾向公民组织的影子。环保主义对林业的重视,还会引起林业内各行业的不均衡发展。在巴西,生产增长最快的是组织结构合理、效率高的制浆造纸工业,锯材工业则处于落后状态。

对林业发展的关注亦是促进林业政策调整的一个重要因素。据世界银行估计,全球大约16亿人的生计与森林相关,其中4亿人左右直接依靠森林资源为生。"好森林中居住了贫困的人民"和"贫困—毁林—生态恶化—更加贫困—毁林—更加贫困"。森林社区中的人们,无论选择保护还是开发,都注定了要处于贫困的境地。森林资源丰富的发展中国家,在国际社会中强调森林资源的国家主权原则,期望通过开发丰富的森林资源获得经济的起飞。然而,在东南亚、南美、非洲热带国家,森林的开发并没有带来森林社区的繁荣,而对当地人而言,带来的是恶化的环境,当地社区从森林开发收益很小,而利益被国家税收、跨国公司、不法商人、腐败官员等瓜分了。森林社区被现代化的进程所遗弃,贫困又与毁林、环境恶化、生物多样性锐减、传统文化消失等涉及地区、国家和全球的公共利益十分相关。

据联合国粮农组织的调查,全球有143个国家公布了国家林业政策,其中一半以上的现行国家林业政策是在近10年内颁布的,每年有至少10个国家公布新的林业政策(FAO,2010)。林业是一个普遍、古老的、长周期的土地利用方式,关于林业的规则出现了如此大幅度的改革,只能说明过去制定这些规则背后的科学学说基础发生了动摇,甚至被否定。这不得不使从事林业政策研究和制定的专家深入思考,是否我们长期被本来不正确的东西占据着我们的思维空间?

如今的世界，林业政策在很大程度上被政治诉求所主导，尤其是气候变化和可持续发展，以及与之相随的绿色经济、低碳经济。中国林业发展"十二五"规划必须紧紧围绕落实"到 2020 年，森林面积增加 4000 万公顷，森林蓄积增加 13000 万立方米"的目标。生物柴油、生物发电、生态旅游等成为各国林业发展新的动力。就林业而言，这些概念性的名词尚不能立即转变为社会经济福利，但为了国际环境政治需要，增强社会凝聚力，占领发展的道德高地，林业政策优先方向只能是先政治、后经济、再民生，最后需要服从林业专业技术的要求。

总之，林业政策深受国家政治、经济、社会、文化发展的影响，同时会对政治、经济和社会发展具有长期的影响。森林具有多重的效益，并被不同的利益群体所分享和关注。尽管林业部门拥有知识、经验、信息和专门人才，这些在政策问题分析、政策建议和发展规划、行动策略等方面具有十分重要的作用，但林业政策越来越成为一个公共政策，是一个社会利益如何分配的政治过程。在这个政治过程中，相关利益者的参与成为政策过程的中心（World Bank，2007）。林业政策越来越广泛认同为政府与其他利益群体通过协商而形成的关于森林和林木及其管理的共识（FAO，2010）。

二 森林可持续经营成为林业政策的重要原则

当今人类正在发生深刻的政治、经济和社会变革，走可持续发展道路是人类共同的意愿。森林是实现环境与发展相统一的关键和纽带，对改善生态环境、维护人类生存发展起着重要作用。气候变化、生物多样性减少、土地荒漠化等一系列环境问题，均聚焦于森林上。林区居民相对贫困，林区发展相对缓慢，全球绝大多数发展中国家的森林依然在不断消失或退化。人类面临的发展问题与毁林与森林退化同样密切相关。1992 年联合国环境发展大会之后，林业渐渐成为全球可持续发展辩论的焦点，森林成为国家发展政策辩论的中心之一。国际社会充分认识到森林可持续经营的重要性，十分关注发展中国家制定有利于森林管理、保护和可持续经营国家政策。为此，许多国际组织和国家都把开展森林可持续经营领域的研究、推广和国际合作作为优先领域。森林可持续经营已成为全球广泛认同的林业发展方向，被各国政府视为制定林业政策的重要原则（陈耀邦，1998）。

森林可持续经营是以一定的方式和速度管理、利用森林和林地，在这种方式和速度下能够维持其生物多样性、生产力、更新能力、活力，并且在现在和将来都能在地方、国家和全球水平上实现森林的生态、经济和社会功能的潜力，同时对其他的生态系统不造成危害。森林可持续经营至少包含四层意思，即：发展原则（持续收获所需产品）、协调原则（发挥整体功能）、质量原则（无负面影响）、公平原则（有限度利用，即代际、代内的利益均衡）（张守功等，2001）。

与传统的经营方式相比，森林可持续经营有以下五个方面的显著特点：

1. 注重森林生态系统整体功能的维持和提高。不只是强调生产木材，而是努力实现生态效益、经济效益和社会效益的真正统一。只有当森林资源的利用做到了保护生态环境、经济上可行、社会能接受时，森林可持续经营才是可能的。

2. 强调林业发展必须服从或服务于国家总体的可持续发展目标。必须不断地满足国民经济发展和人民生活水平提高对其物质产品和生态服务功能日益增长的需要。不能把林业看成一个孤立的系统，林业部门之外尚有许多影响森林可持续经营的因素。

3. 注重参与式森林经营。努力谋求均衡有关利益各方和各层次（个人、社区、国家、全球）、特别是林区居民的利益。如果把林区居民的生活和生存割裂开来，森林保护与发展是不可能的，是没有意义的。

4. 重视森林问题的国际化。如跨国界的森林环境效益（碳循环、生物多样性）、生态标签、环境保护政策等，其中生物多样性保护受到特别重视。

5. 强调林业支撑体系的完善。包括机构建设、政策法规体系、科研培训等，尤其强调建立灵活的反应机制，以应付意外事件（如异常干旱年，严重的病虫害等）（刘金龙等，2010）。

森林可持续经营规定了森林经营思想和技术变迁的方向：一是以森林的单一木材生产为中心向森林的多功能转变；二是以可持续发展的思想为核心，强调森林经营的生态效益、社会效益以及经济效益；三是以森林的木质和非木质林产品的持续性收获管理为技术保障体系核心，重视森林的生态价值和生态保护。

总之，林业或森林已经不再是一个单纯的物理现象，而是一个十分复杂的集自然、政治、经济和社会于一体的综合概念。森林是保持当地人口、经济和地球生物圈长期良好状态的根本保证。一个国家森林的状态、效率及变化趋势，关系到这个国家社会经济综合发展的可持续性。1992年联合国环境与发展大会通过的《关于森林问题的原则声明》写道：森林这一主题，涉及环境与发展的整个范围的问题，包括可持续发展基础上社会经济发展的权利在内。全球的三大突出问题——人口、资源、环境——都与森林密切相关。

然而，人们对森林生态系统的自然功能和反应的理解，不足以从理论上支持森林的生态系统经营。即使有足够的生态系统知识，但也远不能解决问题，因为社会、政治、经济和法律等对实施生态系统经营有极大的影响。因此，面对如此复杂的一个概念，尽管国际社会和各国政府均意识到需要调整林业政策，以能体现林业在保证人类环境发展现实需求和未来潜力上的重要性，尚无成功的案例。这在总体上否认了人类具有足够的知识、技术保证政策的正确性和有效性。对中国林权变迁历史的研究证明，无论当时的动机如何，林权变革的结果是当地林农和森林均是受害者（刘金龙，2006）。正因为国际社会和林业大国均十分强调林业政策过程，尤其重视在政策过程中利益相关者的参与。许多国际组织呼吁如何改变林业工作者的观念、行为和态度是问题的关键，其中包括，林业部门在政策内容设计上，不应自以为是，认为自己掌握了足够多的信息，控制了足够多的资金和专家资源，就一定能够制定出好政策。大专家、大学者更要慎重，正因为名气大、影响大，政策被政府和公众接纳的可能性就大，一旦失误，带来的后果更为严重。

三　我国林业政策越来越趋向于公共政策

随着我国进入中等收入国家，林业作为产业在国民经济总量中比重越来越低。然而，林业在生态环境建设与保护中的重要性越来越突出。我国是世界上生态最为脆弱的国家之一，而林业生态环境面临着外部和内部双重的压力。一方面，在林业生态的外部环境方面，我国整体的生态环境恶化趋势严重，虽然通过各种方式进行治理，并取得了一定的成效，但是，受到经济发展带来的不良影响，我国的水土流失问题，经济活动给大气、水资源和土壤等带来的环境污染越发严重。例如，我国的工业发展密集区域，大气污染正在向周边城市扩散；我国的水资源也日益短缺，多个城市人均用水量正在下降，人们生存和发展的土地资源十分紧张和不足；人口增长造成了对农业用地的需求，将林地变成了农业用地，人们对森林的蚕食也更加严重，森林面积逐步缩小。另一方面，林业资源的生态环境基础薄弱。我国的森林覆盖率比较低，林业资源蓄积量低，而且地区分布不均衡，造成了社会经济对林业资源的需求严重不足，林业资源难以发挥有效的资源环境功能。林龄结构不够协调，林分低龄化问题突出。因此，这些因素造成了林业生态环境存在整体功能不佳、区域间不平衡，局部还存在恶化风险等问题。

2005 年以来，中国集体林权改革政策实践中已经有了这样的苗头，一些著名经济学家，如北京大学的厉以宁教授、清华大学的胡鞍钢教授，将林地和森林简单化，视林地和森林是生产要素之一，只要放开了，与林业相关的问题就解决了。其实各级林业政府部门只是利用这些著名学者在政治上支持集体林权改革而已。在集体林权改革具体操作过程中，经过各级林业部门逐步过滤和增减，集体林权改革也是演变为强化政府权力介入到森林管理中的一个支持行动。这些经济学家不太了解林业，关于林权改革的基本逻辑与将森林认同为一个复杂的社会、经济和自然概念是不符合的。自哈丁提出"公地悲剧"以来，产权经济学家会开出私有化、产权明晰的药方，然而鲜有成功的案例。获得 2009 年诺贝尔经济学奖的美国经济学家艾利诺·奥斯特罗姆（Elinor Ostrom）为代表的制度经济学家反对简单套用产权论，一个药方看百病的做法，具体问题要具体分析。这位经济学家认为只要充分沟通，相互尊重，鼓励各相关利益方找出建设性的解决方案，就一定能找到解决问题的集体行动。一些对中国林业十分熟悉的国际朋友曾对我说过，"中国政府制定出好的林业政策，效果十分显著；但一旦是失败的林业政策，灾难也是十分显著。"我们谁都要慎重，一个不好的林业政策，那就祸国殃民，比贪污犯罪带来的局部破坏更加严重（刘金龙等，2012）。

第三节　林业政策过程环节

一般来说，林业政策过程是一个循环往复的过程，包括问题分析、目标确立、行动路线建立、政策制定、政策实施、监测与评估（见图 1 - 1）。林业政策过程是系统、理性且相互关联的。

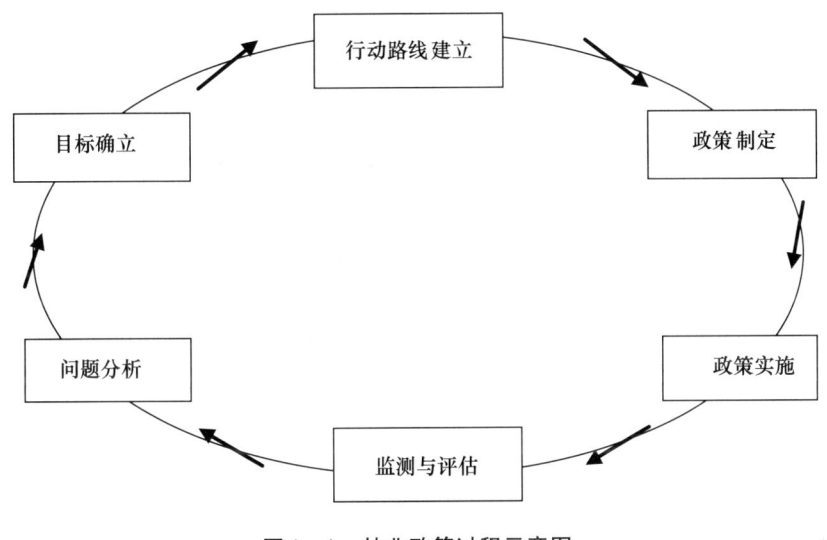

图 1-1 林业政策过程示意图

林业政策过程的问题分析、明确政策目标、确定行动路线通常称为林业政策的形成阶段。当今林业政策，一个最重要的特点是，政策形成至少要反映出非林业部门的各种利益（Merlo and Paveri，1998），如相关部门、或行业、或阶层的社会利益（Schmithusen，1990），直接或间接受到林业影响的林农或其他利益相关者。在政策形成过程中，更加重视那些对林业有显著影响的非林业政策（农业、环境、工业、金融和商业等）（Repetto，1998；FAO，1987）。中国林业受惠于改革开放政策，在全球化的过程中，中国迅速成为世界木材加工，尤其是家具工业的中心。然而，2008年由美国引发的全球金融危机在随后的两三年中，一定程度上打击了中国的家具出口业。2008年以来中国劳动力的价格上升很快，压缩了家具制造业的利润空间，中国家具外贸出口大幅度下降。在过去20年间，各国林业政策的形成过程均有了大幅度的改进，发展中国家的林业往往是发达国家援助机构和国际金融援助机构（如世界银行、亚洲开发银行）关注的焦点，林业政策形成大多采取了整体的和跨部门的综合手段，重视了利益相关者的参与。

林业政策的实施、监测与评估，相对来说，则难以充分体现利益相关者的参与。大多数国家的林业政策文件是一些"只有各国和国际机构的少数专家才能理解的理论性文件，脱离了社会和政治现实"（FAO，1994）。实施需要财力和人力，需要健全的机构、体制以及适当的法律工具，需要各利益群体、机构和行政管理部门之间的共同协调、责任分担和建立伙伴关系。事实上，林业部门为了维护自己的地位、权力，形成自己的独立王国，自上而下的规划和实施过程很普遍（FAO，1994）。林业政策能否为其他利益相关者所能接受，对林业政策实施成功与否，是至关重要的条件（Merlo and Paveri, 1998）。

第四节　参与式林业政策过程内容、特点及效果

一　参与式林业政策过程内容

参与式林业政策过程包括利益相关者参与的林业政策制定、执行、监督和评估的过程。林业政策过程各个步骤是相互关联、环环相扣的。

政策问题分析、政策目标确认、行动路线规划和政策制定统称为林业政策的形成或规划阶段。在这个阶段，公众参与公共政策、发挥政治影响可表现为通过不同的渠道向政府施加舆论压力，反映政策问题，表达要求与意愿，维护自身权益。在问题分析环节，需要明确政策问题是什么？问题的边界是否明确？公众对该政策问题的共识和分歧是什么？问题是否引起了重要决策者的关注？在明确目标环节，需要梳理政策目的和目标，进一步明确政策范围，分析显示潜在损益，进而重新审视政策问题表述。在规划行动路线环节，参与式林业政策过程重要的是组建一个协调员队伍，必要的人力资源培训、技术手段准备、财政和后勤保障计划、政策制定工作计划。作为一个公共政策问题，如果能够通过大众传媒、新闻人物、公众突发事件、社会运动来构建政策议程将能够唤醒公众对林业政策问题的关注，推动各相关利益群体的参与。在政策方案规划阶段，决策者和相关利益群体一道，寻求政策问题相应的解决方法、对策和措施，进一步明确政策目标、拟订不同的政策方案、分析各种方案的后果、抉择最终政策方案。一项新的政策或政策的完善，需要一个合法化程序。一般来说，参与式林业政策过程在政策制定过程中充分体现了相关利益者的参与，程序的公开透明，内容的充分磋商，方案慎重的选择，因此合法化的程序往往只是走一个过程。政策合法化分为立法机关以及行政机关的政策合法化程序。立法机关政策合法化程序为向立法机关提出议案、审议议案、表决和

通过议案、公布政策。在三明市运用参与式政策过程制定《林木采伐管理规定》，最终由三明市林业局局委会会议决定、行政首长签署发布政策，但整个程序均有三明市监察局和三明市政府法制办的参与，政策文件只有通过三明市政府法制办的审查才得以通过。必须走这个过程，参与式并不只是强调参与，同时也要强调程序，在参与式林业政策过程中，必须在法律框架中讨论林业政策问题。

政策实施是通过建立组织机构，运用各种政策资源，采取解释、宣传、试验、协调与监控等各种行动，将政策从观念形态转化为实际效果，从而实现既定政策目标的过程（葛玮，2006）。如果公众不能充分理解政策方案，就不会投入人力、物力、财力和时间主动参与政策的执行。实际上，一些政策实施的不顺畅，关键问题不在于政策本身，而是政策实施前对公众的普及和宣传环节出现了问题。政策实施手段有行政手段、法律手段、经济手段、说服引导手段、技术手段。这些手段按其排列顺序，强制性逐渐减弱，公众参与度逐渐增强。有必要综合考虑政策实施手段和公众参与方式的配套，来选择政策实施公众参与的方法和政策手段。

政策的监测和评估则是对政策实施效果的评价和修正。一般情况下，政策评估由第三方专业机构负责，多数情况下，主管部门的意见起到主导作用。作为政策方案直接参与者与受益者的公众，在公共产品和公共服务是否能够满足自身需求的评价上，应当具有发言权。与中国类似，全球林业政策的监测与评估缺乏有效的相关利益者参与的方法和机制。这在一定程度上强化了林业部门和精英集团在政策问题分析、目标设立和议程设置中的权力。

二 参与式林业政策过程的特点

第一，参与式林业政策过程遵循过程导向的方法。这是由一系列相关利益者的对话、谈判、专题调研和专家咨询等组成的复杂政策设计、监测和评估实践，并在过程中增强相关利益者对林业政策设计的归属感。而这个过程不是向相关利益者解释某一项将要实施的政策内容，因此它与传统的政策产生方法是完全不同的路径。

第二，必须承认参与式林业政策过程操作需要时间，需要所有参与者的耐心和毅力。在这个过程中，需要保障相关利益者持续有效的参与，持续不断增强林业部门对林业政策认知和实施政策改革的能力，以实现林业部门和其他利益相关者能够在这个过程中相互学习、相互理解，为实现多部门合作和多相关利益者的参与奠定和积累认知的基础。

第三，促使部门间合作难以通过一次参与式林业政策过程来实现。需要一个渐进的过程，促使非林业部门认识到森林对土壤、气候、水资源生计、发展、文化中的重要作用，推动林业作为国家和地方发展规划优先的方向和领域。然而，一次参与式林业政策过程行动并不一定能够促使非林业部门改进他们的认知，以产业来衡量，林业相对于其他部门，在 GDP 中的贡献，对就业的影响相对要小得多。

第四，林业部门干部和技术人员能力建设十分重要。长期以来，林业部门十分重视技术，但忽视了社会经济因素对森林可持续经营影响的思考。相对来说，政策研究的整体素质和能力不足。因此，从林业部门角度看，一次参与式林业政策过程，就是一个学习过程及干部队伍改善的机会。我们应当舍得在这方面投资，而不能单看资助活动的具体产出。

第五，增强弱势群体的能力。尤其是林区群众，他们通常在政策设计过程中被边缘化，必须在增加林区群众话语能力上舍得投资，才能创造各相关利益者平等对话的可能。从各国参与式林业政策过程实践来看，资助的绝大部分使用在弱势群体的自我组织、意见收集和分析、代言人的培育、对弱势群体的专业支持等方面。

三　参与式林业政策过程的效果

要落实一个参与式林业政策需要投入巨大的人力、物力、时间和资金，那么必须思考的就是，这样做是否真正存在价值。这需要让林业部门和支持利益相关者参与的机构，让所有的利益相关者理解参与式林业政策过程可能取得的效果。一般来说，将参与式的理论与方法导入到林业政策过程中来，会产生以下的效果。

第一，能够有助于找准政策问题的关键，了解其利益相关者，有益于问题的解决。通过参与式过程，可以更充分了解谁是利益相关者，及其相关程度。通过这个过程，林业部门可以充分展示自己的政策主张，也能倾听其他利益相关者的观点，让林业人员跳出他们的"框框"之外，来找出问题的根源所在，并提出可持续的解决方案。通过参与，林业部门能够更加明确当前需要解决政策问题的实质，有利于与其他利益群体一道，制定出更加切实可行的长期林业政策目标。通过交流、甚至是交锋，不同利益相关者之间相互交流知识，相互学习，有利于更加顺利实施林业政策，并促进更多林业政策问题的解决。

第二，形成协调一致的政策。部门间政策协调难在所有国家都存在，我国也不例外。通过利益相关者的参与，保证参与式林业政策过程与其他部门的相关政策协调一致，以及与影响林业部门的广泛的其他制度因素进行协调。参与式林业政策过程和政府宏观发展政策、计划和过程紧密连接——包括扶贫、公共服务改善、财政预算分配、区域或国家的社会经济发展、农村发展和农业转型以及市场运行的趋势等——这些都会影响林业政策实施成效。在2008年国际金融危机和2012年欧债危机的影响下，我国林业发展政策更加需要与其他部门协调一致，充分发挥积极财政政策效率，实现拉动内需，增加资源禀赋，增强发展后劲，改善生态环境。

第三，改善部门治理。参与式林业政策过程通常包括建立新的发展战略、政策、法律、规章制度、标准准则，有利于改善林业部门内部治理结构和行政效率，主要体现在公共政策的改进和民主的加强上。参与可以使政府的决策更清晰，保障林业部门的政策能够满足社会的广泛需求。在公众和政府之间促进民主和改善信任，有益于政府的政策决策，可以提高民主形象。反过来又进一步促进利益相关者支持参与式的政策过程。

第四，提升林业部门形象，为林业赢得支持。参与式林业政策过程将会带来显著的环境、社会和经济成果。在这个过程中，保障强势机构和组织的充分介入，如财政计划、大的公司等，让他们品味到过程的重要性、林业的复杂性和重要性。需要立法部门的介入，立法部门的介入，可以在参与式林业政策过程的实施中厘清其法律的空缺或现行法律体系存在的问题。需要与林业相关部门的参与，比如环保、国土、农业、水利、海洋和工业部门。当然更需要与林业相关的利益群体的参与。通过这个过程，林业部门的形象可以得到提升，容易为林业部门赢得支持。

第五，增加政策的归属感和责任感。这可以作为参与式林业政策过程是否成功的重要指标。参与式林业政策过程鼓励人们变成参与者，他们是参与或执行或遵守未来政策的人。只有参与，利益相关者对所制定政策才有归属感，并有责任把自己制定出来的林业政策付诸实施。

第六，缓解冲突。当利益相关者被集合到一起时，利益冲突，不同的观点和意见等是不可避免的。在参与式林业政策过程中允许和鼓励参与者表达出自己的观点，尤其是相互冲突的观点，这有利于人们了解彼此的观点，推动达成共同的解决方案。如果对冲突采取不予理睬的态度，那么就会很容易在实施过程中引起矛盾。

第七，提高政策的效率。利益相关者参与了政策的制定过程，则可大幅度缩小政策宣传和倡导的成本，有助于政策的有效实施。新的伙伴关系的建立，可以促进部门的协调和相互配合，减少了部门间的内耗和相关干扰，均有利于新的林业政策的实施。

第二章 利益相关者

在参与式林业政策过程中，利益相关者（Stakeholder）是最重要的概念之一。本章详细介绍了参与式林业政策过程中利益相关者概念、分析方法和筛选措施。

第一节 利益相关者的概念

不同的学者特别是经济学家和社会学家、政策研究者给予利益相关者不同的定义。利益相关者或利益攸关方，指的是对某一特定对象存在利益关联的个人和群体。关于利益相关者的概念，最早是在1963年由斯坦福大学研究所首次提出并定义：凡是能够影响企业活动或被企业活动所影响的人或团体都是利益相关者。利益相关者首先运用于企业组织的研究，只是在20世纪80年代后期才导入到公共政策的实践和研究中。

森林资源管理往往涉及两个甚至是两个以上的人群。他们同时在争夺各种森林资源的控制权、使用权和收益权。他们往往对森林资源有不同的发展愿望，不同方面的兴趣，愿意采取不同的利用和保护策略。利益相关者可以是一个人，或是一个群体。

参与式林业政策过程中所指的利益相关者是指任何一个在林业部门有相关利益的个人、社会群体或组织机构。利益相关者会直接或是间接地影响到林业政策制定、实施、监测和评估的过程，包括积极和消极两个方面。他们可以是个人、社团、学术机构、政府部门或公司。他们也许是森林资源的直接使用者，或者被经营森林方式所影响，或者对其森林管理感兴趣的，这些既可以是直接利益相关者，也可以是间接利益相关者。

一 企业制度研究中的利益相关者的概念

"利益相关者"这一概念首先是从企业制度的研究中提出来的（Alchin, 1965）。认识到利益相关者对于企业价值的影响后，学界提出了"利益相关者管理"这一概念，试图全面协调企业与利益相关者之间的关系。利益相关者管理是指根据利益相关者的特性和利益来调整企业和利益相关者之间的关系（李维安、王世权，2007）。20 世纪 90 年代以后，利益相关者共同治理观认为企业的各方利益相关者均应参与公司治理，即让那些向公司投入资本并承担风险的利益相关者拥有剩余控制权。相比于给予股东绝对的控制权，利益相关者参与治理更有利于公司价值最大化。Freeman（1983）认为股东以外的其他利益相关者也应享有董事选举的投票权和公司决策的权利。

利益相关者概念有狭义和广义之分。狭义的概念从企业角度对利益相关者进行界定，将其定义为在企业活动中占有重要位置的个人或群体。广义的概念则基于 Freeman 和 Frederick 提出的广义利益相关者概念框架。Freeman（1983）将利益相关者细分为所有权利益相关者，如董事会成员、经理人员等；经济依赖性利益相关者，如员工、债权人、内部服务机构、雇员、消费者、供应商、竞争者、地方社区和社会利益相关者如政府机关、媒体以及特殊群体。Frederick（1988）将利益相关者分为直接的和间接的利益相关者。直接的利益相关者就是直接与企业发生市场交易关系的利益相关者，主要包括：股东、企业员工、债权人、供应商、零售商、消费商、竞争者等；间接的利益相关者是与企业发生非市场关系的利益相关者，如中央政府、地方政府、外国政府、社会活动团体、媒体、一般公众等。

二 对利益相关者概念的进一步解释

2005 年 8 月，美国国务院负责对华事务的助理国务卿佐立克在美中关系全国委员会发表了题为"中国向何处去：从成员到责任"的讲话，这个讲话和其中提到的"Stakeholder"（利益相关者）概念，尽管有些曲折，但这个概念成为布什政府对华政策的基本框架。

长期以来，美国秉承意识形态的偏见，对华一直奉行遏制政策。新保守主义高举自由、民主大旗，试图领导地球走向一个新的世界，正是由美国新保守主义主导的布什政府，却将中国放在利益相关者的位置上。这对我们有三点启示：

第一，合作而不是对抗①，中美之间需要合作，对抗只能使问题复杂化。美国人认识到中美之间的政治、经济、文化、安全等多个领域存在相关利益。

第二，对话而不是命令。中美双方由于不同的历史和现状，对共同利益的定义和表述也存在差异。对话的重要作用就是认清双方差异并进行协调和磨合。对话只能在平等的条件下才能发生，不能因经济实力雄厚、武装力量高强，就能够胁迫对话的伙伴达成自己的目的。

第三，共同责任而不是分担我的责任。当美国人提出利益相关者概念的时候，中国就有学者担心这可能是美国人的圈套。美国似乎已经尽了最大的努力，试图当好世界警察，管理世界经济、政治和文化秩序，但深感心力交瘁，需要将中国纳入到由美国主导的世界政治、经济、文化和军事秩序之中，使中国成为这个秩序中的重要成员。问题是，美国人在全球输出自己的意识形态，推广自由民主，弘扬美国式的文化和生活方式，这才是美国人心力交瘁的根源。尽管我们主张全球化、反对保护主义，但我们只谈经济，不干涉别国内政，不输出意识形态。2008年后，金融危机沉重打击了美国和其他西方经济体，中国的分量更加凸显。有人主张以 G2（中美）代替 G8 或 G20，这样更容易形成具体的关于全球经济、文化、政治、军事政策和行动纲领。笔者认为，这些主张有百害而无一利，不仅对中国国家利益不利，也不利于建立未来全球治理秩序的基本路径和目标。美国人不能要求我们按照美国人的思维去做全球事务，即使中国强大了，我们也要吸取美国人的教训，不能要求别人按照我们的理解，从而实现对全球事务的管理。

林业部门在林业发展和管理政策上比起其他利益相关者，呈明显"一股独大"之势，在技术能力、信息、行政资源、资金、组织系统等方面具有全方面的优势。具体到我国的林业政策的起草和决策过程，会征求专家和基层林业部门的意见，也征求方方面面不同部门的意见，但问

---

① 比如云南发生的"躲猫猫"事件也是一个例证。一个农民因为结婚缺钱，偷砍了木材，因违反《中华人民共和国森林法》被送进了监狱，在监狱中因"躲猫猫"而离开了人世，这个农民所在的家庭，就不可能选择与林业部门合作。

题是，已经有了一套具体的全球政治、经济、文化等事务的管理秩序，只允许修修补补，把现有秩序做得更好，却不易接受不同的想法。尤其是当前政策制定者必须更加冷静，一个不好的新政策的出台，它的危害远比某个人从一个具体项目中贪污受贿所造成的损失要大得多。在当今世界，处于领导岗位的同志需要有一个博大的胸怀，不要在政策制定程序设计和后果中要求利益相关者分担责任，重要的是林业政策启动、制定、实施、监测和评估过程中林业部门能够与其他相关利益群体分享权力和责任。

第二节　利益相关者分析方法

一　利益相关者分析的概念

利益相关者分析指分析与森林管理利益相关的全部个人和组织，对制定重要森林管理政策和行动的影响，以及所采取的重要森林管理政策和行动对各个相关利益者的效应。森林管理政策和行动可以大到国家重要林业政策、法律改革举措，也可以小到一片重要森林地的采伐活动。不同的政策和行动所涉及的相关利益群体是不一样的。国家森林制度的改革会涉及国际机构、国际非政府组织、国内相关部门和各级政府、林农、林产品加工商、消费者等利益群体；而一片森林的采伐活动，则会涉及这片森林所在地的上游和下游群体，所在地域的景观布局、生物多样性保护等相关的机构和个人。定义中强调重要政策和行动是针对参与必要性而言的。显然，不是所有森林管理政策和行动，相关利益群体都要参加，一些政策调整和森林管理活动已经反复被证明是科学的，有充分的知识和技术储备解决政策和森林管理措施问题，那就无须开展相关利益者分析。

开展利益相关者分析，决定特定林业政策过程的参与者和参与方法，对组织一个参与式林业政策过程是至关重要的。确定和选择利益相关者是开展任何参与式林业政策过程的基础。一个过程只有部分利益相关者参与是不全面的。利益相关者分析方法很多，可以是简便和快速分析，以了解相关利益者的构成和主要利益导向。也可以对不同利益相关者开展深入、全面的分析，包括每个相关利益者的价值取向、利益构成、所承担的责任、不同利益相关者的权力关系、参与的能力等。这些分析需要在参与式政策过程的每一个阶段开展，选择参与者，并决定采用何种方法开展利益相关者参与林业政策制定、执行、监测和评估各个过程。

半个世纪以来，学者们开发了多种利益相关者分析的方法，其中常用的方法主要有首要/次要利益相关者分析法；影响力/活力矩阵分析法（Power—Dynamism Matrix）；权力/利益矩阵法（Power—interest Matrix）法；影响力、正当性与紧迫性模型分析法（Power, Legitimacy and Urgency Model）；内部/外部利益相关者分析法；SWOT 分析法和行为者影响法（Actor Influence Diagrams）等。主要采用图形或表格形式对不同的利益相关者进行归类，展示他们所分别代表的利益集团、利益所在、所拥有的能力、对所需政策的相关程度和他们的影响力，一旦该项政策实施后，分析他们对其所采取的方法手段。以下具体介绍林业政策实践中四种常用的利益相关者分析方法。

二 常用利益相关者分析法

1. 首要/次要相关利益者分析法

我们用非法采伐相关利益者分析来展示首要/次要利益相关者分析法。图 2-1 展示了与非法采伐相关的利益攸关方，越接近中心，表明该利益攸关方对非法采伐关系越密切。森林社区群众和木材采伐企业是采伐活动直接行动者，非法采伐，增加了木材供应，理论上会带来木材价格的下跌。非法采伐会带来生态环境的破坏，因而造成水土流失，自然灾害频发，影响到当地人的可持续性的生计，生产者是非法采伐的直接行动者，非法采伐带来危害的直接承受者，是最重要的利益攸关方。木材贸易商、加工企业、林产品批发和零售企业、最终消费者处于中圈，如果是非法采伐的木材，是经由他们直接流通、加工、储存和消费的，他们或许从非法采伐的木材中获益，但也承担企业社会责任、木材供应链中断等风险。监督生产、流通和消费过程是否非法，涉及产地国、加工国和消费国法律体系的完善和可操作程度。缓解、消除森林非法采伐及其相关贸易，涉及与各国法律体系能否有效对接，涉及相关国家执法的能力。而处于圈外的是非政府组织、森林认证机构、研究机构和智库、环保人士、政治和外交人士，他们与非法采伐没有直接利益上的联系，利益攸关的程度要弱于林区群众、木材采伐企业、加工商和贸易商。

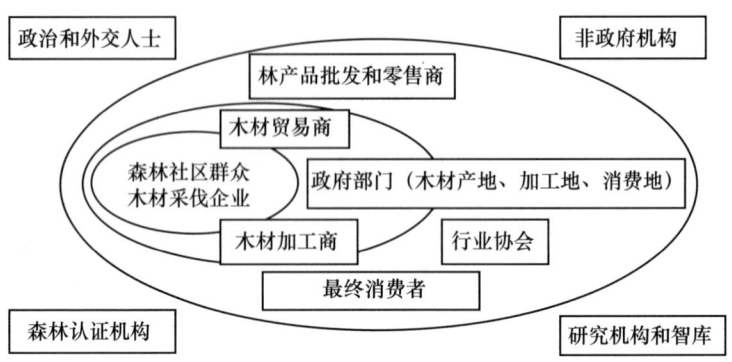

图 2-1 非法采伐与贸易议题的利益攸关方

但如果考察这些利益攸关方对非法采伐议题的关注程度，则与其利益攸关程度相反。环保主义者，政治、外交人士，国际非政府组织，森林认证机构是炒作非法采伐议题的核心力量。

2. 影响力/活力矩阵分析法

影响力/活力矩阵分析法采用对利益相关者的影响力及其活力进行分类，构建起不同相关利益者的影响力和活力矩阵，我们可以清晰地看到新的林业政策过程中需充分关注的利益相关者，分别采取恰当的措施促进他们参与到林业政策过程中来。

在这个矩阵上，明确了各利益相关者的位置。表 2-1 中 A 和 B 区内的利益相关者权力虽然较小，但其本身积极的反馈会对权力较大利益相关者的态度产生影响。C 区内的利益相关者具有较高的权力，所以属于重要利益相关者。但由于活力较低，他们的行为态势具有可预见性，其利益需求亦相对容易处置（张琪琪、卢睿，2011）。他们在讨论特定林业政策中可能会更加中立，可能会通过对其他参与群体，特别是 D 区内的参与群体的影响，而形成更加均衡的具体林业政策。最需特别关注的是处于 D 区内的那些团体，他们具有很高的权力并且具有非常高的活力，所以他们的行为态势是难以预见的，一旦他们成为林业新政策的反对力量，他们会有很好的策略和资源去实现他们的目标。因此，对于 D 区内的群体，如果要实施某一项林业政策，需要在实施前，要么试图改变他们的地位，要么必须在实施前，设法寻求他们的支持。以集体林权改革为例，D 区的群体主要是地方林业部门和底层政府、拥有资本和技术的商界、政界精英，他们侵害了林农的利益，造成了社会冲突。我们采用两个办法，其一是将集体林权改革泛政治化，充分利用党和政府从上至下推动政策改革的行政资源和组织保障，试图营造一个支持集体林权改革的政治氛围；其二是赎买，增加政府公共财政对林业部门预算的支持力度，作为降低林业规费的重要配套措施，将林业部门中那些依靠自收自支或差额补款的单位纳入到政府正常的财政预算中，这样就可以减少改革的阻力。

表 2-1　　　　　　　　　　　　权力/活力矩阵法

		活力	
		低	高
权力	低	A 问题很少	B 不可预测，但可管理
	高	C 影响大，但是可以预测	D 最大的危险或机会

（资料来源：Gardner, et al. 1996）

3. 权力/利益矩阵法

权力/利益矩阵法（表 2-2）和权力/活力矩阵法十分相似。权力/利益矩阵表达了利益相关者对某一项林业政策议题的利益关联程度和其所拥有的权力的关系。开展集体林权改革，必须使那些拥有权力的既得利益者（D 区，主要角色）清楚政策含义，分析他们让渡利益的可接受程度和耐受力。最难处理的利益相关者经常是 B 区内的利益相关者。如集体林权改革中的小规模林农，作为政府倡导的政策改革，当然要十分关注弱势群体的利益。B 区中的相关利益者往往是被动信息接受者和具体政策的实践者，战略性推动 B 区中相关利益者参与可影响 D 区相关利益者的政策选择。在福建三明市运用参与式政策过程于"林木采伐指标分配"政策制定过程中，小规模林农的参与促使林业大户和营林公司认真考虑小规模林农的诉求，很容易达成妥协，将一部分采伐指标单列，用于小规模林农的采伐需求。C 区内利益相关者相对被动，但值得注意的是特定事件会促使利益相关者改变战略进一步影响某一项林业政策。开展了南方集体林权改革后，南方林区主要省份，林地价格上扬，林农觉得过去与公司签订的承租林地合同损害了林农的利益，就采用种种手段撕毁或重新确定林地承租的租金。公司认为手中握有与林农的合法合同，林农的要求是无理的。以上事例说明尽管林农被动地承认了各项政策，但一旦发现政策变化会损害他们的利益，他们会采取其他策略去维护。

表2-2　　　　　　　　　　权力/利益矩阵法法

权力		利益	
		低	高
	低	A 努力最小	B 保持信息灵通
	高	C 保持满意	D 主要参与者

（资料来源：Gardner, et al. 1996）

4. 影响力、正当性与紧迫性模型分析法

米切尔（Mitchell, et al., 1997）建立了影响力、正当性与紧迫性模型分析法。影响力（Power），或权力，指的是利益相关者对特定林业政策影响的能力（权力）。正当性（Legitimacy）指的是利益相关者的诉求合理性。紧迫性（Urgency）则是利益相关者期待满足诉求的急迫程度。该模型依据利益相关者的影响力、正当性和紧迫性三种属性，将利益相关者分为三大类型七种类别（见图2-2）。

第一种类型是潜在型的利益相关者（Latent Stakeholders），他们只具有利益相关者三种属性中的一种。他们又被进一步细分为三个种类：休眠型的利益相关者（Dormant Stakeholder），即图2-2中的1区，拥有充分的影响力，但诉求缺乏合法性，也不紧迫；裁量型的利益相关者（Discretionary Stakeholder），即图中的2区，利益诉求具有合法性，但没有足够的影响力，其诉求还不紧迫；要求型的利益相关者（Demanding Stakeholder），即图中的3区，利益诉求对当事人具有紧迫性，但无影响力和合法性。

第二种类型是期待型的利益相关者（Expectant Stakeholders），他们具有利益相关者三种属性中的两种。他们可进一步细分为三个种类：危险型的利益相关者（Dangerous Stakeholder），即图中的4区，拥有充分的影响力且有利益诉求的紧迫性，但利益诉求缺乏合法性；支配型的利益相关者（Dominant Stakeholder），即图中的5区，拥有权力，利益诉求合法但不紧迫；依存型的利益相关者（Dependent Stakeholder），即图中的6区，利益诉求合法且紧迫，但没有影响力去实现诉求。

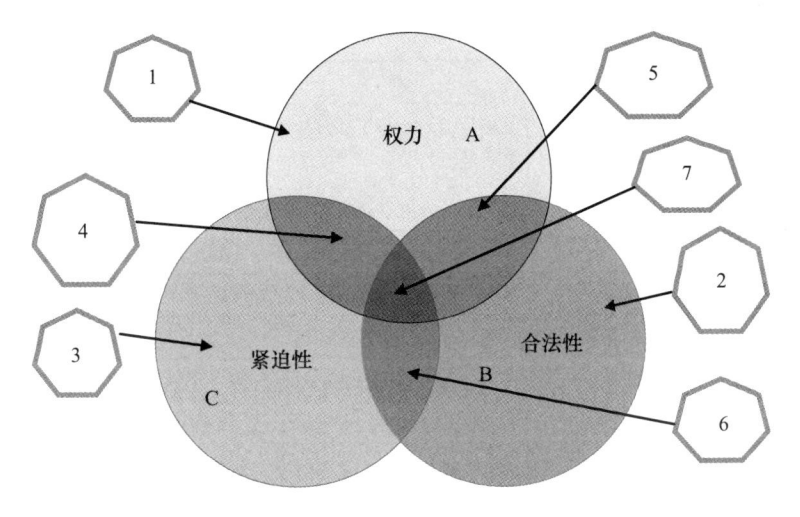

图 2-2　影响力、正当性与紧迫性模型分析方法

（根据 Mitchell, Agle, Wood (1997) 的资料绘制）

第三种类型是决定型的利益相关者（Definitive Stakeholders），即图中的 7 区，拥有影响力，利益诉求紧迫且具有合法性（陈宏，2011）。

以此为框架，我们对福建省三明市某县集体林权制度改革政策的制定开展了相关利益者的分析。从表 2-3 中我们可以看出，对于人均林地面积较大的社区的小规模林农则为依附型的利益相关者。若社区中大多数林地被商业团体和政府机构所经营，则该社区的林农是需求型的利益相关者。而来自于人均林地面积较小的社区的小规模林农则是裁量型的利益相关者。拥有集体林经营权的地方政府官员则是危险型的利益相关者。而拥有大面积集体林经营权的大公司或个体户则是决定型的利益相关者。我们从表 2-3 中能够理解，没有特别的措施，该县国土资源管理部门在集体林权改革确权发证后，止在应上级部门的要求，筹划集体林地所有权的发证工作。在集体林权制度主体改革完成后，该县实际小农户经营的森林面积在减少，而林业大户面积越来越大。

表 2-3　福建省某县集体林权制度改革部分相关利益者类型划分

类型	利益相关者	简要说明
休眠型	房地产公司	拥有待开发的集体林地，且暂时尚无能力开发
裁量型	小规模林农	来自于人均林地面积较小的社区

续表

类型	利益相关者	简要说明
需求型	小规模林农	人均林地面积较大的社区,且多数林地被商业团体和政府官员所经营
危险型	国土资源管理部门	拥有干预或推翻现有确权发证合法性的权力
	少数官员	个人或以公司与林农和社区签订集体林经营协议
支配型	家庭林场户	具有一定的经营面积,家庭较富足
依附型	小规模林农	人均林地面积较大的社区
决定型	商业公司	与地方政府和林农签署合作协议,具有巨量木材或纤维加工能力
	林业大户	与林农或当地社区签署协议,拥有万亩以上的集体林经营面积,当地人,广泛的人脉关系,黑白通吃

三 参与到政策过程中利益相关者确认的方法

可以在利益相关者分析中大量使用参与式方法。分析过程要辨别不同类型的利益相关者,如这些具有高影响 VS 低影响,或者高重要 VS 低重要。识别不同利益相关者的知识以及能力以便于评估他们在参与式林业政策过程中的利益、影响、重要性。有许多种利益相关者分析方法,但基本上任何一种方法都包括四个步骤,如图 2-3。

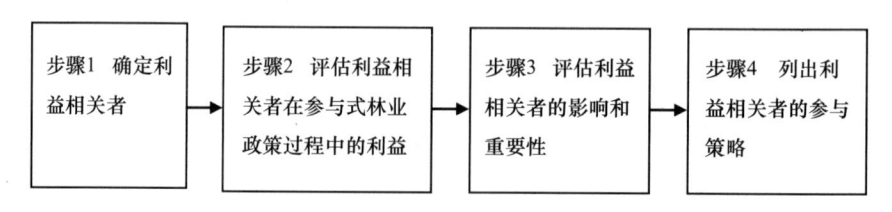

步骤1 确定利益相关者 → 步骤2 评估利益相关者在参与式林业政策过程中的利益 → 步骤3 评估利益相关者的影响和重要性 → 步骤4 列出利益相关者的参与策略

图 2-3 利益相关者分析的四步骤法

(来源:FAO,2010。并作了部分修改)

拥有这些信息,就可能计划不同类型的利益相关者介入到参与式林业政策过程中最有效的方法。不同级别的参与策略适合不同的利益相关者——从向利益相关者提供信息,到和他们磋商,和他们作决定,和他们一起执行。针对不同类型的利益相关者可采用的参与策略参见图 2-4。

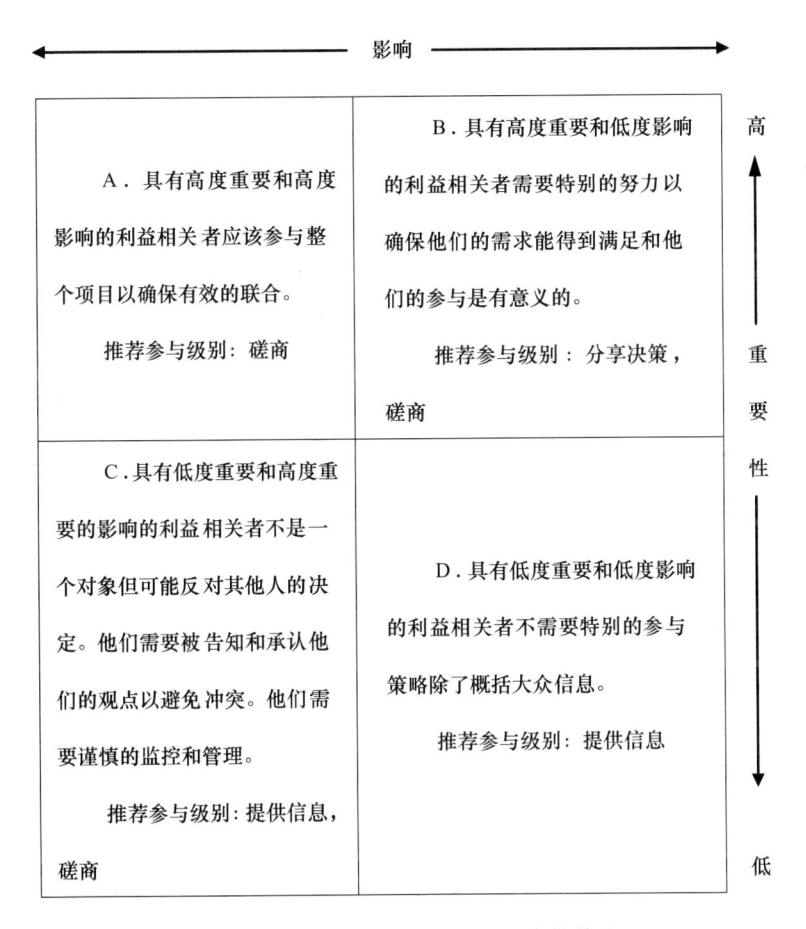

A．具有高度重要和高度影响的利益相关者应该参与整个项目以确保有效的联合。 推荐参与级别：磋商	B．具有高度重要和低度影响的利益相关者需要特别的努力以确保他们的需求能得到满足和他们的参与是有意义的。 推荐参与级别：分享决策，磋商
C．具有低度重要和高度重要的影响的利益相关者不是一个对象但可能反对其他人的决定。他们需要被告知和承认他们的观点以避免冲突。他们需要谨慎的监控和管理。 推荐参与级别：提供信息，磋商	D．具有低度重要和低度影响的利益相关者不需要特别的参与策略除了概括大众信息。 推荐参与级别：提供信息

影响（横轴）　重要性（纵轴，高→低）

图2-4　包含不同类型利益相关者的策略

第三节　利益相关者代表的筛选

一项林业政策，会涉及众多的利益相关者。考虑到实施一项参与式林业政策过程所面临的人力资源、财力资源、时间资源，不可能要求所有利益相关者均参与到参与式林业政策过程中来。制定某一项林业政策，比如说集体林权制度改革。在分析集体林权制度政策的相关利益者的基础上，筛选出代表参与到改革政策的制定、实施、监测和评估中来。对任何一项林业政策，每个利益相关者都带着自己特定的利益、需求、能力、目的、热情和期望来参与过程，不同利益相关者会采取不同的方式，发挥不同的作用。因此选择不同利益群体的代表参与到政策制定过程中的相关活动就显得十分重要。

一　着力培育林农代言人

无论在中国，还是在其他发展中国家，普通林农无权无势。在生产上依赖森林砍伐木材，采集非木质林产品，开展林下种植；在生活上则依赖森林提供薪材、药材、部分食物、饲料等。这些林农也是森林破坏后环境恶化的受害者，在菲律宾、印度尼西亚、巴布亚新几内亚、老挝、柬埔寨等热带国家，外来商业公司从林业部门获取了原始林大规模商业砍伐的权利。但在这些原始森林被砍伐后，森林附近的当地社区不但失去了生产和生计的基础，还要承受火灾、干旱、极端气候等环境灾害，下游的社区则要面临季节性洪水和季节性干旱的威胁。整个河流生态系统遭受了严重的破坏，一些以打鱼为生的渔民则失去了生计的基础。毫无疑问，这些林农、渔民和下游社区群众是最重要的利益相关者，必须保障他们在林业政策过程中的参与。然而，不论在所有发展中国家、还是在发达国家保障弱势群体的参与均十分困难。农民群体很庞大，农民具有广泛的相似性，但又各有不同，知识背景、林业收入在其家庭收入中的比重、社区中的影响力、从事森林经营的技能等各有不同，不可能让全体农民参与到林业政策过程中来。我国各级政府均十分重视集体林权改革政策的宣传，力求家喻户晓。但据我们在福建、江西、贵州部分重点集体林区县的调查，只有不到20%的受访户听说过集体林权制度改革这件事。各国通行的做法是必须着力培育能够得到林农信任，代表林农利益的代理人或农民的代言人。

在瑞典、德国、芬兰、挪威等欧洲林业强国，林主协会具有很长的历史，在维护私有林农利益上发挥了至关重要的作用。这些发达国家的林主协会形成了全国性的组织化的网络，芬兰、瑞典、德国形成了从中央到地方的林主协会三级管理组织机构。第一级是国家级的林主协会联盟，如德国的林主联合会、芬兰的农业生产者和林主中心协会的林业理事会、瑞典的农场主联盟；第二级是区域级的，如芬兰有13个区域协会，瑞典有5个区域协会，挪威有8个区域协会，法国有17个大区林产主中心；第三级是基层林主协会，芬兰有158个，瑞典有300多个，挪威有368个。林主协会规模很大，芬兰林主协会有25万私有林主会员，私有林80%的营林作业、80%的木材销售计划和40%的木材销售都由林主协会来完成。瑞典私有林主联盟目前有8.8万个会员，拥有580万公顷林地，约占所有家庭私有林的50%。他们除了组织生产、销售、提供技术指导和市场信息、推动林主合作等外,同时他们代表林主利益在国际对话中发表意见,参与并协调国内私有林相关的政策和法律问题。

菲律宾、尼泊尔、印度等发展中国家非政府组织十分发达,他们渗透到乡村的每一个角落,并通过松散的联盟构成全国性或区域性的网络。如在菲律宾,关注弱势群体的NGO组织多达4000多个。菲律宾突出的贫困问题、环境问题,加上政府工作效率低下,许多社会问题不能得到及时解决,这才是40年来菲律宾NGO迅速发展起来的原因。菲律宾的许多NGO之间相互配合,形成网络,共同为菲律宾的弱势群体争取权利。菲律宾绝大多数NGO深耕基层,NGO从业人员有的就来自社区中受到一定教育的人士。在菲律宾,林业政府机构相对于少数全国性的NGO,社区动员能力差,所掌握的信息资源少,与基层互动能力差。外国政府、国际环境组织提供大量的资源,资助本土NGO广泛动员林农参与到林业政策制定中来。在媒体、网络等压力下,加上不同政党因竞选策略的需要。在菲律宾,表面上林业政策总是向林农偏好的。然而,菲律宾主要通过许可证协议的方法经营森林,适合于大面积森林的经营管理。只有那些拥有大量资金的商业集团或外国公司才能经营利用森林资源,限制了当地居民参与森林采伐和加工过程,当地居民获益较少。长期以来,林业部门与木材商业集团建立起千丝万缕的利益联盟。这个联盟不是通过制定一个新的林业政策可以打破的。1990年,菲律宾制定的林业政策中的最重要改革是群众参与森林经营活动。群众参与的林业项目包括社会林业项目、林地经营协议和以社区为基础的森林经营。1998年颁布修改了法律,以支持社区林业的发展。2006年菲律宾环境和自然资源部以腐败的名义废除了支持社区林业发展的法律和政策。而到了2011年,菲律宾环境与自然资源部宣布与德国技术合作公司(GTZ)签订合作协议,修订菲律宾林业政策,协议规定,新的林业政策将为应对全球气候变化贯彻REDD的有关措施,其中包括确定森林的边界,制定林地利用计划,制定森林共管协议,明确社区和个人的土地使用权,对森林恢复、再造林和农用林给予资助等;建立REDD监测系统;与各方利益相关者就REDD进行磋商。这将又一次将林业主管部门置于审判的位置,然而我们不得不正视,林业部门和相关的商业团体拥有影响力和利益冲动。一些NGO自觉不自觉站在与政府对立的立场上,有时并不是出于真正代言林农,而是获取自身的影响力，与其他 NGO 竞争资源。而这些资源则是来源于国际组织和他国政府的资助。在南美、非洲、东欧等国家，尽管有很多自称为林农代言人的机构，但真正去选择一个恰当的农民代言人并不容易。

我国的情况较为特殊。历史上，中国一直是中央集权的国家，人民对仁政寄予期盼。中国共产党一直坚持以人民的利益为最高利益。中国农村政策一直倡导"从群众中来，到群众中去"。领导者深入群众之中，把群众的意见集中起来，化为系统的意见，形成决策方案，又到群众中去贯彻落实，使抽象的理论化为现实的行动，并在实践中检验决策的正确与否。邓小平同志在20世纪80年代，提出了"摸着石头过河"，我国理论界意识到社会、经济发展管理、资源环境管理等问题需要更为复杂的理论和政策程序。而进入21世纪，在国家资本主义驱动下，各级政府都成为推动经济发展的力量，也是经济发展的受益者。社会中的个人，尤其是一部分政府官员，面对自身的权利和社会公共管理之间的矛盾，自乱阵脚。同时，随着我国市场经济改革的不断深入，社会将渐趋世俗化。这就提出了一个新的挑战，必须寻求林农代言人。在集体林权制度改革过程中，林农声音的缺失已经是影响到林权改革深入进行的关键因素。我们不能指望将生活在偏僻山区的群体邀请到北京，与大专家、大领导们一起共商林业政策大计。因此，我们需要一群人，他们能够真正走到农民中去，采用科学的方法征询林农的意见，然后把林农的观点带到讨论中来。

二　参与者的代表性

需要具体分析每一个相关利益群体的人员构成、地域分布、组织架构等。有一些利益群体，有自己的代表组织，如林产工业协会或合作组织联合会。在浙江、福建、江苏和山东等林产工业比较发达的地区，成立了家具、人造板、建材协会。福建、浙江竹业比较发达的县，会成立竹业协会或竹产业协会。他们在一定程度上能够代表产业界的意见。因此可以邀请这些协会或联合会的人士作为产业界的代表参与到林业政策制定过程中来。

有些利益群体，如林农，相对比较分散，意见比较纷杂，即使在一个村庄也很难找到大部分林农了解和信任的代表。如前文所述，需要培养农民的代言人。有了农民代言人，也需要寻找一些典型农民代表，在政策讨论过程中让农民自己品味政策调整可能对他们的生产和生活的影响。这也方便代言人在陪同农民代表参与林业政策过程中，反复思考农民的代表性问题，选择林农代表的时候，需要反复斟酌，需要建立一个公平公开透明的程序。农民代言人或研究机构的人员需要协助农民代表学习相关的林业政策知识，让林农代表参与到农民利益的调查中，并参与到意见的分类、整理中来，和提炼正确的政策表达，准确反映林农的意见。

类似林业大户、家庭林场户的群体人数并不多，零星分散在乡村之中。经营面积名列前茅、影响力大的林业大户往往被指定（或推选）为林业大户的代表，这样其他林业大户就被代表了。事实上，这些林业大户在购买集体林地使用权或林木所有权过程中，相互争夺利益，相互制造陷阱，矛盾重重。而对于家庭林场户，他们介于林业大户和小规模林农之间。一般都不愿意介入到黑道、白道的纷争中。然而少数地方政府总是要树形象，要落实国家林业政策。比如说，中央十分重视农业新型经营主体的培育，而林业部门对林业合作经济组织的培育作为集体林权制度主体改革完成后重要工作来抓。地方林业局总要抓几个林农合作经济组织的典型。有些家庭林场就被树立为林农合作经济组织的典范，而被推选为（或指定为）代表林农合作经济组织参与到林业政策过程中来。这样的代表性自然存疑，这在实际工作中却已经频繁发生。领导下基层，听听林农的意见，实际上向领导反映情况的林农是该县最大的林业个体户。比如，领导考察林农合作经济组织的发展，一位家庭林场主指着一片属于自家的林子，告诉领导说：本村5个农民自发组织起来，我牵了个头成立了××组织。领导拿出一个笔记本：请写出这五位思想觉悟高、热爱林业的农民。这位老实巴交的农民给领导笔记本上写下了自己、老婆、两个孩子和一位家在外村的舅舅的名字。领导走后，有人问这位农民：为什么不写本村你弟弟的名字。农民答：如果我弟弟来争，怎么办？

三 关注利益群体代表间的平衡

参与到政策过程中来的代表是能够影响到林业政策的分析、制定、评估与监测的进行。每一位代表的意见，在政策决策时，都会予以考虑。不同利益相关者肯定对不同的问题存在着不同的认知和立场。其中一些群体的影响力要明显高于另一些群体，他们很容易会主导了参与式林业政策过程的进行。甚至这些强势群体的代表会在议程安排，政策要点迫使政策过程按照他们的利益来安排。因此，参与式林业政策在代表选择时必须思考怎样平衡各方力量的均衡。另外，相关利益者分析也是评价新的林业政策的重要工具，可以分析和明确林业政策调整对受损群体的影响程度和他们可能所采取的反制行动。

对集体林权制度改革，旨在通过林权改革保护集体林农的利益，然而在政策落实过程中需要避免地方政府部门、少数官员、社区精英和商业集团与村委会相互勾结、损坏林农利益。这些人对集体林权制度改革在基层的实际操作起决定性的作用。如何正确评估他们的影响力，寻求与他们合作的途径或者通过政治手段迫使他们放弃"非正当"的利益是保证集体林权制度改革取得成功的关键。

四 合适的政府机构代表

针对某一项政策，真正的政策决策者必须始终实质性参与到政策过程中来。这往往存在两难命题，真正的政策决策者往往是位高权重，很难有时间、有精力全程参与到整个工作计划制定、林业政策分析、方案讨论和筛选等各项活动中来。他们也很难有时间潜心认真研究所要制定林业政策面临的实际问题，理论上的困惑，理解政策的历史渊源，不同利益者之间分歧的实质。要求真正的决策者参与政策过程，很难达到具体的效果。在贵州某县，我们邀请林业局正职参与到一次林农座谈会上。林业局局长一再强调听听林农代表的意见，态度还是很谦虚的。然而对群众提出的问题显然缺乏准备，实在不知道如何回应，场面显得很尴尬。而在另外一个县，这位局长从行为和态度上看不出他是来听取群众意见的，对他而言，出席会议是为了体现他的存在，走一个过场，摆一个样子，就算领导重视了。考虑到我国绝大多数基层林业局局长任现职时间短，缺乏甚至几乎没有林业的知识，缺乏与不同利益群体打交道的能力。在实际工作中，一般邀请主管局长全程参与到林业政策过程中。

绝大多数业务局长任现职时间会长一些，我们也期待着他们与相关利益者的代表们真诚地分析问题，提出方案，解决问题。然而我国基层政府实际就是"一把手"说了算。我们开展试验的少数地方，副职是不表态的，因此在与相关利益者代表的交流中，他们往往闪烁其词，或寻求各种各样的理由或托词，应付代表们的建议。

五 责任心和角色冲突

在代表人的筛选上，责任心远比知识能力重要。在福建某市参与式林业政策过程中,通过公开报名和提名的方式征求参与的代表。对代表责任心提出了具体要求,如果知识能力不足,我们可以邀请专家或参与式林业政策过程的协调员提供协助。而责任感是善于学习、善于分享、善于妥协的基本素质要求。

利益相关者代表必须能够保证有时间来参与整个过程。代表的连续性是提高参与式政策制定过程的质量保证。尽可能一开始选择代表的时候,就要求参与的代表能够明确保障投入时间和精力。但在实际工作中,参与式林业政策过程确因缺乏合理的计划、政策方向模糊,部分代表会备感无聊或无趣而主动退出,导致参与式政策过程中断。

参与到林业政策过程的代表,都是活生生的具体的人。他们有多重角色,在他们的人生旅程中,也许发生过多次角色的转化。我们不能简单地将一个活生生的具体的人抽象为某一类型的农民,或某一类型的林业经济主体。有的代表既是林农、同时又开办一个竹木加工企业,还参加了林农协会和本县的竹笋加工协会。有些县的林业部门官员,可能承包集体林地开办了一个林场。若他的夫人是农村集体户口,他也可以是家庭林场主的代表。这需要从他们参与到林业政策过程前,就要明确他们以何种角色参与到政策过程中。在参与式林业政策过程中,应当鼓励他们从多重利益角色来审视林业政策改革的影响,并与其他利益群体分享,为政策措施的妥协提出切实可行的建议。

第三章 角色

在参与式林业政策过程中的每一个环节，不同角色相互配合、相互支持，才能真正实现利益相关者在林业政策过程充分参与，实现政策过程所希望达到的目标。这些角色参与到政策过程部分环节或整个过程，主要包括政策发起机构、协调机构或协调员、独立专家、利益相关者、决策群体和发展援助机构。

第一节 政策发起机构

发起机构是能够授权某一个组织或个人实施参与式林业政策的过程。在理论上，发起机构不应当与本项林业政策存在利益关系，被赋予权力负责林业政策的调整，并有权力批准新的林业政策。有权威、立场中立、无利益牵连，这样的发起机构会赢得其他利益方的信任。从而成为参与式林业政策过程的积极推动者。在参与式林业政策过程中，发起机构需要指定一名召集人或一个召集人小组来承担部门协调、政策议程规划、资源筹集，并积极推动参与式林业政策过程的开展。

然而，在实际工作中，在非洲和东南亚国家开展参与式林业政策过程实践的国家，召集人和召集人小组几乎都来自林业政府部门。中国，如其他许多发展中国家一样，存在部门利益膨胀的问题。具体表现在个别地方政府部门利用职权和立章建制资源，千方百计为部门争权力，争利益，影响立法机构，致使牵涉到这些部门的法规带有强烈部门色彩，明显带有保护部门利益、扩大部门权力的倾向，人为地追求部门权力最大化、部门利益最大化。由于受到利益的牵连，召集人或小组很难保持中立。

某些林业政策，比如林地管理、育林基金征收、林业保险、采伐管理，只涉及林业部门某一个具体的处（室），而这个处（室）被指定担当起参与式林业政策过程发起机构的角色。其中立性更容易受到质疑,同时这些处(室)负责人本身影响力有限,更有甚者,他们并不是集中智慧和资源去开展一个参与式林业政策过程,而花心思琢磨领导的意图,寻求升迁的机会。

我们建议,当政策发起机构是政府的时候,应将发起机构的使命委托给一个中立的研究机构、大学或委员会来完成。并与相关利益者各方协商推选出一个独立的、无利益关联的、德高望重的人来承担参与式林业政策过程发起机构召集人的角色。

第二节 协调员

协调员是参与式林业政策过程中一个特别的角色。他能够被所有相关利益者群体所接纳,严格保持中立。受发起机构的委托或聘用,推动参与式林业政策过程的进行。在整个过程中,他没有决策的权力,协助各相关利益群体代表一起分析问题,寻求方案和作出决策。协调员可分过程协调员和内容协调员两类(见表3-1)。过程协调员只关注程序本身,而内容协调员需要懂得林业政策方面的知识,理解并协助相关利益者共同在政策内容上作出全面的规划。

表3-1　　　　　　　　　协调员的类型及其职责

过程协调员 (Process facilitator)	内容协调员 (Content Facilitator)
如何(How)	是什么(What)
参与式林业政策过程计划 参与式方法和工具 相关利益者关系的维护 参与式林业政策过程中规则的设定 相关利益者的互动安排 v 整个过程中工作氛围的维护	政策议程 政策目标 政策问题 政策分析 政策建议 政策决策

(资料来源:FAO,2010)

政策发起机构应优先寻找过程协调员。协调员受发起机构的委托,与发起机构一起共同开展相关利益者分析,寻求合适的利益相关方的代表参与到政策过程中来。他需要为弱势群体,尤其是林农寻求专家的支持,并协助林农或林农组织寻求合适的代言人,提高林农代表参与林业政策过程的能力。一般来说,代言人来自大学、科研单位、代表林农利益的NGO,并精通这项林业政策内容。协调员可以协助林农和代言人一起开展参与式林业政策调研,组织林农参与林业政策问题研讨会,协助林农熟悉参与式林业政策过程的方法和活动。

协调员需要与发起机构人员一起共同设计参与式林业政策程序、方法,并测算财政需求和其他必要的支持,以便发起机构筹集资金和其他资源来开展参与式林业政策工作。协调员是各类研讨会的协调人,创造出一个公平、公正、透明的环境保障并鼓励所有相关利益者代表的充分参与。控制参与式林业政策进程和其中每一项活动,防范强势群体主导这个进程。保障整个进程聚焦于政策问题,防止把政策议题过分扩大。框图3-1是菲律宾社区林业政策改革协调人的任务书,从任务书可见,所聘请就是一个过程协调人。而在有些国家,如非洲国家,中亚国家,需要聘请综合性的协调员,开展一项参与式林业政策过程,其协调员不但具有过程协调员良好的素质,同时也需要对政策有充分的知识。

框图3-1 菲律宾社区林业政策改革协调人任务书

1. 与参与式林业政策过程小组共同设计菲律宾社区林业政策改革过程程序、方法,并设计工作计划书;
2. 为相关利益者参与和沟通提供桥梁;
3. 明晰政策过程目标、预期产出、采用的方法;
4. 与利益相关者共同制定基本的规则和日程,并达成共识;
5. 鼓励所有成员的充分参与,防止任何人主导政策过程;
6. 保持不同角色之间的交流顺畅而自然;
7. 保证所有角色聚焦于政策焦点,防止偏离主题。

(资料来源:FAO,2010)

一项参与式林业政策过程,因政策内容复杂性不同而有长有短,往往历时半年,甚至数年时间。对于比较复杂的林业政策,则需要聘请多名协调员,包括过程协调员和内容协调员。这些协调员一般来自咨询公司、NGO、大学、研究所。发起机构可以与这些机构签署"一揽子"

的协议，聘请作为协调机构，挑选合格的协调员，开展参与式林业政策过程工作。

来自国际发展援助机构、技术咨询公司的欧美籍人士，大凡自称为参与式林业、农用林业、乡村发展、林业政策专家，他们中的绝大多数最擅长的工作就是协调员。这些人周游列国，拥有丰富的履历，精通异文化环境下与不同领域、不同背景的人士沟通。在菲律宾、泰国、尼泊尔、印度尼西亚、印度等亚洲国家，肯尼亚、刚果等非洲国家，哥斯达黎加、巴西等南美国家，国际发展援助组织活动十分活跃，也是国际发展援助机构、国际咨询机构的总部或区域中心。在这些国家，受这些国际专家的影响，培养了一批精通参与式林业政策过程的协调员。

中国的情况较为特殊，国内几乎找不到一个合格的参与式林业政策协调员。而那些自称参与式林业、农用林业、乡村发展的国际协调员对在中国这样的大国工作很不适应，加上对中国文化、政治、经济、历史和人文环境缺乏了解，缺乏自信，因此，联合国粮农组织、联合国森林论坛、世界银行推动参与式林业政策过程在中国的发展十分缓慢。其原因之一就是缺乏一个合格的协调员群体。我国林业政策领域需要着力培养一批合格的协调员。框图3-2提供了协调员素质要求清单。

框图3-2 参与式林业政策过程协调员的特质要求

1. 接受过协调员的专业培训；
2. 不是利益相关者之一；
3. 无偏见，鼓励和推动相关利益者代表参与会议，并自由表达观点；
4. 理解参与式林业政策过程的概念、理论，精通参与式方法和工具；
5. 包容并认同所有人都有能力参与到林业政策讨论中，能管理强势和弱势利益相关者代表，并使整个过程体现公平和均衡；
6. 尊重每一个人的言论，即使你认为是错误，认识到人是在错误中学习和成长的，所谓失败乃成功之母；
7. 思维敏捷，能够迅速意识并确认不同利益者存在的分歧，通过适当的手段让相关利益者寻求缓解冲突、达成妥协，而绝不是回避矛盾；
8. 不要相信专家可以作为弱势群体的代言人，能够推动弱势群体表达自己的声音。

（资料来源：FAO，2010。根据我国实际作了部分修改）

第三节 专家

一 参与式林业政策过程对专家的需求

在参与式林业政策过程中,需要邀请一些专家参与到这个过程中来。一般来说,如前文所提示的,需要邀请至少一名专家以支持农民开展林业政策意见征集。这名专家应当具有深厚的农村发展社会学、经济学、政治学知识。开展保护区社区共管政策设计,需要邀请保护区管理、生物多样性等领域的专家参与到政策过程中来。开展生态补偿政策设计,则可能需要邀请森林生态、森林水文、森林景观生态等方面的专家参与。有些林业政策,如林业应对气候变化政策,需要考虑林业部门之外的气候变化、土地利用和乡村发展等领域专家参与。这样,才有可能将林业与其他部门的政策协同起来,将林业发展纳入到国家应对气候变化战略中来。复杂的林业政策制定,比如国家林业发展战略,则需要邀请多部门、多领域的专家支持,从宏观社会经济发展政策、发展规划、区域发展、财税政策、法律、土地产权安排和管理政策、林业发展战略、生物多样性保护、气候变化等方面,到具体的森林管理、土壤管理、水资源管理、乡规民约、森林文化人力资源开发、森林管理基层制度培育等方面。再比如集体林权制度改革,政策过程需要的专家知识结构非常广泛,因为集体林权改革不能简单地认为如何将集体林地分配到社区农户,而是重大基础制度设计。它需要宪法、民法、社会学、政治学、经济学、农村发展、资源管理、环境保护、历史学、政策学等多方面专家的支持。同时需要考虑那些十分熟悉国土、环保、水利、农业等其他部门的专家参与,与这些部门的政策设计协同。如果只是考虑一些细枝末节,林权证如何设计?内容如何填写?林权如何登记?如何把信息技术运用到林权管理中来?如何开展林下种植?集体林权制度改革只能是半拉子工程,甚至在部分地方,不但无效果,反而留下了许多后遗症。邀请的专家需要弥补参与政策过程中各利益方代表知识结构的不足,尤其是专业知识的空白点。

这些专家只提供专业知识,分析政策问题,提出政策供选方案。只在专业领域为不同的政策方案提供理性的分析,不能为不同利益群体作政策决定。所聘请的专家应当是能够被所有的利益相关者接受,提出的观点也能为参与者理解。如果是一个区域林业政策过程,最好邀请那些既精通政策内容，又对当地文化、历史、风土人情十分了解的地方专家。专家要能提供知识，不是用于造场面、摆排场。一个国家层面林业政策过程，无须利用专家制造声音，以支持某一方的立场。在我国集体林权改革的过程中，一位著名的经济学家提出集体林权制度改革是21世纪中国"改革的第一声春雷"，其原因包括林地可以抵押，林权直接落实到农户。其实这位经济学家根本不懂什么是森林，也不了解自然资源管理领域理论研究的成就。不是他的观点有什么特别，任何一个专家，有自己的观点很正常。然而，任何专家都不能要求所有的相关利益者"你们必须这样选！这就是你们需要的林业政策"。如能创造一个参与式林业政策过程，大专家首先要展示谦恭，以防不良利益相关者游说你、利诱你，利用专家知识盲点，专家盲区被放大，对社会产生不良的影响。

二 专家和理性主义

"科教兴国"和"科学技术是第一生产力"这些提法很正确，但不能绝对化。一个半世纪以来，中华民族一直在深层次思考民族复兴之路，实现中国梦之路。科学和在科学指导下的技术发明给人类带来的滚滚财富和给社会带来的巨大进步，电、汽车、手机、互联网等人类伟大发明确实形塑了一个崭新的世界。凡是被称为科学的东西，或者只要被称为科学的东西，很少有人会怀疑它的正确性和真理性。科学理论所陈述的是一般原则和普遍真理，在过去、现在和将来都应当是适用的。但我们不能因此忽视传统知识和经验的作用。人类在漫长的发展历程中，依赖经验主义积累了丰富的知识，尽管经验是已经过去的事情，但也是人类知识重要组成部分。

中华民族在长期与森林互动过程中，积累了丰富的关于森林的传统知识，这些知识广泛而深入融入到人民的日常生产和生活中，并形成森林文化，如风水林、水源林、风景树、祭祀林等。中国是世界上森林文化十分丰富的国家，人类与森林的历史要久远于人类的农耕文明史。森林文化的形成是人类千百年来生产生活的历史积淀，是许多社会文化现象产生的源泉和基础。诚然，技术创新带来了生产力的提高，生产力的提高使得一部分人受益而另一部分人受损，同时也可能带来环境风险，尤其被替代技术所承载或相关联的文化和生活方式，而使得我们失去了长期以来人类与丰富的自然共生中培育的思想与智慧。

在追问"到底什么是科学"质疑理性主义方法论中，波普的批判理性主义另辟蹊径，提出证伪原则：通过一个反证推翻一个科学理论。"凡天鹅皆白"就被发现了一只黑天鹅证伪了。波普认为，一切科学探索同问题相联系，是针对问题而生的，科学是解释问题的一种理论模型或者理论假说。理论模型或假说成立就是科学；如被证伪，就需要创新理论或假说。科学发展的模式是：问题—假设—证伪—新的问题，循环往复。这就是说科学与非科学的划界不是绝对的，科学需要通过不断清除假设中的错误才能前进。所以，任何科学理论都应该是一个开放的系统，它只能在不断的更新中呈现自身的真理性。现代科学是整体性的事业，不完全是个人理性活动的结果，而是呈现开放观、动态观、整体观的特征。也就是说，不能迷信"大专家"。

三 科学技术的社会属性

21世纪以来，科技工作者、媒体、大众纷纷卷入农业转基因技术的争论。然而，很遗憾我国在农业转基因技术上的纷争基本上局限于技术本身，包括技术可能的生态风险。人类充分发挥智慧和智力优势，研究和开发转基因技术也无不妥。然而，转基因技术存在的道德风险和技术的道义风险，必须予以考虑。

中国林业森林管理科学技术成就主要体现在传统森林经营，尤其是基于法正林的技术体系的开发，并制度化到我国的森林管理体系中，包括限额采伐管理、森林资源清查管理、小班管理、林地管理等。然而，这些技术和支持这些技术的制度化体系正是我国当下林业政策冲突的焦点。我国林业发展的另一个重要成就是开发绿色革命技术。中国投入巨大的人力、物力和财力用于培育新的品种，高规格的整地、密度控制和土壤养分调节提高森林集约经营水平。然而实际效果并不令人满意，而这些知识体系可能带来的环境恶化和社会公平问题却鲜有人关注。

现代农业技术是以品种改良、施肥、农药和机械化为代表，这场革命派生出发展公平性恶化、产量稳定性差和环境不可持续性等问题。绿色革命技术在农业增产上效果受到土壤、小气候、灌溉条件、交通条件、技术推广的制约。若小农户不拥有这些必需的资源条件，则难以从这些技术开发中受益、甚至成为受害者。自20世纪60年代开始，旱作农业的产量与收益与灌溉农业的产量与收入的差距不断扩大。在印度旁遮普邦，化肥和新品种大面积推广使用，是规模较小的农户和佃户贫困恶化。优良品种的产量对生产投入的波动非常敏感，这些因素对小农户都不利。另外，绿色革命技术将小农户推向市场，依赖种子公司、化肥公司和机械公司，进而与金融公司这些巨头联系起来。事实上，如果没有一个制衡的力量，无数的小农户只是为这个农业巨头创造利润。实验站的产量与大面积推广的产量存在巨大的差距。

绿色革命付出了高昂的环境成本。化肥和农药的大量使用使环境受到极大的破坏，生物多样性逐渐丧失，使农业生产的自然环境条件和肥力不断退化，从而客观上要求进一步增加化肥和农药的使用，形成了"投入—环境破坏—增加投入—环境进一步被破坏"的恶性循环。中国面临的农业问题：水资源矛盾加剧；主要农作物病虫害加重，大量喷施农药造成环境污染；化肥利用率低，过重施用化肥；土壤污染；水体污染，江河湖泊富营养化、地下水污染。这些问题无不与绿色革命技术相关。

在国际农业发展领域，农业产业链条不断整合，构成了一条从土壤、农资到最终消费者整个链条的无污染管理和组织化经营。免耕农业迅速发展，而代替对农业土壤频繁的扰动。商品化、产业化、规模化的结果是丰富多彩的农业文明的泯灭，国际农业正在大力弘扬恢复和发展农业传统文化。农业部门的这些变化也值得林业部门深思，尤其新的一届中央政府倡导生态文明。林业部门需要站在弘扬中华民族传统生态思想，从国家生存与发展长远的角度上，用自然的力量恢复地力和森林植被，而不是一味追求挖大穴、栽大树、浇大水去营造出一片又一片的速生人工林。归结到一点，专家也有盲区，他们需要从人们的生产实践中，从中国数以万年的森林管理实践和创造出的璀璨文化中去学习。

第四节 利益相关者的代表

相关利益者所有成员都直接参与林业政策过程中是不可能的，也没有必要。通常的做法是每一个相关利益者出自己的代表直接参与。在参与式林业政策过程中，需要保证相关利益者均能有代表直接参与进来。这就派生出不同利益群体的代表如何产生的问题。

代表有其在身份、威望和责任上的要求（见框图3-3）。一些利益相关者有其正式组织代表其利益，如家具协会、竹业协会、竹农协会、人造板协会等。这些协会有与其成员沟通的管道，邀请这些协会推荐直接参与的代表，也能够为他们协会中大多数成员所接受。

框图3-3　相关利益者代表的基本特征

身份：一个利益群体，身份也很复杂，比如浙江省××县竹业协会，有竹加工商、政府官员、竹林栽培专家、竹农、竹笋收购商、竹产品贸易商。所选择代表的身份原则上应当与群体中的大部分人相同，以反映所代表群体大多数人的利益。如果所选择的代表拥有多种身份，应当分析这不同的身份是否有损其该代表利益群体的利益。

威望：选择出的代表必须在群体中具有一定的威望，得到群体成员的尊重。知晓林业政策一般性的问题，能理解政策调整对本群体的成员造成的影响。尤其对那些负面影响，能够预测出对本群体的利益影响程度，可能消除这些不利影响的策略。知识和经验是这些代表在群体中获得威望的资本。

责任：代表的责任感对参与林业政策过程的质量至关重要。一个有责任的代表通常是由该群体成员共同挑选出来的，具有荣誉感、责任心，而不辱使命。这些代表能够保持与该群体经常的沟通，能够得到广泛支持，获得赋权，而具有代表性。

（资料来源：FAO，2010。并根据中国国情作了适当修改）

在实际工作中，绝大多数利益群体没有能够代表其群体利益的正式组织。协调员与其他参与式林业政策过程小组成员一起需要从其利益群体中筛选出代表来。这些代表能够正确理解政策内涵，政策调整对其利益群体的影响，能够正确地展示需求和期望，能够自信地与其他角色开展辩论或谈判，尽力维护该利益群体的诉求。协调员需要制定出一个各利益群体代表产生的办法，并与利益群体成员协商，完善办法后由政策发起机构确认。

代表产生的基本原则是其必须能够被该群体中多数人所接受、受其委托并代表该利益群体参与到林业政策过程中来。在参与林业政策的决策过程中遴选出的代表需要定期或不定期与其所代表的群体通报林业政策过程的进展，就焦点和核心政策问题与本群体人员沟通和协商，制定下一步行动策略。如果代表选择不当，难以得到所代表群体的普遍认可，出台的政策方案，可能会比传统方法制定出的政策方案更加难以获得该利益群体认同，甚至激烈抵抗，严重的会失去与该利益群体合作的可能，会造成该利益群体内部的分裂。

中国缺乏林农利益的代言人,社区型企业也得不到相应的重视。一般来说,在中国开展参与式林业政策过程,需要一个发动过程,动员社区林农和社区型林业企业组织起来,选出他们的代表参与到林业政策过程中来。要游说地方政府和林业部门的干部和技术人员给予林农代表等弱势群体参与政策过程的空间和机会,协调员和参与式林业政策工作小组要增加对林农等弱势群体的培训,增强他们参与政策辩论的信心和能力。需要提出明确的原则指导地方政府和林业部门去选择农民和社区企业的代表,否则,林业政策变革的方向可能会锁定在特定的利益圈和权力网络。这样,参与式林业政策过程就失败了。一个人往往拥有多种身份,比如一位社区木材加工商,同时也是林农经营一片森林,村干部,自然也是林农。在集体林权改革政策试验中,地方政府通常选派村委会干部代表农民。在一些村庄,村委会作为村民自治组织确实能够代表村民的利益。但有一些村委会干部有其自己的利益,很难代表农民的心声。有可能进一步失去重要相关利益者的信心和支持。一般来说,我们不提倡让地方林业部门去选择林农和社区企业的代表。

第五节 林业政策决策者

决策者在参与式林业政策过程是不可缺少的角色。林业政策的调整,相关林业法律法规的修订和完善,改革林业行政管理体系,争取更多的财政投入,归根到底是最终由公共部门来定案,决策者需要参与到过程中来。政策实施范围可以是一个小流域,可以是国家林业政策。内容可以是一个保护区社区共管计划,也可以是国家林业发展规划。因此决策者可以是一个县林业部门,也可以是国家林业局,可以是各级政府,也可以是立法机关。在非洲、南美,一些国家将林业政策决策赋权给独立的咨询公司,或者非政府组织,或者制定法律的专家、议员,这些都可能是重要的决策者。对于涉及国家发展的重要林业决策,游说集团对政策影响很大。在政策形成过程中,需要充分考虑这些游说集团可能的影响力,直接将他们纳入到参与式林业政策过程中,让他们理解各相关利益者的关切,这在一定程度上可以阻止游说集团的影响力。在中国林业部门,行政系统的官员对政府决策起十分重要的作用,这些决策者身边的技术人员或学者对政策的影响与日俱增，动员这些技术人员和学者参与到相关利益者的政策过程中，对于实现参与式林业政策过程的目标是十分有益的。

第六节 资助机构

每个参与式林业政策过程都需要资金和人力资源。发起参与式林业政策过程需要考虑谁来为过程和行动提供资源。组织实施参与式林业政策过程小组需要从出资人的角度阐明实施这个过程所需要的支持，框图3-4提供了一个要点框架，以便资助机构能够理解参与式林业政策过程所需要的支持。政策发起机构有义务筹集资源，为参与式林业政策过程提供充分的资源保障。把能够提供人力、技术和资金的机构都要纳入考虑之中，它包括政府机构、国际捐赠机构、非政府机构、公民社会等。作为一项公共政策，需要调动多方资源，个中道理不完全是钱的问题，而是一个归属感和责任的问题。一项林业政策的制定，全由政府包办预算，其他利益群体会认为那是政府的事。政策发起机构应当充分调动一些关注林业政策发展的NGO、国际组织、企业积极为参与式林业政策过程提供资源。

框图3-4　与资助机构沟通的要点

愿意为参与式林业政策实践提供资助的机构和人员通常缺乏林业知识，很少有人理解林业政策的复杂程度，更谈不上对参与式林业政策过程理论和方法了解。要获得资助机构的支持有以下三方面需要注意：

1. 需要简明扼要宣传将参与式林业政策实践的目的、意义、过程、方法，讲清楚面临的挑战、预期的产出和需要的支持。

2. 要站在出资人的角度，提供充分必要的信息协助出资人作出资助参与式林业政策过程的决定。

3. 要讲清楚参与式林业政策过程的一些特点：参与性、广泛动员、耗时、难以计划等，而这些特点是制定参与式林业政策过程预算的基础。

（资料来源：FAO，2010）

一　政府机构

在我国，参与式林业政策过程尚不足以得到政府部门的理解和支持，我们缺乏制度性的保障以支持参与式林业政策过程。林业部门，与其他部门一样，政策决策依然处于"象牙塔"塔尖，这与普通大众距离遥远。然而，越来越多的部门开始引入参与式政策过程的方法和手段，例如垃圾处理、垄断性企业的公共服务收费和价格政策。相信林业部门会越来越敞开大门，广开言路，并能提供资源保障咨询相关利益者的意见。

二 国际捐赠和财政机构

为了推动多部门、多相关利益者有效参与到林业政策过程中来，2000年前后，由世界银行、联合国粮农组织、联合国发展署等多边国际机构和自然保护联盟等国际非政府组织联合成立了一个国家林业计划基金（National Forestry Programme Facility）。这个基金由联合国粮农组织托管，以支持发展中国家开展参与式林业政策改革。2010年夏天，世界银行期望能够为联合国粮农组织融资数亿美元，以支持林业在气候变化方向上参与式林业政策制定。国家林业计划（NFP）作为参与式林业政策过程的代名词，在全球运作了近10年，覆盖到70多个发展中国家试验试点参与式林业政策过程方法，然而动员相关部门和相关利益群体参与到林业政策制定、实施、监测和评估中来所取得的成绩甚微。相关专家非常担心世界银行大规模投入到参与式林业政策过程中来可否获取预期的目标。近20年来，双边技术援助很大一部分资源投入到参与式林业政策过程中，联合国、世界银行、亚洲开发银行和欧盟委员会等国际组织为发展中国家林业政策过程提供了大量的财政和技术支持。在国际层级，联合国森林论坛实际上就是一个参与式林业过程实践场所，各国外交家、政治家和林业工作者共商全球林业制度安排和政策内涵，青年、妇女、研究工作者、土著人、小规模林主等均有相关代表参与到联合国森林论坛体系中。

三 国际NGO或其他公民组织

自然保护联盟（IUCN）、世界自然基金会（WWF）、乐施会（Oxfarm）等国际非政府组织加大了对多部门合作、多相关利益者在林业政策和规划参与中的支持。自然保护联盟启动了一个全球"森林景观恢复"项目，这个项目十分重视参与性、适应性管理和持续的评估和学习，让当地居民合理的利益诉求得到体现，保障林业政策和实践适应经济、社会和环境的不断变化。这些国际非政府组织本身就是一个重要的利益群体，他们有其目标，更加偏向于自然保护或者反贫困。他们还是重要的人才资源，其工作人员大多具备担当协调员（facilitator）的基本素质。

四 企业

随着中国企业的成长，相信将来越来越多的企业愿意从本公司利益或从企业社会责任角度支持参与式林业政策过程。开展参与式林业政策过程有许多不确定性的因素，需要保持这个过程的灵活性。即使有一个成熟的开展参与式林业政策过程的团队，并作出了一个相当完美的规划，很难精确地为整个过程提出预算。企业相对比较灵活，能够根据需要增加或减少预算支持，就我个人的经验，实施参与式林业政策过程的协调员更愿意使用企业的支持。

第七节 参与式林业政策过程的特殊角色

在日常生活中，我们难以刻板地按照角色定位，遵循角色所赋予的职责，严格按照社会规范将参与的角色模式化。参与到林业政策过程中的各个行动者，他们不仅是代表各自的利益群体，同时，他们也是一个社会行动者，作为日常生活中的个体与社会保持互动，寻求在社会中的定位。如果正确地配置和引导他们这些社会角色，则可推动参与式林业政策过程，保持其过程的流畅和高质量。如果管理不好，则可能阻碍参与式林业政策过程的顺利开展。

第一，有些参与者可以在整个过程中起催化剂的作用。他能够激发其他参与者思考，形成集体意识，在相关利益者中间撮合，化解分歧，达成妥协，进而推动参与式林业政策过程的进行。这些人一般学识丰富，有强健的社会关系网络，受人尊敬和信任，不会轻易受到官僚和利益集团的人所左右。如果能在开展参与式林业政策过程中，有这样一位"催化剂"，则极为有利。

第二，能有一位睿智的"前辈"参与其中，可以起到平衡的作用。当今时代，政治和经济发展都倾向于采用新思想、新理论和新方法，技术上都倾向于高科技和科技集成，然而很少有人会顾及风险，往往这些新的思想、理论与方法，都不会是完全成熟的，而是否有足够的信息以支持采用这些新的东西也值得怀疑。因此，有着长期经验的一位长辈参与到政策过程中对于沟通历史和未来，避免重复"昨天"的错误是十分重要的。

同时，有这位长者的存在，可以有效地防范少数强势代表主导参与式林业政策进程，以平衡强势群体和弱势群体的权力关系。需要注意的是，这位长者，不能成为政策过程的中心，他所起的作用只是一个配角，不能事事都邀请他参加。

第三，可以为参与式林业政策工作小组配置顾问。因为参与式林业政策小组常常会被事务性工作所缠绕，无暇冷静思考，小组成员不一定具备充分的知识构成足以应付丰富的信息，准确把握不同相关利益者提出政策建议和意见分歧的实质。参与式林业政策工作小组需要定期在顾问的指导下分析、判断，并寻求解决工作中问题的方法，调整在参与式林业政策过程中的活动。

第四，需要在团队中配置一个性格活跃的人。政策研讨会主题比较严肃，与会代表会尽力维护所代表利益者的利益，相关利益者的会议比较沉闷。因此如果团队中有一个性情中人、浪漫主义者，尽管有时他不实际，不现实，但是可以带来激情，鼓励大家冲破固定思维和现有林业政策的框框。尤其对林业部门的官员和干部更为有用，总体来说，"林家大院"的工作人员长期与自然打交道，变得保守而不善沟通，缺乏乐观主义的精神。

第五，需要邀请原政策的制定者或坚定支持者参与到林业政策过程中。政策改革，事实上就是利益的重新分配，原政策的方案有其历史必然性，客观反映当时政治、经济和社会经济条件。不能认为这个林业政策现在存在很大的问题，就彻底否定原来的政策。他们的参与会使政策设计更加成熟，更加有连续性。这些人也会更敏感意识到政策调整后可能的副作用。

第六，邀请一些政治或社会名流作为名誉领导。一个参与式林业政策过程依赖长期的、政策层面的关注，预算安排和政治决策。这些都需要那些有经验的、受尊敬的政治家，或对参与式林业政策过程有着强烈兴趣的商业领袖、社会名流，他们能够支持整个过程，并在必要时在幕后给予支持。

第七，拟推进林业政策内容的坚决反对者。参与式林业政策过程认同我们缺乏必要的知识储备制定出科学的政策内容，因此，动员相关利益者相互学习，相互启发，达成妥协。因此，拟推动的政策内容必然不会是绝对真理，而只是一个妥协的方案。因此，在推动参与式林业政策过程中，必须将坚决的反对者包容进来。他们可以从另一个侧面促使相关利益者思考政策内容。然而，要考虑到如何引导政策辩论，而不能伤害其政策过程。明确参与式林业政策过程的目标，充分讨论，但要达成妥协，而不是只讨论，而不关注结果。

第八，媒体朋友。参与式林业政策过程必须平衡各种利益关系，并最大限度地利用现有知识和能力；这些特征可能吸引不了媒体的注意。然而，任何参与式林业政策过程都有一些媒体可能感兴趣的故事或问题，以及新思想，甚至谈判和创新本身可能就是好题材。参与式林业政策过程小组从一开始就需要建立和媒体的良好关系，发掘媒体喜欢的故事，提前给他们，告诉他们正在发生什么，意味着什么。固定的媒体发布会和报告会会吸引更多眼球。适当的媒体关注度对于今天这个政治化了的世界非常重要。

第八节 不同角色的职责及参与阶段

上节详细说明了参与式林业政策过程中重要的角色，表3-2简述了各主要角色的代表，参与到政策过程中的主要方式，他们的主要职责和应当在什么阶段参与到政策过程中来。需要说明的是，这是指通常情形下，这些角色在一个完整的参与式林业政策过程中原则上是不可缺少的。

表3-2　　　　　参与式林业政策过程中不同角色简述表

角色	代表	职责	阶段
发起机构或参与式林业政策过程小组	一个中立的、可信赖的小组，与决策者有良好的关系，通常是各级政府和林业部门负责政策的部门或委托的专家小组	启动、发起并推动参与式林业政策过程，协调各部门和各利益相关者的参与，负责筹集资金，招聘协调员、聘请相关专家，管理整个参与式过程	所有
协调员	职业人士，他必须是中立的、专业的，与林业政策没有利益关联。通常是咨询专家或学者	带领和指导参与过程和事件，让讨论尽可能有效和广泛	多个利益群体参与的讨论、协商和谈判、论坛和参与式研讨会，需要协调员参加
专家	职业人士，必须是独立的，不能为自己或集团的利益而影响决策。通常是咨询专家或学者	为利益相关者提供中立的知识和信息来帮助参与者们作出决定，用专业知识提出政策方案选择	通常受政策小组委托为特定政策问题提供背景资料和方案选择

续表

角色	代表	职责	阶段
利益相关者的代表	能代表一个利益相关者群体，可以来自协会、NGO或其他社会团体。从相关利益群体中来，并由这个群体自主遴选产生	确保这些代表能够反映这个群体的观点、需求和期望；代表群体进行谈判	各种形式的相关利益者研讨会，政策咨询会和听证会等
决策者	被赋权决策机构中的代表，对特定政策具有决策权	不应当主导会议议题，不能把政策讨论变成决策者的政策说明会	对于政策决策比较重要的会议
资助机构	政府、NGO和企业等	如果是一个重要利益相关者，当然可以参与政策过程。但不能因为是出资机构，为维护本群体的利益而影响参与式林业政策过程	同样取决于他们是否为利益相关者

（资料来源：FAO，2010。作了适当修改）

第四章 参与

参与式林业政策过程总在强调参与的理念。那么什么是参与呢？由笔者主著的《社区、参与、组织》和《社区参与森林管理》两本书已经详细介绍了社区参与的理论、实践和在森林管理实践中的运用。本章介绍运用参与式林业政策过程中参与的层次、决定参与的因素和如何实现参与等方面的内容。

第一节 参与的层次

参与即是一个过程，通过这个过程，利益相关者能够对林业政策制定或完善、实施、监测和评估、政策的终结发挥作用，并且相关利益者对政策过程本身也发挥着应有的作用。

一 社区参与

社区参与往往和发展中国家的发展实践紧密联系在一起。从乡村发展和森林管理实践视角看，社区参与意味着当地社区群众在配置权利和责任方面扮演的角色，通过群众参与和专家辅助，使群众公平地拥有发展或森林管理的选择权、决策权和受益权，进一步通过建立机制和整合资源实现社区的可持续发展或森林的可持续经营。引入社区参与发展实践和森林管理中，需要把实现不同利益群体的参与作为目标来追求，也需要把参与作为实现社区发展和森林管理目标的重要策略。引入参与式方法既要强调参与的过程，也要强调寻求恰当的、有效率的参与方式实现发展的预期目标。在从发展实践过程中理解参与，从可能获得的效果和目标中优化参与。这可以看出，参与是以所有相关群体态度和行为为基础的，具备自愿承诺、学习、谦虚、合作、善良等这些人类良好品质是实现参与的前提。

如果教条地坚持认为人是理性的、个人的决策是以其福利最大化为唯一准则，参与则无从谈起。参与从一个视角推动人类发展进程更加科学、全面和综合，但它不能解决或解释所有的发展问题。当今世界，任何一个主流的发展理论都不能回答人类发展所面临的所有问题，不同的发展理论，则可以从不同侧面诠释同一发展问题。

将参与引入到林业政策过程，与发展实践一样，同样意味着不同利益群体在政策过程中的权利配置和责任共享，通过参与式专家辅助，使相关利益者能够公平地拥有森林管理和林业发展政策的决策权。参与，既是作为目标来追求，也是优化政策内容、提高决策效率的重要策略。参与只是从一个视角推动政策过程更加科学、全面和综合，但它不能解决或解释所有的森林管理和林业发展所有政策问题。

二 参与的层次

林业政策中相关利益群体的参与，可分为四个不同的参与层次（见框图4-1）。

框图4-1 参与的层次

1. 分享信息：分享信息是最基础的参与层次。通过文件、公告等形式告知各相关利益者林业政策的目标、内容和具体措施。我国通常的做法是通过层层下文件、政策宣讲会、动员会，或出版政策读本告知新的林业政策的目标、战略、内容和行动。分享信息也是其他参与层次必不可少的基础条件。

2. 意见咨询：林业部门通过平面媒体、网络、书面报告征求各利益相关者对政策计划的意见和建议。一般来说，主管部门会考虑这些意见和建议，无论采纳或拒绝都会知会相关单位和个人，很少会进一步为相关利益者提供空间和机会阐释这些意见和建议的含义。

3. 分享决策：林业主管部门与相关利益者分享林业政策决策权力，这需要在政策过程中建立起林业部门与其他利益群体的合作伙伴关系。这意味着林业部门充分与其他利益方分享林业政策决策的信息，愿意与利益相关者分享权力，并能寻求到林业政策过程和政策内容上利益相关者责任和权力的平衡。一般来说，已经拥有特殊信息资源和掌握权力的利益相关者不愿意分享权力，而愿意分享责任。而处于弱势的相关利益者则希望获得更多的权力，因不理解责任的可能后果和风险，而不愿意分享责任。因此，这个层次是很难达到的。

4. 共识决策：追求更多参与者的同意，让少数反对者充分表达观点，以达成最多同意的决策。形成共识决策是参与式林业政策过程的理想境界，这往往是可遇不可求的。这需要林业部门建立起与其他利益群体长久的、稳定的、和谐的合作伙伴关系。

第二节　选择参与层次的因素

对于一个特定的林业政策,并不是说层次越高越好,这要看林业政策的内容和政策环境而定。长沙城市水源地森林补偿政策涉及城市居民和水源地社区群众的利益,对于城市居民而言,分享信息则足矣。而对于社区群众而言,如能实现分享决策,则将大大降低水源林补偿政策执行的阻力,提高政策效率。如果考虑到城市的快速扩张,长沙市需要制定综合的水资源管理政策,将水源林保护和城市居民节水综合考虑起来,则应当将城市居民动员起来分享水源林补偿政策的决策,需要城市居民参与到分享决策中来,至少需要征求城市居民群体的意见。国际社会若缔结一个国际公约,这必须达到共识决策的层次,也就是说联合国各成员国协商一致方可通过。《非法律约束力的国际森林公约》的达成经历了1995—2007年13年漫长的磋商和谈判旅程,各成员国、各相关利益主体充分地参与到文书的起草、辩论、妥协和达成共识过程中。一般来说,政策问题越复杂,需要的参与层次越高,政策涉及面越广,层次越高。林业政策过程参与程度的选择,需要考虑利益关切程度、参与者的知识能力和预期、政策特征等因素。

一　利益关切程度

如果一项林业政策直接关系到某一个利益相关者的切身利益,并可能影响到他们的生产和生活,这一相关利益者参与积极性会很高,应当提高其参与的程度。我国集体林对不同地区社区生产生活的影响是不一样的,在传统集体林区,当地人的生计在一定程度上依赖于森林资源。在浙江、福建等沿海发达地区,森林资产在农户中具有一定的比重,森林资产市场化程度很高,这些地方的林农就有可能十分积极参与到集体林权改革中来。在西北干旱地区,尽管人均集体林地面积很大,但林地生产力很低,森林资产市场化程度很低,因此林农参与集体林改的积极性不高。我国集体林权制度改革,关乎集体林农的切身利益,林业部门意识到在政策实施过程中社区群众参与的必要性,要求农村集体组织全体成员通过平等商议、民主决策的程序制定林改方案,任何组织和个人不得以"组织决定"之名或少数人意见取代多数群众的意愿。在我国低山丘陵地区,人均集体林地面积很小，林业收入在农户收入中比重很低，期待他们积极参与到政府部门主导的确权发证中来，是不切实际的。在湖南、云南、广西、江西、福建等省的调查发现，有些县确权工作得到群众的支持，林权证很容易发下去；而有些县确权工作得不到群众的支持，林业部门应上级政府的要求，确保95%的集体林地落实到户，基层林业部门将社区领导召集起来，突击制作林权证，其错误就在所难免。中国各地自然社会经济条件千差万别，林业政策制定或落实均不能"一刀切"，需要各地根据实际情况采取相应的措施。以集体林权改革为例，这个政策涉及千家万户林农的决定，政策制定过程恰恰缺乏了林农的参与。广大的集体林农参与到林业政策的制定过程尚受到资源和参与程序上的制约。这需要政策制定者采取行动，寻求林农参与的机制、具体策略和措施。比如，在政策文本形成的早期，推动大学、研究机构组织林农参与到政策过程中，或推动各地积极开展集体林权改革的探索，要求并指导各地林业主管部门探索推动林农参与到集体林权改革政策制定过程中来。这可能会有助于更加恰当的集体林权改革政策内容，实施效果会比现在好很多。

二 相关利益者的知识能力和对参与效果的预期

有关大熊猫保护的政策，普通大众期待专业人员在大熊猫资源调查、自然保护区建设、大熊猫资源救护与监测、生物多样性走廊建设、人工饲养繁殖、野化训练等方面制定出具体的政策意见。一般公众也不拥有大熊猫生物多样性保护的专业知识，制定高层次的参与方式往往是不切实际的，因为普通大众意识到他们发表的意见很难成为保护政策。然而大熊猫自然保护区建设和管理的政策，则会与保护区内和周边的社区关系十分密切，游客和社区群众拥有或希望掌握保护区大熊猫以及其他动植物、自然景观、地方文化知识，以愉悦身心、陶冶情操，从体现爱、责任和文化认同，在当地社区发展和生物多样性保护寻求平衡等方面贡献不同利益群体的意见。如果保护区相关的社区、游客能够确认他们对保护区建设和管理的意见得到吸取，这会激励相关利益者积极介入到保护区保护和管理政策的制定、实施、监测和评估中来。

三 政策过程和结果的透明程度

中国政府积极推进依法行政和行政权力公开透明运行，以推动政务公开，提高办事效率和服务于经济社会发展。而林业主管部门在木材经营加工许可、林木采伐许可、办理木材运输许可、森林管理、病虫害防治、生物多样性保护、湿地保护和荒漠化防治等方面拥有行政权力。2013年新一届政府组建以来，积极推动减少行政审批事项，减少政府权力干扰市场经济活动的正常开展。我们认为，要改革与社会经济发展不相适应的行政管理体系，则必须强化在政策形成过程中的公开透明，推动相关利益群体的参与。增加政策过程和结果的透明程度是以延长政策决策的时间、增加政策决策的成本为代价的。因此，并不是说参与式林业政策过程和政策结果越透明越好。然而，从总体上讲，我国政府机构在推动政策过程和结果的透明方面尚有很大的差距。在互联网时代，甚至出现了政府话语危机。比如文山会海、官话、套话、假话、空话、废话等官僚主义具体表现形式，导致"以会议贯彻会议，以文件落实文件"。一些政府机构习惯采用专业化、技术化的语言强化政府及其官员的权力和权威，让"外行人"难以理解，限制了民众的参与。陕西"华南虎"事件①、云南"躲猫猫"事件②等与林业相关的社会公共事件中，政府信息不公开，官方话语缺乏公信力，以至于谣言纷飞，公众的质疑和不满最终发展成了严重的社会冲突。在互联网上发生的事件，会推动政府从单中心的统治格局朝向多中心治理格局的转变，行政话语将逐步从政府独白的话语转向多元对话的话

---

① "华南虎"事件：2007年10月12日，陕西林业厅公布猎人周正龙用数码相机和胶片相机拍摄的华南虎照片。随后，照片真实性受到来自部分网友、华南虎专家和中科院专家等方面质疑，并引发全国性关注的事件。"周老虎"事件发生之后，相关部门一直遮遮掩掩、拖拖沓沓，致使社会公众舆论的质疑一浪高过一浪，使一件本来只是少部分人参与的欺诈事件，变成一场轰动全国、时间长达一年的重大公共事件，最终重创了林业部门和地方政府部门的公信力，损害了国家形象，严重动摇了公众对建设诚信社会的信心。"华南虎"事件已演变成了一个引起国际媒体关注、全国无数网民持续追问的"丑闻"，严重影响社会道德、法治的建设。

② "躲猫猫"事件：2019年1月29日，玉溪市北城镇大石板三社24岁村民李乔明希望能够在结婚的时候"多请几辆车来接新娘子"，平时胆小而内敛的他，第一次打起了盗伐树木的歪主意。下午5时左右，与李乔明一道的6人因盗伐数十方树木被送往晋宁县看守所。2月12日，距离预定结婚日还差4天的李乔明死亡。警方通报死者与狱友下午放风时在天井玩"躲猫猫"游戏中受伤，医治无效死亡。这一事件经媒体报道后，在网络上迅速发酵，众多网民纷纷质疑，一群成年男人在看守所中玩小孩子玩的"躲猫猫"游戏听起来非常离奇，而这种"低烈度"游戏竟能致人死亡就更加令人难以置信。于是，一场以"躲猫猫"为标志的舆论抨击热潮迅速掀起。这个事件暴露了《森林法》存在的问题，暴露了看守所长期存在管理混乱。在该事件成为网络热点后，云南省委宣传部迅速组织事件真相调查委员会，在15人组成的委员会中，有8人是网民和社会人士，其中主任和副主任均由网民担任。云南省开创了邀请网民参与重大敏感问题官方调查之先河，堪称官民互动的典范之一。

语。林业部门需要进一步增加政策过程和结果的透明度,提高透明的水平,必须要重视与相关利益者的交流,善待彼此,互相倾听,通过广泛而深入的对话来分享经验和知识,协调彼此相异的观念和利益。

四 在政策过程中参与层次的灵活性

无须在林业政策过程所有阶段都采用相同的参与层次。如制定"林木采伐管理规定",在政策形成过程中要尽可能提高参与层次,能在共识决策层次达成则是最理想的。然而,在实施这个规定的过程中,林业部门应当担当起执行的使命,将执行中具体的进展、需要进一步考虑的问题、政策完善的建议与相关利益者分享即可。而这个政策的监测与评估则应当委托给中介机构,在意见咨询或分享决策层次上推动相关利益者的参与。

框图 4-2 格林纳达林业政策改革

传统,格林纳达林业政策是由政府官员、国内林业专家和国外社会、经济、政策专家设计的。他们十分重视林业政策内容的"科学性",往往设定过于美好的林业发展和森林保护目标。由于没有考虑到广大利益相关者的参与,缺乏实事求是的态度,林业部门自身能力有限难以保障政策的有效实施,实施效果很差。1998年,在重新制定林业政策时,林业部门转变了观点,认识到必须充分让这些利益相关者参与进来,这样制定出的林业政策才有效。

协调员促进相关利益者回顾了格林纳达林业政策的历史,分析了当前林业政策面临的问题,提出了国有林政策改革设想,制定了推动相关利益者参与到林业政策改革的路线图。格林纳达林业政策的制定过程分为愿景、利益相关者分析、政策问题分析、多方利益相关者会议和林业部门的战略行动五个步骤。参与的方法和工具主要是组织召开各种类型的相关利益者讨论会,包括森林社区利益者会议,组建跨部门委员会并定期召开会议,各种专业政策问题专家研讨会,委托第三方组织的公共舆情调查和各种林业政策决策听证会。格林纳达新的林业政策制定过程受一个由多利益相关者组成的林业政策委员会的指导。1999年,格林纳达制定出新的林业政策。这个政策反映了格林纳达人民的期望,符合与林业相关的直接利益方的利益诉求。林业部门从包管全国林业生产、加工和消费管理整个过程的制度中解脱出来,只保留了很少一部分森林由格林纳达林业部门直接管理。林业部门与其他利益方分享了森林管理的责任。格林纳达成功地参与式林业政策过程实现得益于一个称为"加勒比自然资源研究所"区域机构所担当的独立协调者的角色。

(来源于 FAO:NFP 指南—未出版)

第三节　落实参与的理念

参与不是什么舶来品，中国自古有之。然而，如我国的技术科学发展一样，中华民族重视经验，而忽视理论的整理和方法的系统化，而且不擅于注重汲取和运用历史经验以及从过去的失败中总结经验。因而，这种现象往往导致一任领导一个思路。很多政策失误，其根子就出在没有走群众路线，没有体现相关利益者的真正有效的参与，却总把失误归咎于领导者的水平和能力。真正在制度体系建设上领导不再对林业政策决策失误负责了，参与式林业政策过程就在林业政策形成、实施、监测和评估作用中更加突出。具体来说，在参与式林业政策过程中真正体现参与的理念，需要注意到以下九个方面的要点。

一　意愿和承诺

主要领导和相关政策的具体负责人必须要表达明确的意愿支持参与式林业政策过程，这对于参与式林业政策过程的成功是至关重要的。一个客观的事实是，我们的林业管理部门缺乏对参与式林业政策过程的理解，当下行政管理体制环境和官场风气不利于让政府敞开门来制定政策。走群众路线，政务公开，信息透明等要求常常流于形式。就我个人的经验而言，在我国开展参与式林业政策过程，必须寻找善于接受新生事物、敢冒风险、勇于开拓的领导，在他所在的部门或负责的林业政策运用参与式的方法。我们运用参与式方法在三明市林业局开展林木采伐管理规定政策试验和研究之所以获得成功，与福建省三明市林业局主要负责人的支持十分有关，与改革开放30多年来三明市林业始终保持南方集体林业政策的试验场是一脉相传的。同时，能够取得如此有效的成果，与三明市政府及其相关部门的支持，特别是监察局的支持是分不开的。

仅仅得到主要领导的支持只是必要条件，还需要基层林业工作者和政策实施者明确的态度和承诺，支持将参与式的方法运用于林业政策制定、完善、监测和评估的过程中。只有这样，才能为利益相关者真诚地参与到林业政策过程中来提供充足的空间，才能让他们觉得有参与的必要和信心。

参与式林业政策过程依赖于良好的宏观政策环境和公共行政体系，其中政策制定过程中的透明性、公开性、参与性极为重要。有法可依、有法必依、公民参与、社会监督，是一个法治国家所应该达到的基本要求，也是参与式林业政策过程开枝散叶所必备的生存土壤。我国2004年7月通过的《行政许可法》对于推动相关利益者的参与政府政策制定、运行和监督具有里程碑式的意义。这一部法律的通过，对于提高政府公共管理行为的公开性、透明性、参与性有着极为深远的意义。行政许可法对行政许可中的各个程序给予了详细规定和说明，具备可操作性，从而以法律的形式，为实现行政过程中的公开透明提供了强制保证，并且在一定程度上为公民实现参与管理公共事务、了解公共信息、监督政府行为提供了切实保障。国际社会十分关注利益相关者在林业政策制定、执行、监测和评估中的作用。联合国环境与发展大会通过的《关于森林问题的原则申明》和《二十一世纪行动议程林业行动计划》均强调林业政策的公众参与。要实现森林可持续经营，公众的参与必不可少，需要制定政策、战略、办法和方法以支持人民参与森林可持续经营规划、政策和管理并从这些资源中公平获得利益。需要创新思路和措施使政府、非政府和地方组织联合起来而成伙伴关系，共同吸取经验教训。2007年联大通过的《非法律约束力的国际森林文书》中写到：促进主要团体、当地社区、森林所有者和其他利益群体积极有效地参与相关林业政策、措施和项目的制定、实施和评估。需要大力宣传这些国际认知，并将国际参与式林业政策过程成功的经验介绍到国内来。

要为相关人士提供培训，让他们理解参与式林业政策过程的理念和具体操作，并在培训中增强他们对参与式的承诺和信心。

二 遵守法律和规范

必须严格遵守法律、法规和社会规范来获取相关利益者的信息，征求相关利益者的意见，回答相关利益者提出的质询，组织政策辩论、研讨会和公众听证会等活动。必须严格按照我国中央政府和各级地方政府的规定程序履行政策和法律、法规和规定体系的调整工作。各利益相关者享受权利，同时履行他们应尽的义务。

三 诚信

市场经济是一种诚信经济，和谐社会是一种诚信社会。失去诚信，政府就不可能赢得公众的支持。从社会经济层面来看，市场经济是一种信用经济，政府在市场信用关系中充当不可替代的作用，是信用经济的引导者和保护者。从社会心理来看，中国民众对政府有一种朴素的依赖感，相信作为权威的政府是公正的、诚信的，政府是民众最后的依靠。由于我国还处于从计划体制向市场体制的转轨过程中，包括林业部门在内的政府体制改革相对于经济体制改革呈现出一定滞后性，出现了政府诚信缺失的局面。一些政令、政策朝令夕改，缺乏稳定性，或政令不畅，政策效用差。林业部门在这个转型时代出现了一些不正常的现象。林业发展政策方向频繁调整，一段时间林业政策战略确定为产业优先，过了一段时间，换了一任领导林业政策战略又调整为环境优先。中华人民共和国成立后历年上报造林面积总和可以覆盖我国国土面积的数倍。近10年来，林业投资大规模增长，但虚报造林面积，弄虚作假，欺上瞒下，套取国家财政资金投入的状况时有发生。因此，必须强化林业部门诚信形象的建设。

另外，诚信社会的建设需要全社会各方面的努力，作为参与式林业政策实践，诚信应当贯穿整个过程之中。

需要将我们开展参与式林业政策过程的目标和面临的挑战明白地告诉参与的所有角色，要使参与各方的角色和职责透明、公开，要坦诚地告知什么决定我们可以作出，而什么内容的决策需要呈报由上级政府来决定。决不能为了体面和脸面，夸夸其谈，无所不能，使得参与的角色觉得我们高高在上，在心理上产生距离感。

在参与式林业政策过程中，要让所有参与角色公平获得信息，不能为少数利益群体和角色开启方便之门。在组织多相关利益者对话、政策讨论会、公众听证会上，明确程序和规范，使得所有参与的角色均能体会到参与式林业政策小组的工作是基于诚信的。

四 及时性

在决策过程中要尽早地确保相关利益者的参与。利益相关者参与越早，他们对这个过程和形成政策决策的归属感就越强烈。要最大限度地允许利益相关者提出更多的政策方案，以供讨论。必须保障充足而又适当的时间来提高参与式林业政策过程的质量。在每次开展相关利益者政策咨询、辩论、研讨、听证活动中间要留出适当的时间，太短，不利于相关利益者消化吸收上一次活动的内容，收集和分析新的数据和信息，思考下一步的行动策略；而太长则会带来过程的间断，缺乏连续性。要照顾到参与者本职工作的时间安排，尽可能在每一次活动结束后，及时与利益相关者协商下一步工作的时间安排。要及时向所有利益相关者公布信息，保障信息的时效性。参与式林业政策工作小组应当及时提供协调员和其他参与群体新的信息，保障充足的时间供相关利益者充分讨论对政策要素的影响，直到在相关利益者之间达成共识为止。

五 信息知情权

政府对信息的控制实际上是对权力的控制，政府控制信息可以更自由地行使行政裁量权，避免公众监督。要把我国建设成为自由、民主、富强的法治国家，就需要逐步让公众有权获知政府如何运作、如何行使权力。通过立法的方式确保公民的知情权，有助于促进政府的运作更理性、更具有透明度、更负责任，并能为公众监督权力提供更多可能性。

2008年5月1日，《政府信息公开条例》在全国实施，它对于落实宪法赋予公民的言论自由和保障公民对行政权力运作的知情权具有划时代的意义。保证公民的信息知情权，应当体现：政府信息公开是常规，不公开是例外；公民有权获知政府如何运作、如何行使权力；涉密的数据和信息，应限于合理和必需的范围之内；在确认公民知情权的同时，为保护国家、商业等方面的正当权益，可以制定限制信息发布的规范，但是应有明确、统一和公平合理的准则等方面的原则。《政府信息公开条例》的颁布显示了政府的决心，然而这并不意味着政府部门能够向公众公开所有能公开的信息。在我们这个法治还不健全的社会中，一部法律或法规从起草到施行，再到融入人们的生活，内化为常态的行为模式，都有很长的路要走。这部法律的颁布，为参与式林业政策过程的实施，保障公民的信息知情权提供了法律保障。

客观地说，政府拥有的、可用于林业政策分析的信息是有缺陷的，政府拥有信息和数据的采集都是在专业人士的帮助下开展的，或者就是由专业人士采集的。因此，在开展参与式林业政策过程中，出现大量的信息和数据，参与的角色很难理解，读懂这些数据和信息需要深厚的专业技术背景，如何帮助参与的角色克服知识上的鸿沟也是保障所有参与角色获取平等知情权重要的内容。

六 协调

所谓协调，是指在参与式林业政策过程中，参与式林业政策小组和成员为实现工作目标，运用各种措施和方法，使参与式林业政策过程同外部环境，各参与利益者和其他角色能够协同一致，相互配合，以便高效率地实现政策过程目标的行为。在实际工作中做到既遵守原则，又注重灵活性，达成共识。林业政策的目标就是为了实现森林可持续经营，实现青山永驻、绿水长流，实现社会公平、人民富裕。不能因为局部利益分歧而达不成妥协。动员不同的相关利益者多从对方的角度思考具体林业政策的方向，而不能一味强调自己所在群体的利益而彻底破坏达成妥协的可能性。

必须从全局和整体出发，发挥参与式林业工作小组的整体功能，兼顾各方，全面安排，突出重点，抓住关键环节。必须努力从被协调各方中寻求共同点，以此来统一各方，允许各方保留不同点和差异性，只求大同，不求全同，在基本原则上达到一致，而次要的、非原则的东西则在某种程度上可以忽略。推动各参与方相互尊重、相互理解、相互信任、相互宽容、相互谦让、相互支持、相互配合。

上述的要点好理解，但不好做，一方面，林业部门干部和业务人员常常与树木、野生动物打交道，总体来讲，不善于沟通和协调。但另一个方面，也有可能走向另一个极端，协调成了"协而不调"，或者协调成了"和稀泥、搓面团"，而使我们丧失了活力和创新精神。一个没有活力和创新精神的工作是不可能推动林业政策的改革和创新的。

七 问责

近年来，我国政府秉承"有权必有责，用权受监督，侵权要赔偿"的执政理念，积极推行行政问责制。近年来，官员问责的实践日趋普遍，官员问责的制度建设也受到政府和公众的高度关注。行政问责制是一种对政府及其工作人员的责任履行情况进行评估，对于未能切实履行责任的行政主体给予惩罚的机制，其本质在于追究不合格官员的行政责任。众所周知，权力的赋予必须伴随着义务的承担，否则，权力将会为所欲为、走向失控。对于行政主体来说，其本身拥有极大的行政权力，如果不对其权力进行规范，那么政府官员很难抵制住以权谋私的诱惑，损害公共利益。因此，必须清楚划分权力，并且明确责任义务要求，未能履责的情况一旦出现，就必须追究其责任，收回权力，进行惩罚，只有这样，才能够激发官员的责任意识和服务意识。参与式林业政策过程要体现政府的问责制度。这主要体现在：政府提供的信息是在现有信息基础上准确可靠的；要确保一个公开和透明的决策过程，其有义务接受外界的审查和监督；要保证提供给相关林业政策质询的回答是公正客观的，最大限度地提供相关利益者需要的信息；要明确决策程序和所需要的时间；公开相关政府官员的职权范围和工作联系方式。

八 政策评估

政策评估在公共政策过程中发挥着不可忽视的作用。从运行的角度来看，公共政策具备动态性，政策评估为政策过程提供了科学依据和有力支持。没有完善、规范的政策评估过程，公共政策就无法被科学地制定、高效地执行、有力地监控、完美地结束。政策评估不仅在政策制定之前，也在政策被执行之后，前者是为了从各种可选政策中遴选出最优方案，而后者则是为了对政策实施绩效和实际影响进行全面、客观的考量和评估。从宽泛的意义上讲，政策评估包括政策从制定到实施的全过程，即"前、中、后"；而从狭义的角度来说，政策评估指的是在政策实施之后开展的评估。政策评估的重要性在于，它能够将关于政策绩效、实施进展的诸多问题，及时传递到决策者、执行者和监督者手中，从而确保其能够对政策实施状况有全面了解，开展有效的调整、完善、纠正行动，确保政策能够发挥理想效果。

而参与式政策评估就是运用参与式的方法开展公共政策过程评估中。在政策评估过程中，促进多利益相关者的参与，政府为相关利益者参与政策过程评估提供信息、资源、能力建设方面的支持。参与式林业政策小组需要开发合适的工具来评估公共政策，增加独立专家咨询、组建多学科队伍、组建多利益群体评估委员会等方法和手段来推行参与式的政策评估。要在计划中确保参与式政策评估所需的经费、人力和物力安排。要在每次培训班、研讨会、辩论会、听证会活动中开展对活动的评估。如果必要，在相关利益者咨询、讨论的活动，可以适量邀请利益相关者在政策过程中作一些评论。如果邀请与会代表对会议作评论，要防范形式主义，只是为参与式林业政策小组和发起单位唱赞歌，而缺乏实质性内容。组建多学科专家小组或专业评估小组，通过增加公众调查、相关利益者访问等多种手段评估参与式林业政策过程。

九 公民社会

公民社会在国家政治生活中开始扮演越来越重要的角色。公民社会为个体公民提供组织化的政治参与渠道，成为公民个体的利益诉求平台，发挥"保护伞"的功能。公民社会作为国家与社会的纽带，发挥中介组织的作用，增进了公民与国家间的联系，增强了公民对国家的政治认同。公民社会的不断壮大，还制约着国家公共权力的行使。公民社会作为重要的社会力量，组织化地参与国家政治生活，与国家机关形成良性互动关系，展开合作与交流。在公民有序政治参与中，公民社会在公民和国家之间起到了巨大的协调和中介作用，促进了社会整合和群体间的普遍认同，使得国家的有关政策及时地传达给公民，使国家真正了解公民的利益需求。制定出符合全体公民利益的政策，从而使国家和公民能够密切沟通。政府部门还应通过不断调整自身的定位来积极影响社会进程。有意识地营造良好的政策环境，培育公民和公民社会的自治能力，实现在政府有效治理基础上的多元治理结构。

公民社会的构建是一个长期的历史过程，公民有序政治参与是一个渐进的发展过程，两者相辅相成，相互促进，共同发展。

参与式林业政策过程积极推进公民社会的建设，并从公民社会的积极参与中获益。当今世界，环境主义兴起，一大批环境导向的公民组织兴起，民众的环境意识日益增强。而林业又是环境主义关注的焦点。参与式林业政策过程需要保持对公民组织的开放，鼓励他们的参与。要增加与青年团体、学校的合作，让他们成为政策宣传和政策辩论的重要力量。要鼓励参与到政策过程中的相关利益者与公民社会的合作和对话。要鼓励社区中的老人协会、妇女团体积极参与到林业政策过程中来。

第五章 协调与沟通

参与式林业政策过程强调加强协调与沟通。那么，什么是协调、什么是沟通呢？对于参与式林业政策过程而言，到底如何在行动中具体落实参与的理念，促进协调和顺畅的沟通呢？本章主要介绍政府部门间协调合作和与不同利益群体沟通的一些理论和分析框架，参与式林业政策过程政府协调与沟通的方法和措施。部分经验来源于联合国粮农组织托管的国家林业计划基金在全球的一些实践经验。

第一节 协调和合作

自里约会议以来，可持续发展成为一种新的政策研究范式，越来越多的政策旨在解决复杂性问题，具有目标复杂、手段繁多、执行灵活的特点，这也对政策的协调性提出了更高要求（Zingerli 等，2004）。政策协调与政策合作在解决与可持续发展、环境管理等相关的问题中扮演着愈加重要的角色。协调，是指"在管理过程中引导组织之间、人员之间建立相互协作和主动配合的良好关系，有效利用各种资源，以实现共同预期目标的活动"（张康之等，2002）。

一 政策协调

政策协调指的是部门间政策的相互支持、相互协作，目的是改善各部门的政策，旨在形成新的、超部门的政策。林业政策协调可以分为纵向协调和横向协调。

纵向协调又称上下协调。其解决的是林业资源管理在政策制定、实施、监测与评估过程中所牵涉到的各级政府间的关系问题。向下分权、社区林业等在一定程度上是为了实现良好的林业政策纵向协调。横向协调，又称部门间协调。这可分为两个方面：一是系统内部不同职能部门间的协调，比如在林业系统内，森林资源、农村林业、造林营林、科学研究、政策法规和资金计划等各个部门之间的协调；二是跨系统的部门间协调，比如林业政策涉及农业、土地、水利、环保、贸易、能源等多个非林业部门，体现部门间合作的政策可以由单一部门来实施，但需要建立跨部门的决策机制保障部门间合作的落实（Peters 等，1998）。

二 政策合作

政策合作指的是政策所涉及的利益相关者参与到政策形成过程中。政策合作在广义上也包括政府内部各级政府、各个部门之间的合作，这与政策协调类似。文中的政策合作是狭义的，主要指政府与公民团体、社区、私营部门、媒体等其他利益群体的合作，以与政策协调区分。

林业政策问题非常复杂，国家、公民和私有机构之间的合作极为重要。林业经营者，特别是居住在山地的少数民族，具有森林利用和管理的知识体系和社区制度，而市场机制和政府推动的法律法规体系往往与社区知识和制度并不相容。大多数介入到林业的公民团体，持有环境主义的立场，关注森林所具有的生物多样性维护、气候变化、荒漠化防治等环境功能，这与主张生计改善、经济发展等以个人利益为中心的个人和团体的意见相悖。因此，将森林社区、加工商、零售商、消费者、公民团体、森林认证机构、媒体、政府等相关利益群体纳入到推动森林可持续经营框架，推动国家间、市场与政府间、公民组织与政府间等全方位政策合作显得极为必要。

三 政策的负向协调和正向协调

假设某项政策的实施能够增加社会福利，同时也会使得某些利益主体暂时受损，那么这些利益受损者往往会抵制政策的实施。那么，如何协调不同利益主体的诉求，确保政策的顺利实施呢？在政策协调分析上，Scharpf 提出了负向协调（Negative Coordination）和正向协调（Positive Coordination）的概念（Franz，2001）。在负向协调中，存在一个协调者来调和各主体的利益分歧，在各方利益都不会受损的前提下制定政策。负向协调力图确保每个利益主体的利益，但是却也可能被某些利益主体捆缚住手脚，放弃了获得更大收益的机会。

与负向协调不同的是,正向协调不是以确保各方的短期利益为前提的,而是会为整体和长期的收益放弃眼前利益,着眼于整体和长远的优化政策选择。正向协调比负向协调要求更高,它首先需要一个透明、科学的利益评价机制,使得各方能够认识到整体和长期收益的存在;其次,它需要一个强有力的协调者,对损害整体利益而又不愿放弃自身利益的主体施加压力;最后也是最重要的是,它需要一个公平、民主的对话机制和协商平台,使得每个利益主体都能够表达自身的意见,并且做到相互监督、制约。

森林具有广泛的生态、经济、社会、文化价值,对整个社会来说具有极高的长期收益;同时,一些团体和个人也可能成为不合理林业制度下的既得利益者。仅仅采取"老好人"式的负面协调,难以解决当前的森林问题,因此需要采取正向协调的方法。然而,诸多林业政策,如林权改革、税费改革、生态补偿、采伐管理等,利益主体之间存在的分歧较大,这就需要建立有效机制来弥合各方分歧。

四 政府部门间政策协调的等级

Metcalfe(1994)从功能、过程和机制安排等出发将部门间政策协调分成了九个等级(见表5-1)。第一个等级是部门间没有合作。第二、三、四等级分别实现了部门间政策信息通报、意见咨询和消除分歧,处于负向协调的范围。而第五、六等级,达成共识和通过上级仲裁消除政策分歧,接近于Scharpf提出的正向政策协调的概念。第七和第八等级,上一级机构在政策制定中发挥了重要的作用,从部门政策中摆脱出来,实现了综合。而第九等级,部门政策完全体现了国家或某一地区整体的战略。这个框架为评估政策协调的等级提供了理论基础。

表5-1　　　　　　　　部门间政策协调的等级划分

等级	名称	描述	备注
1	自主决策	每个政府机构自主作出政策决策	无协调
2	信息通报	向其他机构通报政策问题以及政策方案	负向协调
3	意见咨询	在通报信息的基础上,向其他机构征求意见	负向协调
4	避免冲突	政府机构间不应当存在相互冲突和矛盾的政策措施	负向协调

续表

等级	名称	描述	备注
5	达成共识	基于认识到机构间的相互依存和共同利益,不同机构能够通过某种共同行动,从根本上消除部门政策间的差异	正向协调
6	上级裁决	当不同机构间政策分歧难以通过机构间的努力来消除,这必须要上级机构来裁决	正向协调
7	设置红线	上级机构协调各部门政策权限,为部门政策明确边界和设置红线	政策综合
8	明确优先目标	上级机构为部门明确政策内容和优先方向	政策综合
9	整体战略	部门政策就是国家整体战略	完全共识

资料来源:根据文献 Metcalfe (1994) 分级整理而成。

上述模型也可以运用于分析政府部门间的政策协调以及政府和公众间的合作。下一节我们以此为理论基础分析集体林权改革政策实践的层级与路径;然后回顾中央层面集体林权制度改革政策形成的过程,并且展示在贵州和福建省各选择一个基层的参与式集体林权制度改革配套政策制定过程的案例;最后评估集体林权制度改革在中央层面、基层、林业系统内部、非林业系统内部政策协调和合作的水平。

第二节 我国集体林权制度改革政策协调分析

一 集体林权制度改革政策实践的层级与路径

从中央层面的政策制定到基层具体的政策执行,要经过相当长的层级距离,图 5-1 试图通过简约的手法勾画出政策过程的主体骨架。可以看出,集体林权制度改革在纵向上需要中央政府,国家林业局,省、市、县林业局、行政村等不同层级行政主体的直接参与,在横向上需要林业、金融、环保、保险、农业、扶贫、国土、税务等不同职能部门的密切配合,在基层具体的政策执行过程中,还涉及林农、合作经济组织、林业加工企业和营林大户等不同的利益主体。不同层级行政机构之间、同级机构不同部门之间,与林业经营管理直接相关的各基层利益主体之间,都有着不同的利益诉求和政策期望,因此进行政策协调与合作十分重要。

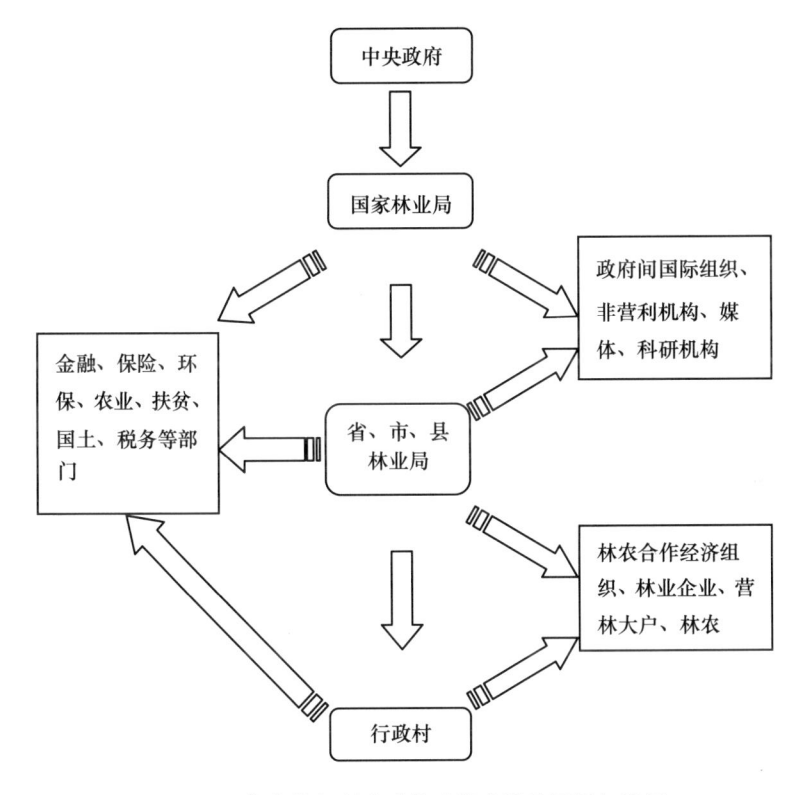

图 5-1　集体林权制度改革政策实践的层级与路径

二　中央层次集体林权制度改革政策形成过程

中央对集体林权制度改革政策的连续性较为重视，2008 年中央 "一号文件" 便提出 "全面推进集体林权制度改革"，并在政治局会议中明确指出了改革的任务与意义。2008 年 7 月中共中央、国务院发布《关于全面推进林权制度改革的意见》，拉开了全国范围集体林权制度改革的序幕，并在随后几年的中央 "一号文件" 中将其置于重要位置。如 2009 年再次强调 "全面推进集体林权制度改革"，2010 年强调 "积极推进林业改革，健全林业支持保护体系，建立现代林业管理制度"，2011 年将 "深化集体林权制度改革，稳定林地家庭承包关系" 作为 "稳定和完善农村土地政策" 的重要内容。2012 年 8 月，为增加农民收入、巩固集体林权制度改革成果，国务院办公厅出台《关于加快林下经济发展的意见》，召开了全国深化集体林权制度改革工作会议。

根据中央文件精神，国家林业部门与各相关部门共同出台了相应的政策文件。在林业立法上，按照《立法法》的要求，在立法工作中，涉及林业职责的，国务院有关部门都征求国家林业局的意见，同时，林业部门起草的林业法律、行政法规，涉及国务院其他部门职责或者与国务院其他部门关系紧密的，亦充分征求国务院如农业、水利、环境、土地管理等部门的意见。2009年5月25日，中国人民银行联合国家林业局等五部门共同制定出台《关于做好集体林权制度改革与林业发展金融服务工作的指导意见》；国家林业局农村林业改革发展司还参与了农业部组织的《中华人民共和国农民专业合作社法》的制定。我国政府机构设置是"职责同构"的，在中央政府的"高位推动"下，省、市两级政府部门能够迅速明确自身在集体林权制度改革中的职能、积极响应上级政策并且因地制宜地制定适合本地区的政策（刘金龙等，2014）。因此，集体林权制度改革具有极高的行政效率，在短短几年时间内便在全国范围内基本完成了集体林权制度改革的主体任务。

集体林权改革过程中，林业部门与国际组织、科研机构、非政府组织、媒体、私营部门等进行了一系列的合作。国际组织对一些与集体林权改革相关的试点项目给予了技术和资金上的支持，高校和科研机构参与到了集体林权改革的绩效评估当中，从专业的角度向林业部门提出建议。媒体对集体林权改革进行了广泛而有效的宣传，提高了公众对集体林权改革相关政策的了解程度，促进了改革的顺利进行。但是，在政策制定过程中，林业部门与其他利益相关群体的合作缺乏法律、法规等制度上的支持。

三　基层集体林权制度改革配套政策的实践过程

中央、省、市级政府以政策的制定和传达为主，而区县及以下政府则不仅是政策传达者，也是政策的具体实施者。不同区域对集体林权制度改革的认识和需求并不一致，改革开放后，沿海地区迅速成为以市场为导向的林产工业中心；而在中国西部内陆山区，森林依然是当地贫困人口重要的生计来源。中国东部、中部、西部地区，南方和北方地区，多林和少林地区对这次集体林权制度改革的理解都不相同。经济发达地区如广东对林权制度改革所达成目标的排序可能是林区和谐、生态良好、农民增收；而经济相对不发达的地区如江西的排序则可能是农民增收、林区和谐、生态良好。这些差异在基层制定集体林权制度改革配套政策和执行上级林业政策的过程中体现得尤为明显。从 2007 年开始，福建三明市和贵州黄平县、黎平县与作者所在的研究中心及联合国粮农组织合作，试图将参与式的方法运用于集体林权制度改革配套政策的制定过程中，参与式方法要求与政策相关的政府部门及利益相关者广泛参与政策制定，作者因此能够更加细致地了解基层集体林权制度改革政策制定和实施的协调与合作状况。

1. 贵州省某县参与式林业政策制定试验

该县集体林权配套改革的政策模型见图 5-2，图中实线指向的相关机构愿意参与到集体林权制度改革政策协调与合作中；虚线则表示这些机构参与政策协调与合作的意愿水平较低，主要理由是集体林权制度改革与其法定义务无关。其中，地方国税局对参与集体林权制度改革配套政策制定过程较为犹豫，表示需要得到上级的明确允许才能参与。税务部门、银行、保险机构参与林权配套政策制定试验的积极性也不高，这很可能是出于自身利益的考虑：比如中央早已明令禁止征收林木定额税，但是该县仍对每立方米木材征收 285 元的各类税费，占林木出售价的 45% 左右；上级对抵押贷款、林业保险等都有具体文件，但该类业务利润较低，基层银行和保险部门并不积极。调查还发现，本地区林业发展项目、水土保持项目、农业综合开发项目、土壤复垦项目由不同部门负责具体实施，而这些项目均包含植树造林内容，这些来自中央不同部委的项目，造林投资标准各不相同（于合军，2009）。

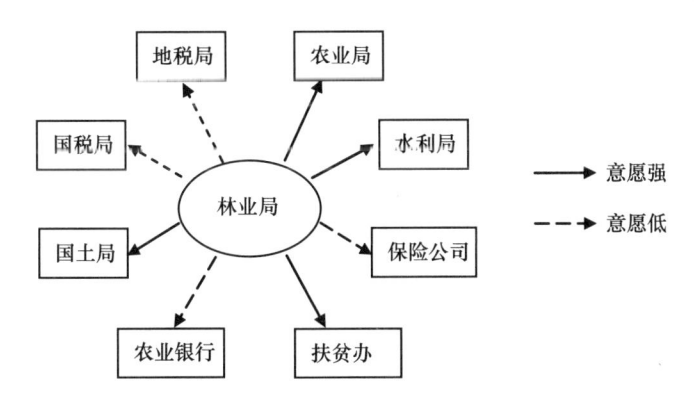

图 5-2 黔西南某县部门间集体林权制度改革配套政策协调与合作意愿

2. 福建省三明市参与式林业政策制定试验

三明市试图把部门间的政策协调与利益相关者的政策合作融为一体，推动不同部门和利益群体在林木采伐管理问题上达成共识。例如，在集体林权制度改革后，采伐指标分配对林农较为不利，而对林业大户、林业企业和国有林场较为有利。但森林是林农生计的重要来源，林农直接影响到集体林权制度改革的长期绩效。为了确保林农利益，工作组多次调查林农对于采伐指标的想法和意见，使得政策获得了林农的认可。从实施效果看，试验增进了部门间的合作，不同利益群体特别是林农表示满意，采伐指标分配得到了基本的规范（刘金龙等，2011）。

图5-3为政策协调和合作的形式，单向箭头表示指令的传递与服从、信息的发布与接收等单向联系，双向箭头表示相互合作、信息反馈、政策协调等交互联系。可以看出，三明市的参与式政策协调试验尚有不少需要改进的空间：林业部门掌握充分的政策信息和资源，除了县林业局和市监察局之外，其他集体林权制度改革的利益相关方如媒体公众、林业企业和大户、林农、国有企业、村委会更多是政策信息的被动接受者，在信息反馈上有待加强。

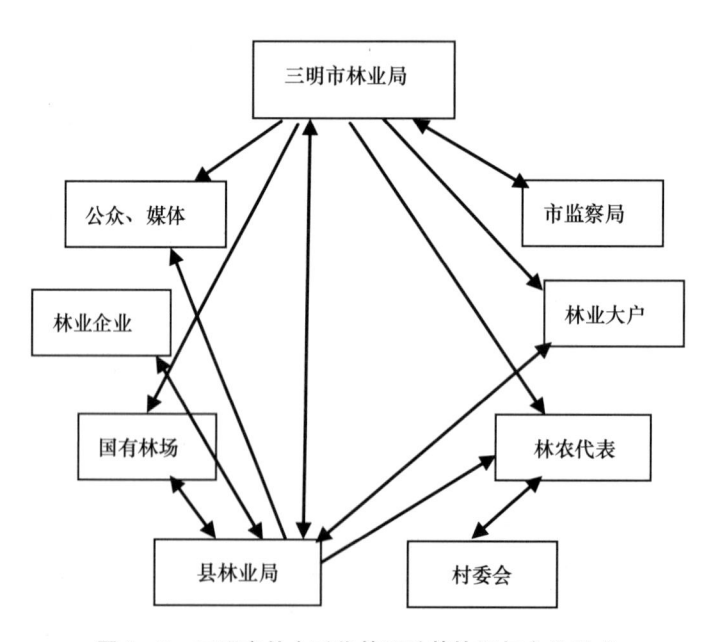

图5-3　三明市林木采伐管理政策协调与合作形式

四 集体林权制度改革政策协调的评价与分析

1. 中央层次形成处于负向协调到正向协调的过渡区间，政策合作仍需加强

在现实世界中，政策的协调与合作是一项复杂的工作，在推进集体林权制度改革的过程中，决策者和学者均认识到，必须对森林管理体系、公共财政支持体系、林业投融资体系、林业保险政策、林权流转政策、中介组织发展政策等进行综合配套改革。将林权制度、基层森林经营管理模式和相关利益群体间恰当的利益分配机制进行合理组合。按 Metcalfe 的政策分析框架，从集体林权制度改革及其配套政策来看，在中央政府这一层级上，明确了这次集体林权制度改革的意义、目标、任务、原则，基本实现了政策的协调，各部门和机构在制定政策时，能够向其他兄弟部门或机构通报政策方案以听取意见和建议，并且能够从整体利益和长远利益出发，采取各方能够接受的行动。但是，由于职能重叠、条块冲突等现象仍然存在，不同部门在某些权力的分配上仍有较大的改善空间，上文中提到，和集体林权制度改革相关的配套项目由不同部门负责实施，来自中央不同部委的项目造林投资标准各不相同的现象便是一个例子。因此，林权改革政策协调与合作处于第三、四、五等级，处于负向协调到正向协调的过渡区间。

在政策合作上，林业部门认识到了媒体、非政府组织、私营部门对集体林权改革的作用，并且与其开展了某些形式的合作，但是这种合作仍然缺乏法律上的保障。中央层面上，林业部门才是集体林权改革政策的制定者，其他利益相关群体的声音很难在上层政策中得到体现，林业政策的合作仍然处于较低的水平。

2. 基层林业政策总体上是无协调、少合作

尽管中央层级意识到了集体林权制度改革政策协调与合作的重要性，但是，在中央政策到达县级场域之后，仍然难以体现部门间政策的协调和利益相关者的合作。黔西南的调查就表明，林业之外的相关部门更为关注自己的部门利益，并不愿意参与到林业政策的制定中来，县级、乡级林业部门与其他部门都是独立作出自己的政策决策，按照 Metcalfe 政策分析框架，其基本处于无协调的状态。

基层政策合作的水平也不高，尽管林农、社区型企业、林场等利益主体对林业政策较为关心，但是他们往往缺乏足够的资源和机会参与林业政策的

制定。基层的广大林农缺乏利益代言人，社区型企业也得不到应有的重视，利益相关者的合作参与处于较低的水平，因此难以真正落实集体林权制度改革的配套政策。在国家林业局参与的集体林权制度改革试点地区，比如福建三明市，参与式林业政策形成过程动员了社区林农和社区型林业企业，利益主体广泛参与到政策制定过程中，各方的权益得到了保障，按 Metcalfe 政策分析框架，图 5-3 为典型的负向协调模式，处于信息通报、意见咨询和避免冲突三个政策协调的层次。而其他地区，林业政策的相关利益群体一般都难以获得机会参与到政策制定中来，基本上处于无协调的状态。

3. 林业系统内部基本实现了林业政策的正向协调

作为集体林权制度改革政策的实施主体，林业系统内部存在复杂的政策协调过程，从纵向的中央、省、市三个层级来看，林业系统内部上下层级的政策协调与综合达到了第五、六等级，即各部门能够认识到共同的利益，通过合作和共同行动实现政策协调，并且上级部门能够从全局出发通盘考虑制定配套政策，以消除下级部门可能的政策分歧，从而基本实现了 Scharpf 所提出的正向协调。

4. 非林业系统内部在林业政策上基本处于无协调的状态

林业政策离不开林业部门外其他部门的合作与参与，非林业部门从上到下的林业政策协调程度多处于第一层级。例如，尽管在中央层面上，中国人民银行、财政部、银监会、保监会、林业局早已针对林权改革与林业发展的金融服务工作出台了指导意见，但是地方的银行、财政、保险部门实际上并没有贯彻上级的政策（见图 5-2），而是更多从各自的眼前利益出发采取行动；而且，对非林业部门来说，林业政策并非他们工作关注的重点，因此上级对下级的行为往往缺乏有效的监督和管理。总之，在基层缺乏相关非林业部门的参与，非林业部门支持集体林权制度改革的配套政策很容易成为空头支票。

第三节 协调机制的建立

协调，是指"在管理过程中引导组织之间、人员之间建立相互协作和主动配合的良好关系，有效利用各种资源，以实现共同预期目标的活动"（张康之等，2002）。协调对执行和完善参与式林业政策过程具有十分重要的作用。前面已经讨论过，没有必要邀请所有利益相关者参与林政策过程的每一个阶段，有些利益相关者介入到他们认为是无谓的讨论和无趣的过程中，则可能有害而无利。有一些利益相关者，他们可能与林业没有直接的利益关系，没有必要要求他们参与到林业政策过程的每一个阶段。可以邀请他们作为独立第三方，或参与到林业政策决策阶段，这样就可能提高他们介入的价值和效率，节约他们参与的成本。

林业内涵已从单纯的木材生产，逐步拓展到碳库、防风固沙、保持水土、涵养水源、保护生物多样性、提供森林游憩等方面的功能。林业应对气候变化不只是林业部门内部事务，而且涉及能源、农业、外交等多个部门。在我国林业部门内部，细分为法律、资源管理、计划、科学技术、营林、野生动植物保护等业务单位，涉及林地、荒漠、湿地等土地利用方式。通过协调可以整合政府各层次、各部门和各级行政人员的力量，实现整个行政系统的有效运转和协同一致，落实政府管理森林复杂事务的职能。相关利益者作为行动者，在政策过程中，包括政策目标、政策措施、政策行动等方面会存在冲突，协调机制有助于缓解冲突，通过共同目标的塑造与强化，以此来增强不同相关利益者在林业政策过程中的凝聚力。

在总结各国参与式林业政策实践的基础上，联合国粮农组织（FAO）系统地总结了各国参与式林业政策过程的协调机构方式，可分为六种类型：包括林业内部协调机构（如我国在国家林业计划基金的支持下，成立了一个国家林业计划协调委员会）；国家指导委员会；国家协调办公室；国家林业政策磋商论坛（如我国的林业政策对话）；工作委员会或工作小组和特别工作小组。每个国家采用的名词不同，这与林业在国家政治经济生活中的优先地位、所确定林业政策的社会关注度、林业部门的战略等多因素相关。不论采用什么名称，这些协调机构必须明确其目的、成员组成；工作日程；主要活动；决策安排；资金来源和报告程序。

一　林业内部协调机构

2010年林业部门成立"十二五"规划领导小组，安排林业部门内部制定各分部门"十二五"规划的重点。在新时期，林业部门也顺应时代的潮流，开始尝试以课题的形式征集林业"十二五"规划和中长期发展规划战略意见。尽管只是刚刚迈出了第一步，尚没有实现广泛的公众参与、积极支持智库建设的目标，但"十二五"林业发展规划战略决策已经走出了领导层和少数人的范围。为了做好林业发展规划，林业部门就有必要成立一个内部协调机构，以支持国家林业发展规划的制定、修改和执行。这个机构的作用包括：

1. 提供宏观和微观政策、法律等方面的建议，以推进参与式林业政策过程的有效执行；

2. 确保在整个参与式林业政策过程中关键相关利益群体之间有效的内部协调和信息交换；

3. 协调采用新的政策工具、林业政策战略和发展规划以支持参与式林业政策过程；为参与式林业政策过程活动设计、资金需求和优先领域提供保障；

4. 按照现存的政府程序和规则确保财力和其他资源得到合理的利用。

协调机构应该由具有广泛的代表性、强大的政治领导能力、深邃的战略眼光、由具有决策能力和责任、或对最终决策者有直接影响的人士组成。林业内部协调机构通常不超过12人，应包括那些对林业部门有重要影响的重要利益相关者的代表。在许多国家的实践证明，一个部长级别的协调委员会才可能是有效的。我国在林业发展规划制定、监测和评估过程中十分重视专家的参与，但忽视了相关利益者的参与。2005年《国务院关于加强国民经济和社会发展规划编制工作的若干意见》中明确规定了规划的社会参与和论证制度（见框图5-1）。

框图5-1　国务院关于加强国民经济和社会发展规划编制工作的若干意见

三、建立规划编制的社会参与和论证制度

（八）建立健全规划编制的公众参与制度。编制规划要充分发扬民主，广泛听取意见。各级各类规划应视不同情况，征求本级人民政府有关部门和下一级人民政府以及其他有关单位、个人的意见。除涉及国家秘密的外，规划编制部门应当公布规划草案或者举行听证会，听取公众意见。

国务院发展改革部门、省（区、市）人民政府发展改革部门在将国家总体规划、省（区、市）级总体规划草案送本级人民政府审定前，要认真听取本级人民代表大会、政治协商会议有关专门委员会的意见，自觉接受指导。

（九）实行编制规划的专家论证制度。为充分发挥专家的作用，提高规划的科学性，国务院发展改革部门和省（区、市）人民政府发展改革部门要组建由不同领域专家组成的规划专家委员会，并在规划编制过程中认真听取专家委员会的意见。规划草案形成后，要组织专家进行深入论证。对国家级、省（区、市）级专项规划组织专家论证时，专项规划领域以外的相关领域专家应当不少于1/3。规划经专家论证后，应当由专家出具论证报告。

注：内容选自于2005年《国务院关于加强国民经济和社会发展规划编制工作的若干意见》。

二 国家林业发展指导委员会

国家林业发展指导委员会应当是跨部门的委员会,中央以下各级政府也应当对等成立一个跨部门的林业发展指导委员会。这个委员会的主要职责是:指导全国参与式林业政策过程;协调林业部门政策与其他行业的政策能够协调统一,避免冲突和相互矛盾;确保主要的利益相关者以积极的参与方式介入到林业政策过程;监督和评估参与式林业政策过程各团体的工作;解决涉及跨部门的林业问题。为了真正体现相关利益者的参与,这个跨部门委员会应当吸收林业政策主要相关利益者的代表参与,或吸纳专家、学者参与。

目前,我国林业发展尚没有在国家层次建立林业综合发展指导委员会。但为加强对全民义务植树运动的组织领导,1982年2月,国务院决定成立中央绿化委员会,1988年改称全国绿化委员会,成立了由副总理牵头的"全国绿化委员会",这个委员会由财政部、发展改革委员会、住房城乡建设部、国家林业局、教育部、人力资源和社会保障部、农业部、水利部、环保部、国土资源部、铁道部、交通运输部、文化部和广电总局等等国家有关部委的领导任副主任和委员。全国绿化委员会办公室是全国绿化委员会的常设办事机构,设在国家林业局。全国绿化委员会办公室承担着全民义务植树和国土绿化的宏观指导、宣传发动、组织协调、督促检查和评比表彰等日常工作。全国绿化委员会对于动员全社会力量,积极投身国土绿化事业,对建设生态文明、建设绿水青山的秀美山川意义重大。

三 国家林业发展协调办公室

国家林业发展指导委员会办公室是一个实体机构。在国家林业发展指导委员会指导下开展工作。如果开展国家层次的林业政策,这个办公室就是具体实施参与式林业政策过程的团队或总召集人,具体负责参与式林业政策整个过程的管理和实施的一个主要机构,是参与式林业政策过程的"火车头"或者"神经中枢"。框图5-2列举了国家林业发展指导委员会的主要职能。

> **框图 5-2　国家林业发展指导委员会主要职能**
>
> 1. 强化协调的能力；
> 2. 在全部参与式林业政策过程阶段负责与国内外的合作伙伴保持联络；
> 3. 为参与式林业政策过程制定详细的工作计划；
> 4. 组织会议，挑选专家和会议协调员；
> 5. 在必要时，开展对利益相关者的能力建设；
> 6. 组织召开各式会议，如信息通报会、圆桌协商会、务虚讨论会和公众接访会等；
> 7. 协调、综合、分析和管理相关信息；
> 8. 制作宣传单，或应利益相关者的请求发布所需的信息；
> 9. 筹集资金并加强与国内外合作伙伴的联系；
> 10. 监督和参与对过程、投入、结果和影响的评估。

我们并不建议成立一个新的机构，作为国家林业发展协调办公室，应尽可能与现有的规划部门相结合，强化现有计划部门的协调能力。国家林业局计划与资金管理司下设规划处，其职能是拟定林业及其生态建设的发展战略、中长期规划。强化其职能，并不是说要扩大它的编制，而是要改变计划的方式，成为指导和推动参与式林业政策过程的核心机构，机构的领导和工作人员应当具有以下特质：

1. 必须善于与人沟通，能够筹集用于参与式林业政策过程的资金，组织和管理咨询工作（或智库），能够协调相关林业政策的工作组。

2. 能够把握林业发展的趋势，敢于介入到林业发展的热点话题，如气候变化，并能够通过参与式林业政策过程寻求行动方案。

3. 具有团队精神，并且是一个多学科的团队，或能够组织成一个多学科的团队，这个团队起码覆盖林业经济、社会发展、财政、统计和法律等方面的专业背景。

4. 具有林业发展决策能力或对决策有很大的影响力。

5. 具有开放精神和学习能力，能够有效地理解新的政策导向，并以最终决策者能够理解的方式形成报告，为决策者提供决策依据。

6. 具有充足的基层经验和对利益相关者广泛的知识。

一般来说，政府机构中林业计划部门一般难以组建起一个多学科背景组合的团队，在实际操作中，通过组建一个 5—10 人的多学科专家小组，林业计划部门将其职能赋予这个专家小组。

林业系统计划部门对林业未来发展具有十分重要的作用,他们不仅承担了提升林业在国家政治生活中的重要性,维护和稳定提高林业在国家综合决策部门中应有的地位,增加林业投资,更重要的是这个部门决定了国家 10 年,甚至是 20 年后的林业,而不是现在的林业。从这个角度看,这个部门应当是林业改革(包括政策、法律、机构)的先锋,而不是既得利益者的守护者。也正因为林业规划部门岗位的特殊性,对在这个部门工作的人提出了相对比较高的要求,其中,沟通和协调尤为重要(见框图 5-3)。

框图 5-3　林业发展规划和政策改革负责机构人员素质要求

1. 协调能力强;
2. 知晓林业部门的过去;
3. 通晓林业政策和规划的社会经济分析;
4. 通晓林业政策和规划的政治分析;
5. 具有开放的精神和善于接受新事物的能力;
6. 具有开展多学科工作方法的能力;
7. 有耐心、恒心和善于表达诚意,具有文化敏感性;
8. 善于沟通、精通语言表达。

四　国家林业咨询论坛

国家林业咨询论坛是创建一个为不同利益相关者协商交流的平台,是林业政策决策和管理民主化的手段工具。国家林业咨询论坛可以分享林业的倡议和行动、鼓励公众参与等方面的职能,详见框图 5-4。

框图 5-4　国家林业咨询论坛的职能建议

1. 分享和交流新的有关林业的倡议和行动;
2. 分享关于林业发展和林业治理的不同观点和做法;
3. 讨论当下的林业政策;
4. 在法律框架下寻求缓解冲突和促进发展的途径;
5. 强化共识和相关利益者的责任以推动森林可持续经营;
6. 鼓励公众参与。

国家林业咨询论坛的成功，在很大程度上取决于高级别领导和专家的参与，提出高质量的对林业发展有重大影响的政策报告。通常情况下，第一、二届论坛会召开得生龙活虎，代表热情很高。越往后，代表的层次越低，影响力越小，报告成了形式，最后变成了为会议而会议了。

要使国家林业论坛取得成功，论坛组织者必须制定一个可行的多年政策论坛计划，为每次论坛设立明确的主题。在组织论坛的过程中，保持与所有与会者充分的交流，提供充分的信息。选择会议主题要紧跟国内外林业发展的热点问题。确保会议高效率，确保会议组织的必要性，不能为开会而开会，确保参与者明确与会的目的，做好充分的准备，保障与会者能从论坛中获益。

在国家林业局国际司的推动下，国家林业局组织了森林对话机制。该对话机制实际上发挥着"政策论坛"的作用。在此之上，各个利益主体可以就森林可持续经营进行切磋、讨论，推动不同行动者的共同参与，为解决我国的森林问题而献计献策。该机制在增强林业政策规划的科学性、推动森林资源保护、促进森林可持续发展等方面起着重要作用。

从增强林业政策制定的科学性上讲，该机制强调不同利益者的合作、协调，推动不同行动者参与到政策制定、实施、评估过程中来，推动不同政府部门之间、政府和社会之间、国家与国家之间的合作，从而增强林业政策的包容性，确保不同利益相关者的意愿能够充分表达，利益得到妥善保护，诉求可被认真对待。从推动森林保护的层面上将该机制、将当地群众，特别是基层林农的利益视为核心，将地方传统知识和传统文化作为林业政策制定要考虑的重要因素，充分发挥不同利益相关者的积极性，使其参与到森林保护的事业中来。

在森林可持续经营方面，在不同层面、不同区域的水平上建立森林可持续经营的参与机制，促进不同利益者之间的沟通协作，努力使不同行动者共同合作，为森林可持续经营作出各自贡献（参见框图5-5）。论坛机制将国际和地区之间的合作交流置于重要位置，其他国家政府、政府和非政府组织，就森林问题开展协商，促进国际间的合作。参考和借鉴其他国家和地区在森林可持续经营方面的先进经验和成熟做法，实现林农致富、林业发展、林区和谐。

> **框图 5-5 美国国家林业论坛**
>
> 在美国，可持续林业的圆桌会议及其相关的技术委员会和工作组组成了美国国家林业论坛，这个论坛促进了信息分享、政策对话和森林可持续经营。这个圆桌会议包括联邦政府、州政府的代表和森林保护组织、研究者、土著居民、林业工作者、工业用材林主和非商用林林主、社区居民等民间社会团体、企业和个人的代表。

至 2014 年，国家林业局组织的森林论坛对话机制举行了三届，尽管没有实现公众参与中国林业政策过程的目的，但推动国际社会对中国林业政策的理解等方面发挥了积极的作用。相对来说，莫桑比克国家林业论坛算是成功的案例（见框图 5-6），它可为中国林业政策论坛提供某些借鉴。

> **框图 5-6 莫桑比克国家林业论坛**
>
> 论坛每一季度举办一次会议，除农业和农村发展部、国家林业局的重要官员参加外，出席论坛的代表还包括来自私有部门、民间组织、教育和研究机构等的代表。论坛于 2002 年 2 月 13 日召开了第一次参与式林业政策会议，农业和农村发展部的部长出席会议，这次会议通过了论坛的重点领域和议事规则。2002 年 4 月 29 日召开了第二次会议，制定了论坛两年的工作计划。莫桑比克森林论坛会议及内容作为头版头条刊发在该国最重要的新闻媒体上。
>
> 莫桑比克农业和农村发展部林业局（Direccao Nacional de Florestas e Fauna Bravia，简称 DNFFB）发起了为期两年的国家森林政策支持项目——莫桑比克国家林业论坛，旨在全面改革莫桑比克林业政策，推动森林可持续经营。该项目由 Eduardo Mondlane 大学、自然保护联盟（IUCN）等共同执行。两年的时间实际上不足以提出全面改革莫桑比克的林业政策，但可以起到推动相关利益者参与到国家林业政策的讨论，唤醒公众对林业部门政策的关注的作用。
>
> 一、论坛面临的主要问题
>
> 第一，政府主管部门态度摇摆。论坛是由莫桑比克国家林业主管部门发起的。2003 年正值莫桑比克国家讨论新的税改，林业部门担心论坛会可能会影响到林业部门在政治生活中的地位，调整林业部门的职责。林业主管部门作为发起人，但同时又在拖延论坛工作的开展。在与相关利益者艰苦的谈判之后，林业部门作出了让步，论坛在起步阶段只是林业主管部门的政策咨询磋商机制，讨论林业政策要点问题。在论坛进展过程中，逐步赋予论坛独立的地位，旨在推动林业部门的改革。第二，相关利益者代表遴选不当。论坛的参与者主要是工业界的代表，缺乏非政府组织和林农代表。这些代表不是以联合会等团体的形式出现，而是个人代表形式为主。政策论坛在召开会议时，大多是企业界代表给大会展示极端特殊的案例，抱怨政府的林业政策。会议常常在对立的情绪中召开，难以达到会议预期的效果。第三，会议主题经常被突然出现的林业焦点问题所冲淡。如与会代表聚焦于讨论最近通过的新的与林业相关的立法，而不讨论会议设立的主题。结果，许多论坛会议充斥着对现有森林法律体系的激烈的辩论，而不是集中力量讨论未来林业政策变化的方向。

> 二、改善论坛的效率
>
> 在莫桑比克，通过改进信息服务，更细心选择参与者，精心挑选会议组织的议题、时间和地点，林业政策论坛的效果大大改善。
>
> 1. 改善信息服务：论坛组织者需要做好充分准备。在组织会议前，要为每位代表提供政策的相关信息资料，现有的研究报告和政策改革建议，以便代表们在参与会议之前能充分了解会议的内容，并能够自我收集相关信息，征求所代表利益群体的意见，从而使会议完满成功。
> 2. 增加代表性：通过限制工业联合会或者民间社会团体的代表人数来增加相关利益者的代表性。
> 3. 提高参与的公平性：每举办一次论坛就换一个地点，尤其要减少在首都召开林业政策论坛的次数。这可从多方面倾听到基层的声音，在一定程度上摆脱了政府林业机构和与之密切的专家控制的论坛。各个省可以启动各自的磋商过程来收集相关林业政策的信息并能够向中央反馈。

来源：Macqueen and Bila, 2004. www.sustainableforests.net/.

五 林业工作委员会和林业工作组

如果林业事务能够上升到国家政治层面，则有可能成立国家林业工作委员会的非常设机构，代表中央政府或者授权以中央政府的名义处理林业事务。在加拿大，由于土著居民的事务越来越综合和复杂，加拿大成立了土著居民工作委员会。在中国，党和政府高度重视年轻人的事业，成立了"中国关心下一代工作委员会"。目前，在世界范围内，尚没有一个国家成立这样的委员会，林业在国家政治、经济和社会发展议程中的地位有待于进一步提高。伴随着林业问题的进一步国际化、全球化，林业作为环境和发展的纽带，是人类可持续发展重中之重的工作，林业总有一天会成为国家政治、经济和社会、环境议题中的常设议题，在中央层次设立综合协调的决策机构。

林业工作组相对层次要低得多，是作为解决特定问题，完成特定使命的临时机构。工作组包括利益相关者和政府的代表，可以启动和促进参与式林业政策过程。林业工作组职责见框图5-7。

框图5-8解释了美国在推动森林可持续经营标准和指标上所组织的圆桌会议和各类技术工作组。根据在美国和其他国家的经验，组织林业工作委员会和林业工作组需要注意下面三个方面的问题。

框图 5-7　国家林业工作组建议的职能

1. 指导参与式林业政策过程团队制定详细的林业政策过程的策略和计划;
2. 在相关利益者中达成妥协,将参与式林业政策理念转变为行动策略,要点包括:(1) 核心问题(可采用问题树分析法,分析核心问题的成因及其带来的后果);(2) 预期目标(从有核心问题转换而来);(3) 策略(针对核心问题而制定,包括选择可测量指标评估预期的产出);(4) 行动(针对每一个产出);(5) 责任(特别是谁负责实施);(6) 具备的技术和能力;(7) 信息和知识(使用全面的信息工作);(8) 平衡地区差异;(9) 预算;
3. 确保国际林业政策规则和最佳林业政策实践能否恰当地体现在林业政策发展中;
4. 提出开展林业政策研究的主题,并选择合适的专家团队开展研究;
5. 对各式咨询报告和当地利益相关者磋商报告进行分析和整理;
6. 寻求利益相关者之间的政策妥协,并能够就在林业政策过程中的焦点分析制定出可供相关利益者达成妥协的方案;
7. 编制得到相关利益者认可的政策文件。

框图 5-8　美国国家林业工作组与森林可持续经营

基于1998年的蒙特利尔森林可持续经营标准与指标,圆桌会议旨在推动公开和全面的林业政策进程。它不是一个决策体系,而是多利益相关者的对话平台贡献于具有重大意义的与可持续林业经营相联系的国家决策,主要包括:森林可持续经营的国家报告;设计森林管理论证系统;开发可持续发展和环境协调的指标;最佳或优化森林经营的原理和指导准则。

关于可持续森林经营的区域层次上多利益相关者磋商和土著居民专题上磋商会议。大多数的圆桌会议工作都是通过其工作组来实施的,这些工作组包括核心工作组(CG)、技术工作组(TWG)、交流和推广工作组(COWG)。公民可以参与森林可持续经营标准和指标技术委员会(CTC)。圆桌会议目前由美国联邦农业部(USDA)森林局国有和私有林司副司长作为主席,美国国家森林联合会参与到这个圆桌会议中来。

核心工作组的主要职责是提出美国森林可持续经营的初步战略框架,以供圆桌会议协商和讨论,协调和组织圆桌会议活动以及为技术工作者和交流与推广工作组提出支持。它由从不同的利益相关者团体的高级代表组成。

技术工作组的主要职责是发现和解决与森林可持续经营相关的技术问题,特别是标准和指标框架下的数据收集和报告。参与者由能够体现标准和指标需求的多学科的专家代表组成。而交流和推广工作组负责协调森林可持续经营7个标准的专家网络,特别是森林可持续经营标准和指标技术委员会的工作。

交流和推广工作组的另一个职责是将森林可持续经营的标准和指标灌输到利益相关者与公众的意识中,为政府与私人之间协调联系,保证圆桌会议是一个有效的、及时对话的论坛,帮助参与者在他们的组织和制度框架下开展森林可持续经营的推广活动。交流和推广工作组是由不同背景的人士的参与者,包括森林政策专家、林业工作者、森林保护工作者、研究和推广人员、信息和网络管理工作者等组成。

资料来源:可持续森林圆桌会议. www.sustainableforests.net.

第一，必须慎重地挑选会员。技术工作组很容易被少数专家所把持，而很难寻求一个适当的程序来组织一个技术工作组，因为从事特定领域的专家可供挑选的范围很小。工作组也很容易被少数代表特定利益群体的人所主导，而这同样必须避免。

第二，成员必须是信守承诺和具备专业能力。林业工作组作为一个临时性的机构，其工作效果不理想往往是主要会员很少参加会议、主要领导频繁更替、成员缺乏经验等造成的。特别是，其成员中应当由精通林业公共财政政策的专家。参加委员会和工作组的成员应当是信守承诺并拥有一定的专业素质。

第三，委员会或工作组不能基于中心城市而设立，其成员大多来自首都或大的商业城市，尽管有影响力的专业人士和相关利益者的代表大多居住在中心城市。如果林业工作团队中的多数成员都远离林业政策实际发生效力的现场是很危险的。一个真正好的林业政策往往源于基层林业政策实践，身居庙堂之高的社会精英，虽然具备充足和丰富的知识，但是由于不在林业政策实践的第一线，他们往往缺乏对基层林业实际经营状况的理解和把握，不清楚基层林农对于林业的理解和认知，这使得某些从上而下的政策实践，事与愿违、南辕北辙。而这些人无论从社会网络关系的距离上还是从地理关系距离上均靠近政策决策中心，能够最快掌握决策者偏好和了解决策者人性弱点，而获得相应的社会地位。但我们回避中心城市的相关利益者代表的影响力，实际工作中，尽可能将技术工作组权力下沉，赋予地方并要求地方真正组织底层的相关利益者的咨询，将中央一级的机构定位于评估这个过程是否实现了向下分权的咨询进程，以及基层政策需求的分析和整理。

六 特别工作小组

通常情况下，林业主要相关利益者中总是有少数特别重要利益主体缺乏组织，他们往往在政策过程中被边缘化，这些利益主体包括林农、村民、小规模私有林主、小规模林业企业。因此，有必要组织一个特别工作小组（Focus Group）来解决实际工作中的这一问题。这个特别工作小组作为那些缺乏组织的代表，收集这些相关利益者的政策需求，并反映到林业政策过程中来。特别工作小组是实现弱势群体参与式林业政策过程十分重要的手段。需要指出的是，特别工作小组成员可以部分来自该利益相关者的成员，而不见得全部由专家学者组成。在中国，应当鼓励专家和学者与利益者代表共同组成特别工作小组，这样更能够反映所工作的利益群体的利益诉求。

组织特别工作小组的优点突出反映在其成员能够与那些主要利益主体开展面对面的交流和讨论，实实在在地征求他们的意见。其成员熟悉各式会议，具有与其他利益群体代表展开磋商和辩论的能力。而农民代表，少有参加较高级别会议的经验，以至于有刘姥姥进大观园的感觉，难以表达他们真实的意见。能够从第三者的角度反映出那些重要利益者的政策诉求，容易获得其他利益相关者的认同。同时，特别工作小组数据采集成本低廉、快速，并能够提出具体的政策建议。

在中国，我们似乎不太习惯采用这个方案，林业部门常以课题的形式交由大学和科研单位去开展林业政策建议的研究，去征求重要相关利益者的政策建议。然而实际工作效果确实有待商榷，主要存在远离政策实践现场，难以摆脱城市中心主义思维方式的束缚、政策的基本立场不鲜明等问题。

特别工作小组不能预设问题和立场开展弱势群体政策需求研究，无须设计封闭式结构化问卷去开展一定规模的抽样调查。而采用半结构式的问卷，甚至开放式的问题，以便于与该利益群体沟通与交流，客观地反映出他们的意见和政策需要。在这个过程中，所采取的方法和工具其根本目的是能够充分考虑到这些利益群体的利益。下面是对特别工作小组开展工作的一些提醒。

特别小组的成员需要经常开展必要的反思，立场是站在所工作的利益群体上了吗？是否围绕特别工作小组的目标开展工作？所收集的信息对政策讨论的价值如何？信息是否充分和必须？在我国与林农、社区型林业企业的工作过程中，他们能够反映的问题十分综合，涉及林业政策问题，也涉及税收、国土、交通、环保等与农村发展相关的方面。因此，需要在全面梳理问题的基础上，重新聚焦于确定的林业具体政策问题，比如采伐管理规定、林产品加工等，开展深入而广泛的信息收集。否则，焦点特别小组很容易使具体问题复杂化，在与其他利益群体磋商和讨论过程中容易引起反感。作为利益群体的代表和林业官员，无意于讨论是否应该将特定的具体问题置于复杂的社会经济和林业问题中来讨论，更无兴趣讨论这些问题背后的理论逻辑和方法论实践。他们需要怎么办？常有官员说：把问题复杂化了，就成专家了。

特别工作组采用开放式的方式去征求弱势群体的意见。这并不是说，工作组无须做准备,工作组需要准备一系列开放式问题,而且这些问题之间存在合理的逻辑关系。这样便于工作组成员与弱势群体代表的交流,也便于成员间的讨论、分析和整理。在与弱势群体的访谈过程中,成员间需要经常反思,以便进一步完善调研内容。由于工作对象是弱势群体,问题就不能太专业、太复杂,以至于不能为弱势群体所理解,如你们家的森林属于什么类型?分几个小班来经营?林业发展面临哪些问题?可以从他们亲身经历的问题入手,您家有几块林地?砍伐过吗?何时砍的?等等。

特别小组要善于与弱势群体一起创造积极的工作环境。特别小组要根据弱势群体的特点和本小组成员的知识能力,设计出合适的参与方式和具体措施,促进所有小组成员和弱势群体的广泛参与,而成为善于学习的团队,形成相互学习的工作氛围,使大家共享知识。小组成员必须正视弱势群体对林业部门的抱怨,对政府工作的不满,但不能只是情绪的发泄。工作小组成员无论如何不能被群众的情绪所感染,给群众的不满情绪火上浇油。小组成员不能作出超出自己能力的个人承诺,如果是与工作相关,任何承诺都不能作出。不能让弱势群体寄予期待,要求小组成员为他们主张"正义"、纠正不公和改变政策。小组成员更不能让弱势群体认为:"这些家伙"是与被认为"坏人"的人和从"坏政策"中受益的人是一伙的。否则就彻底无法与弱势群体接触了。在实际工作中,少数干部利用手中掌握的权力和对林业政策的解读权,对群众吃拿卡要,胡作非为。几粒老鼠屎,坏了一锅粥,一个群体都被戴上坏人的帽子了。对于我国林业部门而言,需要给在社区与弱势群体中工作的人予以充分的支持。否则,群众不配合,领导不支持,谁还愿意去从事这工作呢?其后果是林业部门将越来越远离弱势群体。

调研结束后,一定要对所有弱势群体参与者表达谢意,要显示出诚恳和勇于承担责任,一定要让与会的代表知道我们这次活动所获得的信息,让他们知道其具体的政策建议是什么。特别工作小组成员参与政策过程会议或活动中,并以这些信息和政策建议与相关利益者分享和筹商,形成的结果一定要及时与咨询过的参与者分享。

2014年夏,来自中国人民大学的一个调研小组去福建某县开展集体林权改革后新型经营主体的调研。遭到了基层林业局同志严厉的指责。起因是中国人民大学另一个调研小组常去该县,开展类似的调研,他们热情相迎,热情相送,提供了尽可能的协助;然而,年复一年,基层林业局的同志从来就没有得到过任何反馈。该同志要求并敦促分享调研成果，但从未得到任何反馈。当然，这是不可取的。试想如果有一天，基层林业部门的人员都不愿意与学者合作了，那么知识创新和政策改革、制度创新都成了空话。

七　不同组织间的工作协调

很多国家根据国情和林情设立了参与式林业政策制度化的安排。美国设立了国家林业工作组和国家林业咨询论坛，莫桑比克成立国家森林论坛，大多数欧洲国家成立国家林业计划委员会。不同的国家采取的形式不一样，一些大国，如美国、中国成立了多个协调组织机构。这些机构之间的互补和协调成为参与式林业政策过程重要的考量。图5-4试图将不同的组织机构有效合理地组合构成一个框图，以便理解协调机构之间互补合作的关系。

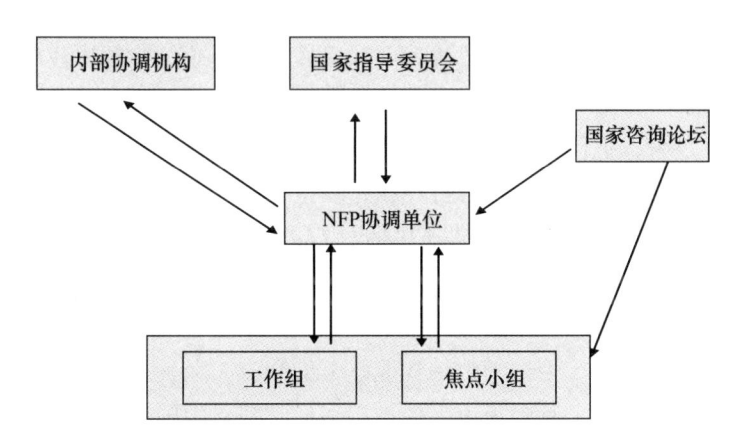

图5-4　参与式林业政策协调机构之间的协调与互补

以图5-4为模型，我国参与式林业政策过程制度化尚未完全到位，存在以下四个方面的问题。

第一，在国家层次上缺乏多部门政策间的协调。2009年召开了中央林业工作会议，提升了我国林业在国家政治、经济和社会事务中的地位。中央明确提出林业的定位，即在可持续发展中，林业具有重要地位；在生态建设中，林业具有首要地位；在西部大开发中，林业具有基础地位；在应对气候变化中，林业具有独特功能的地位。新的一届政府着力强调了林业在生态文明建设中的作用。然而林业工作在宏观上涉及财政、计划、外交、商务、质检、农业、国土、城建、水利、扶贫、环保等众多部委，部门之间职权不清，有利有权各个部委都争，有责有难题大家都推。仔细分析会议文件的精神，似乎还不能称为林业发展的国家战略文件，以明确和规定中央各部门如何在政策和制度上共同促进我国林业的发展，它突出了林业的重要性，中央认可林业部门现有的方针政策和未来规划。部门间合作难不只是我国一个国家的难题，它在世界其他国家中也普遍存在，而且无任何迹象显示，这一状况近期内会得到改善。如果我国在这个方向上向前能取得成就，则会为人类生态文明建设提供典范。

第二，林业部门内部合作和协调也会出现问题。横向看，林业部门内部常设计划、营林、资源、法规、科技、天然林保护、生物多样性保护、湿地等机构。纵向看，有中央、省、地（市）、县级林业机构。林业部门采取了很多措施改进林业部门内部政策协调，如年度林业厅局长会议、政策文件会商和会签制度，上下级林业部门间人员挂职交流制度等。林业部门内部制度协调有了很大的改进。一些具体的林业政策问题体现出林业部门内部协调工作需要进一步加强。如有些重要树种营造林、森林抚育技术规程已经过时，但国家重点林业工程项目又不得不以这些标准要求地方林业部门依标准执行。而标准修订、执行、检查则涉及部门内多个机构。公益林政策、限额采伐政策与林农集体林权处置权的矛盾，也涉及多个部门。解决这些矛盾则需要加强部门纵向和横向的协调。

第三，协调机构目标不明确。中国森林论坛，吸引了国际社会和国际非政府组织的参与，为推动中外林业政策的交流，尤其是这些国际机构搞清楚中国林业政策，起到了很大的作用。但它缺乏中国本土相关利益者的参与，难以作为平台推进我国林业政策改革的讨论。这需要与其他参与式林业政策协调机制相配合才能起到更大的作用。

第四，基层广大相关利益者在林业政策过程中缺乏有效的参与，也没有形成一个机制来保障他们的参与。林业政策的制定还是属于阳春白雪，无关下里巴人。沉下去、接地气尚任重而道远。

第四节 政府组织间的协调与合作

政府组织间纵向和横向协调与合作，是参与式林业政策过程所追求的一个重要目标。

一 政府上下级间的合作

实现纵向合作，关键在上一级政府，而关注地方的不同政策需求是焦点。国家层次的参与式林业政策过程需要特别重视地方的政策需求、反映基层的政策现实。一般来说，国家林业政策过程，不可能到全国每一个角落去征求相关利益群体的意见，也没有必要如此。尽可能充分利用好现有的信息资源，充分理解地方政策需求的多样性是开展这项工作的基础。

在中央层面，往往聚集了很多各地林业信息，专业性很强。然而中央层次的政策决策和研究人员，往往自以为充分了解了基层林业的信息，常带有先见的观点开展调研和咨询。需要充分意识到在任何一个地方，林业的特殊性和特别的政策需求。

关注地方多样化的政策需求，主要从两个方面入手。一是放权和支持让地方政府开展参与式林业政策过程，开展的地方多了，中央林业政策的针对性自然就强了。二是参与式林业政策工作小组要组织召开一系列地方政策研讨会，在这个过程中，尽可能让该地区的相关利益者参与进来。

参与式林业政策小组可以要求各地提出林业政策偏好，并分析优先林业政策所针对的问题、受益群体、目标和预期产出、政策实践含义、行动措施和政策实施面临的挑战和机会等。综合不同地区的政策偏好和分析报告，形成政策建议系列选择，再反馈给地方，针对这些政策系列选择进一步评估。

参与式林业政策过程工作组可以通过设立交叉主题的方式，理解地方林业政策需求。如集体林权制度改革配套政策，包括林农合作组织、林权流转、采伐管理、森林保险、政策金融等政策措施。可设立森林经营组织模式、利益分享机制、社会性别、生态保护、法律、林业加工业发展、私有机构参与林业、反贫困等主题，这些主题不是与林权配套改革措施平行的，而每一项配套改革政策均与这些主题相关。这些交叉主题对不同地区的重要性相对不同，要求各地根据实际选择交叉主题开展政策研究。这样有可能照顾到各地实际的林业政策需求，客观反映各地的差异。

参与式林业政策过程工作组需要与地方林业一道，进行地方林业政策或行动检讨和反思，增强对地方林业的理解。框图5-9提供了乌干达的案例。

> **框图5-9　乌干达评估地方林业行动，制定国家林业政策**
>
> 　　为了将地方经验有效运用到国家林业政策上，乌干达开展了地方林业行动的评估工作。评估有效地收集和整理地方林业实际，为国家林业政策的制定提供了重要的基础。地方林业行动所指的内容很宽泛，包括地方政府的林业政策行动、其他政府部门涉及林业的事务、私有机构的林业发展行动、公民组织、研究和推广机构所开展的林业活动等。
>
> 　　通过评估地方林业行动，加深了对乌干达各地林业发展的理解。与国家林业政策评估相互支持，为林业政策过程提供了坚实的基础。地方林业行动评估，提供了一个又一个鲜活的案例，展示了林业政策背后人民的生产与生活，林业政策也就有效反映了人民的需求，特别是贫困人口的需求。这远比基于冷冰冰的数据和陈述而形成的林业政策有价值。
>
> 　　在大约300个地方林业行动中，44个地方林业行动项目或政策覆盖林权、社会性别、反贫困、林业法律体系等多个交叉主题。并采用自然资源可持续管理的生计框架来分析这些交叉主题，有助于理解为当地人管理森林的行为和影响他们森林管理决策的因素。

（资料来源：FAO，2010）

二　跨部门合作

推动跨部门合作，可以在不同部门之间共享信息和资源，避免潜在的冲突，增强政策实施的协调性、统筹性。公共政策的实施往往需要多个部门之间的配合，跨部门合作至关重要。跨部门合作需要建立平台，如协调小组等，还需要仪式，如通过签署协议、签署备忘录等方式来确认，联席会议、专家顾问委员会等非正式方式也可以被用于跨部门合作。框图5-10提供了印度尼西亚通过跨部门合作推动林业良政的案例。

> **框图5-10　印度尼西亚森林良政的跨部门伙伴合作**
>
> 　　印度尼西亚政府认识到要阻止森林退化和面积减少，就必须进行彻底的林业治理制度的改革。在国家政治层面，政局稳定，推动民主化进程和反腐败等积极的趋势为林业部门的改革提供了保障。在基层，新型的公众—私人伙伴关系不断涌现，在部分地区国家对森林管理"一股独大"的问题得到了缓解。国际社会十分支持印尼为保护森林而进行的政策改革。其中最主要的措施是减少森林采伐权的发放数量，强化森林执法，减少非法采伐。
>
> 　　森林管理、林业执法和贸易进程（FLEGT）采用了跨部门伙伴合作的方法，印尼的林业发展目标变得更长远，实现森林资源的可持续管理作为一个战略措施支持经济和环境可持续发展。这个举措要求全社会和许多其他部门调整对森林的认知和态度，强化了林业部门与各个部门的合作伙伴关系。FLEGT旨在推动政策、法律体系和机构改革，实现森林可持续经营和包容式的发展。FLEGT致力于通过吸引重要利益相关者的参与，推动林业部门的良政。这些相关利益者包括军队、司法机关和土著居民，而他们过去往往不在林业部门的伙伴关系名单中，而他们确是森林非法采伐主要利益相关者。
>
> 　　在印尼，跨部门合作方法推动了林业部门的改革，推动了林业部门与相关利益者建立起负责任的、诚信的合作伙伴关系。

（资料来源：FAO，2010）

三 跨地区合作

推动跨区域合作是当今各国治理的又一道难题。推动跨区域合作，实现非博弈的均衡，能使双方受益，还存在许多理论上和方法上的难题。我国在推动"长三角"一体化、京津冀一体化、南水北调等重大跨区域合作的过程中总是存在这样那样的困难，往往都需要中央政府的强力介入。中央政府部门在行使协调职能的过程中，还是要以区域政府间自主协商的充分性为前提，减少中央政府权力对区域性事务的过度干预，最终形成区域自主协商和中央介入协调的有机统一。已经成形的林业治理跨区域合作往往针对森林灾害，如加拿大林火管理（见框图5－11）、中国松材线虫病管理。这些森林灾害往往是区域内必须共同面对的紧要问题，跨区域合作推动相对容易一些。

框图5－11 加拿大林火管理跨区域合作

一、问题的缘起

加拿大拥有约4.18亿公顷的森林。林火管理是加拿大保护和管理森林的重大挑战之一。在加拿大，州一级政府承担了森林管理的责任。如果火灾、病虫害等林业森林灾害绵延到3个州，其责任由州和联邦政府共同承担。2007年1—10月；全国报告了近7000起火灾，过火面积1600万公顷。火灾的管理非常依赖资源，飞机、设备和经过训练的人员非常昂贵。加拿大各州和地区均会投资于森林救火人员和装备，提升保持扑火应急能力。在林火多发季节里，其数量和严重程度超过了一个省或地区的能力，需要请求其他州或地区提供人员和设备的支援。因此需要一个跨部门、跨区域的政府机制来确保林火管理的信息共享和协调分配资源。为此，在1982年加拿大成立了林火中心（CIFFC），推动跨地区合作来保证灭火资源得到协调的分配。

二、跨部门合作

加拿大林火中心成员单位是由各地区、州和联邦政府掌管林业的部门联合组成的，为其成员单位提供实际的林火管理服务。它是以私人非营利企业形式来运作的，分两级管理层。信托委员会由14个辖区的林业部门副部长组成，制定政策，发出指令，批准林火中心的年度预算。董事会由林业部门里负责林火管理的领导组成，制定预算和政策，监督林火中心的运行。

在中心运行预算中，30%是由联邦政府负责的，另外70%在地区及省之间按照森林的生产能力和土地面积进行分配。森林面积大、生产能力强的省需要承担更多的中心运行预算。如不列颠哥伦比亚省承担17%的份额，而爱德华王子岛则只需承担0.1%。各州和地区签订了跨区域互助资源共享协议，基于这个正式协议共享火灾设备、人员和飞机等灭火资源。在林火多发季节，加拿大林火中心全天候向所有成员机构提供火情的信息和资料。

（资料来源：FAO，2010）

四 推动政府间协调与合作实践的要点

形成一个合作的机制不容易，而维持一个机制也不容易，都需要长期输入正能量，依靠成员合作的愿望、奉献和资源的投入。在实践上，一个成功的协调与合作往往具有以下四个方面的特点。

第一，建设合作的文化。各级政府、私人机构和公民社会需要培养一种合作的文化，政府间的协调与合作更是如此。建立一定的奖惩结合机制，以鼓励协调与合作行为，惩戒非协调与合作行为，逐渐从各方思想上将协调与合作融入行为准则中。

第二，要得到高层次领导的支持和积极参与。能够做好跨部门、跨区域合作，必定对国家有益、对人民有益。有了高层次领导的介入，协调与合作会更有权威，更容易达成共识，也会有资源的保障。

第三，目的明确、责任清晰。要明确跨部门、跨区域合作和协调需要解决的问题，清晰参与各方的责任和角色，要对参与机构所承担的责任开展问责。所有决策平等协商，而成果则是共享的。

第四，信息共享。获得持续、准确、透明、可靠和客观的知识往往是合作的最基本内容。信息能够在各个利益主体之间被广泛分享、共同使用、普遍认可。

第五节　沟通

沟通包含沟通的要素与信息传输的过程。政策沟通是指政策从制定到执行再到评估的全过程中，不同利益相关主体相互交流信息、了解对方立场、寻求各方共识的行为过程。沟通会将信息传送给对方，并期望对方作相应反应，它是实现尽可能多的利益相关者参与的关键。

一　沟通的要素

沟通有四大要素，一是沟通主体，即参与沟通过程、交换信息的不同行动主体；二是沟通要素，即沟通行为的客体，主要是信息资源；三是沟通渠道，即进行沟通所依赖的手段、渠道、方式；四是沟通绩效，即沟通是否成功、信息传递是否充分。过程主要由输入、处理与反馈三个环节组成。

1. 主体

沟通的主体可以指一般信息沟通系统中的信息发送者和接收者，也可以指沟通过程的参与者或行为主体。

在某一个单次完整的信息沟通活动中，总存在着输入端和输出端。处于信息输入端的沟通者，即为信息发送者，又称"信源"。处于信息输出端的沟通者，即为信息接收者，被称为"信宿"。如果信息沟通活动存在互动反馈，沟通活动可视作循环往复的过程，发送者与接收者之间不断变换信息交换的角色。

相关利益者作为行为主体，沟通贯穿于整个林业政策过程中。站在政府立场上，参与式林业政策过程中的沟通是一个政治过程，听民声、集民心、聚民意。然而，参与式林业政策过程中政府的主动沟通，却可看成政府管理战略和措施的重大变革，制定政策不再是知识分子和行政管理者少数精英的特权，而是走向了大众化管理和政府平民化的时代。当代中国，迅速普及基础教育和高等教育正走向平民化的时代，我国政府管理正处于这一变革的过程之中。

2. 信息

此处所指的信息，包括林业政策从制定到评估的全过程涉及的各种沟通要素，比如情报、资料、消息等。林业信息是林业经营中不同利益相关者，特别是政府部门，了解林业经营基本情况、制定科学林业政策的前提。林业信息包括政府或有政府支持等的各种林业政策活动所产生的信息，包括公民组织和个人在林业生产实践、科学研究中产生、传递的信息，包括国际经验和代代传承的各种林业管理和实践信息。我们表面上十分重视林业政策信息在决策中的作用，上级政府来人视察，下级政府向上汇报，各级政府间相互交流学习，经验交流会，政策恳谈会。但实际情况是，信息在不同部门之间、上下级之间的传递往往不是有效的。不同部门之间，往往各谋其政，只有文件通知互相送达，而缺乏实质合作与沟通，不能形成合力；上下级之间，常常是上级发布命令指示，下级表面服从，而实际上则是消极对待，甚至阳奉阴违，让政策文件停留在文本上和口头上，而难以得到认真贯彻执行，上级对于政策执行状况，也多缺乏完善的评估和跟踪机制。上下级充分沟通、频繁互动，从而发现问题、及时解决、汲取教训、总结经验的良好状态远未达到。

3. 通道

信息流动的载体被称为通道（channel，或译作"渠道"）。信息流动需要依靠一定的中介，中介可以是无形的，比如声波、光线等，也可以是有形的、物质的，比如磁盘、纸张等。信息革命伴随着信息传递介质的革命性改变，从远古时代的结绳记事，到飞鸽传书，再到无线电，如今进入了互联网时代，这反映了信息传递方式的巨大变革。任何的信息传递通道，其在容纳信息流量方面都有一定的限度，这种限度就是通道能力（channel capacity）。林业政策信息通道的总能力反映了一个林业政策系统处理大量信息输入的能力，也是反映系统功能运作能力的重要方面。衡量林业政策系统的通道能力，有质与量两个方面的标准。通道能力的质量标准指的是信息的真实性（fidelity），其数量标准指的是通道的负荷能力（load capacity）。信息的真实性取决于噪音干扰、信息的损失量和扭曲度等因素。一般而言，通道越短，信息流动的时间就越短，从而信息的损失量和扭曲度也就越小。通道负荷能力则是指它的信息容纳量，任何沟通通道都具有一定的负荷能力。负荷能力的大小，主要取决于通道的规模（size）和回应性（responsiveness）。回应性主要是指发送与处理信息的机构的迅捷程度。

目前我国政策信息通道建设立足于为政府及其各部门服务，并制度化为正式通道。因此，我国林业政策要靠政府会议和文件这两个最重要的信息载体。而且会议层次越高，文件层次越高，政策的重要性越高和含金量越足。政策与大众的沟通媒介系统主要靠各级党和政府主办的政论性电视频道和报纸，而这些政论性媒介越来越脱离大众的视野。关于政策信息实际上只是在行业内部产生、流动，使得我国各级政府和各个部门更易于对信息进行控制，由此实现对权力的垄断和权力的再生产。我国林业部门与其他部门一样，政策信息通道能力建设的重建面临重大的挑战。不解决这个问题，我国林业政策"一任领导、一个政策"的现状就不可能改变。

4. 效果

沟通的效果（effect）是指信息发送者发出的信息经过一定的信息通道到达接收者，接收者在接收信息的刺激后，在思想、心理和行为方面发生的程度不同的某种反应与变化，这种反应和变化就是沟通的效果。可分为以下三种类型。

（1）显性效果与隐性效果。是按信息发送者意图的最终实现程度来划分的，显性效果是指政策信息的接收者，经信息刺激后在其思想、心理及行为上发生的相应变化与反应，能够被明显地感觉和测量。比如，如果通过政策宣传，增强了公众对政策的认知和理会，进而积极地配合、支持政策执行。隐性效果，或称潜在效果，是指信息的接收者对信息刺激所产生的变化和反应，间接地、缓慢地、递增地逐步显现出来。

（2）暂时性效果与持久性效果。根据沟通效果存在时间的长短，可分为暂时性效果与持久性效果。前者是指信息的接收者在信息刺激下在短时间内作出的应发送者基本意图的反应，但这种反应随沟通活动的终止而很快消失了。持久性效果是指信息的接收者能够对信息产生深刻的认知与理会，并且在沟通过程中一经形成就不再能轻易改变，具有很强的稳定性。

（3）正效果与负效果。正效果是指接收者在接收到发送者的信息后，其思想、心理和行为发生了顺应发送者意图的变化。负效果则是指接收者在接受到发送者的信息后，相应的反应和变化与发送者的意图相悖，产生了与沟通目标相反的效应。

二 沟通的过程

沟通过程，指的是林业政策形成过程系统中信息的传输与流动过程，主要由信息的输入、处理与反馈三个环节构成。

1. 信息的输入

从沟通的单循环过程上说，输入是沟通的起点。输入也就是作为"信源"的发送者发出信息，经由输入通道到达接收者，等待接收者处理。从林业政策形成过程系统运转上说，信息输入主要分为环境输入与内部输入两方面。环境输入即是指林业系统的外部环境（主要是指各相关利益者构成的社会系统）向林业系统进行的信息输入。系统内部的信息输入，一般是指下级向上级、不同部门间以及亚系统间的信息输入。目前林业系统内部信息输入相对受到了重视，而外系统信息输入缺乏，这是参与式林业政策过程需要着力解决的问题。

社会大众，特别是公民社会的崛起，已经对我国林业政策产生了较显著的影响。当下存在的主要问题是林业系统对由环境发送的外部信息有较强的屏蔽能力和排异反应。因此，很难经过接收者或其他专门信息处理者的处理，再通过内部信息输入通道往更高级的信息接收者传送，及时地、畅通地、准确地到达政治系统的决策中枢。另一个问题是发送者发出的信息本身。发送者需要以接收者易于理解的信息语言进行编码，从而有利于接收者充分和准确地把握信息内容。就此而言，发送者需要事先对接收者的解码方式有相当程度的了解和熟悉。然而，公民社会和大众难以理解和读懂行业内部各种林业政策话语和专有名词，如生态公益林、相持阶段、生态林业、现代林业、碳汇林业、森林可持续经营、民生林业等。

2. 信息的处理

处理主要是指接收者对信息的分析、加工和储存。分析主要是对信息的筛选和解码。筛选的原因主要有如下几个方面：由于信息在输入通道的过程中可能因噪音干扰而扭曲，输入时间较长造成信息大量损失，这就需要对信息进行筛选。大量相似的信息同时输入林业政策系统，造成信息冗余，这也需要对林业信息进行筛选。筛选的目的在于判断信息的真实性和有效性。筛选出有效信息，由信息接收者或其他专门的信息处理者进行解码。在解码之后，接收者或处理者以林业政策系统自身的编码方式，对信息进行重新编排和加工，并储存在林业政策系统中。

在信息处理过程中，下列两个问题需要被特别重视。第一是处理信息的时效性。在沟通分析中，从接收到处理之间的时间段被称为"时延"（lag）。由于环境总是变动的，因此对"时延"把握的要求特别突出。如果"时延"过长，则可能会导致信息过时、失真、失效。如果"时延"过短，则有可能导致信息接收的不充分和不完全。第二是要避免在信息处理过程中造成信息的失真或扭曲。这种可能性，既可能产生于信息处理的"时延"方面，也可能产生于信息处理的技术方面。但需要指出的是，这种失真或扭曲也可能是由信息接收者或其他处理者的主观因素造成的。依据沟通分析中广为流传的"守门人理论"，作为守门人的信息接收者或其他专门的信息处理者，常常会依照自己的主观意图甚至利益倾向对输入的信息进行过滤和加工，而这里面隐含着导致信息失真或扭曲的巨大风险。

3. 信息的反馈

从信息沟通的单循环上说，反馈是系统信息沟通的第三个环节，也是沟通过程的完成。反馈的意思是指"一种产生信息输入反应行为的沟通网络，它包括这个沟通网络自身作用于新信息的全部结果，它依靠这种新输入的信息来修正其随后的行为"（李俊、项继权，2008）。换句话说，林业政策系统对输入的信息作出处理后，将系统的相关反应信息送回到原来的信息发送者，引发新的信息输入，由此形成循环往复。

三 政策沟通的类型

依据不同的划分标准和原则，政府决策沟通的分类也不相一致，以下四种是比较常见的分类。

1. 正式沟通与非正式沟通

按沟通通道的不同，可分为正式沟通与非正式沟通两种。正式沟通，是通过正式的组织、合法的程序和公开的通道进行信息的交流与传播。林业政策沟通主体通常是正式的组织，如政府、林业部门等。遵循有关法律、规章、制度和法定程序进行，表现为公开的传递与反馈，如汇报、听证、指示、信访等。正式沟通具有结构性、合法化、公开性和程序化的特点。

非正式沟通，是指不通过正式组织和法定规则、程序、通道进行的沟通。非正式沟通常常以社会关系和人际交往网络为基础，没有明确的规章制度和合法程序，如"小道消息"、"流言蜚语"、"私下交换意见"等。非正式沟通具有传播速度快、信息容易失真和歪曲、沟通者无须负法律责任等特点。

2. 上行沟通、下行沟通与平行沟通

按政府系统内部的信息流动方向，可以划分为上行沟通、下行沟通和平行沟通三种。上行沟通是指在政府系统中信息从下级部门向上级部门沟通，主要是下级按规定程序向上级提交反映情况的正式书面或口头报告，以及请示、申诉和提出建议等。

下行沟通是指政府系统中信息从上级部门向下级部门沟通，主要表现为上级领导将行动方案、规章制度、工作程序等以指令化的形式向下级层层传达，以及上级对下级的鼓励与批评教育等。

平行沟通是指政府系统中同一层级不同组织部门间及权力精英内部进行的信息沟通，主要是以部门间协调与合作为目标的信息交流和协商。

3. 政府内部沟通与外部沟通

政府内部沟通是指政府系统内部各子系统、部门、机构和层级间进行的上行、下行和平行的信息传播与交流；外部沟通主要指政府与社会公众之间的信息传播与交流。内部沟通主要是通过政府自身构建的内部沟通网络，有规范的程序和制度化的模式。而外部沟通主要是利用大众传播媒介,如新闻报纸、电视、互联网等进行。如召开新闻发布会、听证会、政策咨询会等。国家林业局与中央电视台合作,联合制作"中国古树"系列节目,中央电视台与滁州市林业局合作开展打击破坏鸟类等野生动物资源违法犯罪"护航行动"等。国家林业局在官方网站上设立了局长信箱、征求意见、公告公示、在线服务等栏目,以加强外部沟通。

4. 单向沟通与双向沟通

从发送者与接收者的地位是否可变的角度,可以分为单向沟通和双向沟通。单向沟通是在沟通过程中,信息发送者与接收者之间地位不变的沟通,如作报告、发指示、作演讲等。主要是为了传播某些意见、思想,并不重视反馈。其优点是速度快,缺点是准确性差。双向沟通是在沟通过程中,信息发送者与接收者之间地位不断变化、信息输入与反馈循环往复的沟通,如讲座、交谈、协商等。其优点是准确性高,缺点是速度较慢。

第六节 参与式林业政策过程的沟通策略

在参与式林业政策过程中沟通非常重要。只有优良的沟通技巧,才能在与相关利益者沟通的过程中,进一步明确和深入理解暴露出的林业政策问题,挖掘出新的林业政策问题。

一 参与式林业政策过程中的沟通

沟通对于政策制定和政策执行,起着不可忽视的作用。当今社会,利益主体多元化、利益诉求复杂化、利益斗争手段多样化,使得政策很难顾及全部利益相关者的意愿。以无人利益受损为前提的"帕累托改进",在现实社会越来越难,"重分蛋糕"或者利益格局重新调整越来越重。政策执行者,本身也是利益集团之一。任何利益集团都有机会和权力从自身利益出发,解构、扭曲、甚至改写政策文本,达到维护本利益群体的目的。这无疑将会是我国的新常态,每一个人都无权要求别人是利他主义者、浪漫主义者,而自己是从利己出发的现实主义者。这就能解释为什么当下中国许多政策执行会陷入僵局,而政策改革越来越维艰。有效的沟通,交流方能打破僵局,明确各方的角色、权利和义务,了解各方的立场,亮明各方的底线,防范强势群体重新解构、扭曲、改写政策方案,政策的有效执行方能确保。

沟通策略体现在与林业政策过程所有要件相关的方方面面，包括相关利益者的参与机制、研究与成果分享、宣传、网络建设、媒体和战略构建等。全球参与式林业政策过程的实践经验表明，决不能因为林业部门缺乏与其他部门、社会大众和相关利益者的沟通能力，就刻意去回避它，尤其不能回避媒体。这是在开展参与式林业政策过程计划阶段，必须将建立沟通策略作为特别重要的议题予以特别的考虑，而不是可有可无的问题。需要善于并灵活运用沟通的策略和技巧获取相关利益者的信息，促进相关利益者的交流，避免冲突，赢得支持。需要针对不同的相关利益群体采用不同的沟通方法。

沟通是需要经费作保障的，它应当是参与式林业政策过程必要的组成部分。在政府体系中，宣传、公务接待、会议等活动在很大程度上旨在沟通，而会议、公务接待上的开支一直受到公众的诟病。过去一段时间，行政系统的沟通资源分配失衡，过多用于来自上级部门的形形色色的考察和检查和文件的上传下达。接待工作一度成了生产力，成为展现一个地方的特色与形象的工程，做好公务接待工作成为各级地方政府中心的工作之一。在迎来送往中，在"热烈欢迎、百忙之中、亲临指导、高度重视、深切关怀、巨大支持、重要指示、坚决执行"等会场套话后面，沟通实际上成了少数人之间的沙龙，政策脱离实际，政策脱离了群众，政策也难以出中南海。中国历届政府十分重视治理"文山会海"、官僚主义、形式主义、奢靡之风，而 2014 年夏天田野调查，走访了三个省 7 个县（市）林业厅（局），情形大不同前，这一次中央政府动了真格。这就为政府机构重新制定沟通策略和做法，调整沟通资源分配，大幅度增加用于弱势群体的沟通费用，尤其是增加对于林农、社区型林业企业、境外林业企业的沟通支出。

二 沟通策略设计

沟通策略设计主要包括以下五个方面的内容。第一，分析不同利益相关者，针对他们不同的特点设计的沟通策略；第二，灵活并综合运用针对个人和群体的沟通策略，包括信息、通道、信息处理、反馈、媒介等，向相关利益者传输信息；第三，构建出合适的评估标准来评估沟通的效果，并根据评估改进沟通策略；第四，建立起行政或后勤的支持，有效管理和协调与相关利益者的沟通；第五，为不同的利益相关者选择合适的信息渠道和与之相配套的安排，比如沟通的时间、信息的类型等。框图 5－12 列举了沟通策略设计的主要内容。

框图 5－12　参与式林业政策过程沟通策略设计的内容

1. 沟通的界定：有哪些重要的利益群体？对每一个群体，哪些是了解的，哪些还不了解？沟通起何作用？哪些信息是有用的？沟通策略所设计的行动是针对上述问题设计的吗？

2. 目标人群：分析每一项沟通行动中，哪些相关利益者能够参与？而哪些被排除在外？对于不同的利益群体，信宿和管道是恰当的吗？在沟通策略中，明确告知林业政策决策的公平、公开、公正的程序了吗？参与可否对林业政策决策有影响？

3. 试验和完善：对最主要的沟通策略，需要开展适当的小规模的试验，以评估沟通策略对所针对的相关利益者的有效性。

4. 参与：能否让相关利益者参与到沟通策略的设计和评估中？如不能，又为什么？

5. 信息质量：针对不同相关利益者，设计出能够被他们理解的信息。信息质量不完全基于是否科学、全面、准确来评价，更要从信息接收者的需求、能力和信息管道的可及性来考量。如针对分散的林农，采用 QQ 群与林农交换信息很少取得理想的效果。

6. 信息通道：充分利用和开发合适的信息通道，方便目标人群接收信息。

7. 时效性和综合协调：应注意信息的时效性和信息通道的时效性。我国南方沿海地区，自由市场相对发达，民众信息扩散迅速。在进入自由市场的交通要冲张贴海报就能取得很好的效果。而在我国北方，村落比较集中，充分利用社区的公共空间，其信息的传播就比较好。对于林业而言，时政性的报刊、电视等媒体传播林业政策信息的效果非常差。当然，在林业政策信息的沟通上，需要综合运用各种信息通道来实现组合的效果。

8. 强度：沟通是无止境的，也不可能实现让每一个相关利益者均满意，不可能让每一个相关利益者均达到对政策信息掌握的同等程度。因此，我们只能将沟通提高到一定的强度，以能够实现政策过程的目标为限。

三　策略的执行

一旦沟通策略得到认可，参与式林业政策过程工作组必须确保用于执行沟通策略所需的资源和后勤安排，并能够有效地采用这些沟通策略。

为了增强可视性，参与式林业政策过程工作组可以设计出一个特别的标识，如徽标、旗帜等，公开展示部门的集体形象。也可以为林业政策过程某一项组成活动，如森林论坛，而设计出特定的徽标，或用徽标来向公众和相关利益者传递心声，比如突出林业部门勇于改革的形象，或者展示林业部门新型的开放精神，以彻底扭转中央政府、公众和其他利益相关者对林业部门形成的"保守"、"封闭"等形象。这些标识、旗帜通过音频的和视听的演示等手段反复展示给公众和其他利益相关者,以展示林业部门愿意与公众沟通的正能量。

四 沟通方法

参与式林业政策过程工作组可以选择下面的方法与相关利益者沟通。

1. 主动沟通或被动沟通。主动沟通是政策过程小组主动印发各式各样的林业政策材料。被动沟通是指应相关利益者的要求所提供的文件或报告。

2. 有控制管道和自由通道。有控制的通道包括国家林业局主办的绿色时报和各类政论性的报纸杂志和电视、网络新闻媒体。自由通道,包括上文所说的自由市场、社区公共空间、社交网络媒介等。

3. 临时的沟通或系列系统的沟通。系列系统的,比如每年召开的森林论坛,是由有计划有节奏的系列活动组成的。而临时性,则灵活多样,可以应某种需要召开一个会议或一次访问。

第七节 组织高效率的会议

无论如何,参与式林业政策过程是由一系列会议,通过相关利益者沟通、交流和协商,而达成妥协、形成共识的一个过程。会议可以开得很成功,也可以是一个失败的会议,关键能否形成一个正确的会议文化。

在现实生活中,会议在某些情况下,成为一种形式,"文山会海"更是成了行政效率低下、管理者人浮于事的一个象征。因此,一提到开会,人家心里都发毛,在当下会议文化下,能开好会吗?然而在三明市,参与式林业政策过程方法被引入到"采伐指标分配管理规定"制定过程中来,开了一系列的会,却收到了很好的效果。

会议既是一种组织形式,也是一种运行机制。从组织形式的意义上讲,会议将不同主体聚合到某一个空间之内,从而实现了空间上的人员集合;从运行机制的意义上讲,会议确保了信息在第一时间内能被参加者接收,并且进行实时的反馈和交互,从而确保及时、准确地交流和理解信息,进而实现解决问题、讨论方案、交流感情的功能。如何能在会议中高效率地解决问题,这是现代管理方式的重要体现。会议是近现代社会不断朝向"理性化"发展的一个表现,它已经渗透到了当代生活的各个角落。

一 会议的意义

会议能让决策层集思广益，能让决策执行者与相关利益者之间充分沟通。当代社会，社交工具和信息沟通手段种类繁多，但是会议这一沟通形式的地位并未降低。会议使得不同主体聚集到一起，从而使沟通具备即时性和交互性，参会人员可以及时了解其他与会者的想法，并且即时作出反应。会议具备自身的正式性和庄重性，与会者更会以认真严谨的态度参加会议，从而取得更好的交流效果。

二 会议的目的

会议的目的可简要概括为以下四个方面。第一，发布信息。即向与会者发布通知，通报某些新政策、新决定，让与会者得知、了解相关信息。第二，开展学习。会议可以让与会者群策群智、群策群力，有效交流信息，提高决策的科学性。第三，监督、协调和妥协。会议不仅是一个信息发布的场所，也是一个进行监督、实施协调、作出妥协的地方，上级可以借会议的机会，检查下级的工作进展，并且协调近期工作中出现的某些问题，进行调节，促进团体和谐。第四，集思广益，或称头脑风暴法（brainstorming）。

三 会议评估

参与式林业政策过程中会议评估，以促进不同利益群体的参与和推动政策形成、执行、监测和评估为目标，设计一定的评估标准，遵循参与性、客观性、灵活性和质性和量化分析相结合的原则，对会议预期效果和会议过程等方面进行综合评价的活动。表 5-2 提供了参与式林业政策会议评估的主要内容。参与性要求会议评估指标的设立、方法的选择、评估过程均由参与会议的代表来主导，评估结果也应当与参与代表及时分享并能提供各位代表的反馈意见的管道。客观性要求评估客观反映会议管理的实际，通过评估肯定成绩、发现问题、改善管理，而不能是重形式、走过场。灵活性则指的是不能用一个标准来衡量参与式林业政策过程中不同的会议，与会的代表是人，我们不能要求所有人均能同意统一标准、统一方法，要给会议代表以空间参与到会议的评估中来。质性评估是对会议项目的过程和结果进行质性描述、分析和评价，量化评估是对会议项目的过程和结果进行数量描述、分析和评价,作出评估结论。参与式林业政策过程会议主张把这两种评估有机结合起来。

一个成功的参与式会议往往具备以下特征:可行的会议议程;设施、设备能充分满足要求;准时开始,并有计划地结束;所有应与会者均出席会议;共同遵守会议规则;每个人都有机会表达观点;与会者能相互倾听;所有成员有决策发言权;会中进行书面记录;结束时对讨论的问题及分配的任务进行总结;全体成员一起保证具体分派的工作得到完成。

表 5 – 2　　　　　　参与式林业政策过程会议评估主要内容

评价要素	描述
达到了预期的效果了吗	如何达到目的
	解决了哪些问题
	共同作出了哪些决定
	最终达成的方案或决策具有创新性吗
会议进行得如何	问题如何达成解决
	决策的方式是什么
	团队合作的情形如何
	人人都有机会参与发言了吗
	会议气氛是否愉悦
	您个人感受到激励或挑战了吗
	会中是否人人设法了解他人的想法以求取进展?还是一场某些人自我表现的激战

一个不完美的、低效率的会议总是存在这样那样的问题。主要有时间、地点、会议参与人选择不合适;主持人缺乏技巧;参会者的素质及表现难尽如人意;会议前期准备工作不充分和会议目标不清晰等方面的问题。会议协调人(facilitator)和主持人(moderator)对于会议的有序进行起着十分重要的作用。如果主持人不能有效组织讨论、引导会议主题,那么会议就会一盘散沙,走向混乱状态。没有充分的前期准备,与会代表就难以提出有价值的问题,发表有深度的观点,降低了讨论的应达到的效果,也难以产生有价值的结论。表 5 – 3 梳理了参与式林业政策会议经常出现的问题清单。

表 5-3　　　　　　参与式林业政策过程会议常见问题

环节	常见问题	描述
会议准备	会议的目的和期望不清楚	为何要开会？大家该做些什么
	信息过多	难以被与会者所吸收
会议组织者（发起单位、协调人）	多头马车	有劲但相向而行
	角色与职责不清	会议组织者没有赋予与会者明确的角色分工和职责安排
	问题不清	不知会议讨论和研究哪个主题
	会议被领导主导	盖橡皮图章式的会议，或滥权以达成个人目的
	权限不够	在会议过程中，针对与会者的提问或建议，难以得到决策者的及时回应，因与会的官员级别不够或赋权不够
	参与管道堵塞	部分利益相关方的代表难以参与到会议的讨论过程中
	重复再重复	一再重复讨论已经讨论过的问题，商讨已经达成共识的意见
相关利益方	人身攻击	攻击个人而不针对所讨论的话题
	个性冲突	缺乏开放心胸与互信；种族意识、性别歧视等
	规避问题	"一切都很好，没什么问题"
	负面思考，缺乏挑战精神	"我们使不上劲，何必费事"
	参与者之间的沟通	不善于倾听，听不懂，或者听懂了装听不懂，或者曲解其他利益方的见解
会议设施和环境	会议地点的环境	设施过于豪华，顾了享受，忘了使命。或处于嘈杂的环境下、开放的空间中
	会议室	设备质量瑕疵，听不清楚，看不清楚。会议室空气不流通。会议室条件难以满足参与式会议的要求，如固定桌椅的会议室不适合组织参与式研讨会

四　会议过程管理

会议可以按照时间顺序，分为"准备"、"进行"和"跟踪"三个阶段。

1. 会前准备

会前准备，需要针对会议议程和既定目标、与会者人数和与会对象、会议日期和持续时间、会议资料和文件等问题做好准备，并且向与会人员发送会议通知。确定会议目标是会议的前提和首要因素，即必须让与会者明白，会议要达成什么目标？解决什么问题？会议目标可以让与会者认识到会议的重要性，对要完成的主要任务有大致的估计。

确定与会者。参与式会议对代表有明确的要求，除听证会外，林业过程中的参与式研讨会是由经过一定程序筛选出的代表参加的。而且人数一般控制在20—40人之间。与会人数太少，就失去了开会的意义，而人数太多，就会增加会议成本，且增加了形成共识的难度。

确定会议时间。与会者都有自己的工作，会议要尽量选在大家都能够有空闲的时间召开，尽量减小与会者的时间机会成本。在沟通好大致的会议日期之后，再通知与会者，并且明确其能否前来参会，从而确保重要与会者能够参加会议。

确定会议时间长度。会议时长和会议内容、会议规模、会议层次等因素都密切相关。但是总的来说，会议时间不能太长，否则与会者容易疲惫，难以集中精力。因此，如果不是必须，会议的时长最好不要超过两小时。因此，但凡超过两小时的会议，可以按照一个半小时到两个小时的时长将会议切分成若干个时段。确定每一个时段的会议议题，以便会议更有效率。

明确的会议议题。必须告诉与会者，会议要讨论的主题是什么，这样讨论才会有针对性，这也有利于与会者做好相应准备。

会议资料和会前准备。会议组织者要提前准备好会议的必需资料，如果有必要，需要在会议开始前就发放到与会者手中。与会者需要针对会议主题，阅读会议材料，并且搜集资料，为会议讨论做好准备。

发放会议通知。会议通知必须遵循正式格式，交代清楚和会议相关的重要内容，并且要在语气上做到委婉谦和。

2. 会中控制

提前通知。即便在几天前已经通知与会者，往往也需要在会议开始的前一天或者前几个小时，再次进行提醒，这样可以防止与会者因为事务繁忙而忘记会议。

做好准备。主要包括摆放会议材料、茶饮，调试投影仪器等。

准时开始。会议开始一定要准时，一般不要因为某些与会者未能及时赶到，而延迟开会时间。

控制时间。必须对会议中每一个讨论主题限制时间，这样会议议程才能得到控制。

明确议题结论。针对每个议题，在会议当中，必须当场进行总结、获得结论。即便无法形成共识，也需要记录分歧，并且将当前的共识和异议全部列出。

确保参与性。必须确保每个参会者都能获得发言机会，这样才能保证与会者的热情和积极性，并且促进不同观点的交锋。

准确传递信息。对于某些表达能力有限、普通话不标准的与会者，其发言可能难以听清，并影响信息的传递和沟通。这时候，会议主持人需要及时翻译，帮助发言人传递其观点。

控制发言时间：对于某些不能很好控制发言时间的发言者，主持人需要及时提醒，甚至打断。

议题引导。如果发言人的发言，偏离会议主题，那么会议主持人必须及时将讨论拉回正题，否则会议将远离既定议程。

会议总结。在会议结束之前，主持人需要邀请与会者发表简短感想，之后主持人对会议内容进行总结，进一步加深与会者对于会议讨论的印象。

结束会议。主持人要对与会代表的参与表示感谢，请求大家参与会议的评估，并提出改进下一次会议的建议。提醒参与式林业过程下一次会议的重点议题、时间和地点安排。

3. 会后跟踪

整理会议纪要。在会议结束之后，应该尽快整理会议纪要，并且及时发送给与会者。

纪要保存。将会议纪要，妥善保存，未来如果需要，则可以查看，回忆会议内容，积累之前经验。

跟踪任务落实情况。会议任务确定之后，还需要对任务的落实情况进行调查和跟踪，确保会议真的产生了效果。

另外，会议组织者需要邀请媒体参与到林业政策过程会议中，协助媒体做好报告，并为媒体及时提供会议所达成共识的信息，以便通过媒体在第一时间内与林业政策的相关利益方沟通。

第六章　森林伙伴关系的构建

当前，世界各国政府都进行了治理方式的变革，政府决策民主化、政府权力多中心化、赋权还权于社区和群众成为不可避免的趋势（埃莉诺，2000）。在政府内部，不同部门机构之间讨论、协商、交流的需求日益强烈。在政府与社会、国家与国家的层面上，更加强调不同利益主体的参与和沟通。在这种趋势下，以平等、民主、参与等理念为基础的"伙伴关系"的概念被广为接受。本章从森林可持续经营的案例入手，分析伙伴关系的概念，具体的框架构建和运行机制，归纳具有普遍意义的经验，总结政府管理中伙伴关系的构建。

第一节　森林伙伴关系的概念

森林是实现环境与发展相统一的关键和纽带，对改善生态环境、维护人类生存发展起着重要作用。森林伙伴关系，指为了共同应对毁林和森林退化，解决与森林相关的贫困、生物多样性减少、气候变化、荒漠化等问题，实现森林可持续经营、林业可持续发展的目标，林业部门与各利益相关主体如相关部委、民间组织、私营部门、外国政府、国际组织等形成的日益密切的合作关系。森林伙伴关系参与方对于森林可持续经营拥有共同或类似的目标和愿景，并认识到相互合作是解决森林问题、实现可持续发展的有效方式。

伙伴关系的概念很早就被提出，最初是指商业组织为了实现商业利益而采取的一种合作形式。在1991年，美国建筑业协会提出了最为流行的伙伴关系模式的定义，即"多个组织为了实现其商业利益，而达成的共同利用各方资源的长期承诺，这种长期承诺要求各组织之间形成一种相互融合、资源共享、利益共生的融洽关系"（王效旭，2012）。后来伙伴关系的概念被引入公共治理和国际关系的研究当中,建立伙伴关系的目的也不再限于追求商业利益。荣尊堂(2006)认为:伙伴关系是指两个或多个个人或机构在平等的前提下形成的合作机制。他们为某一共同理想或目标,同意联合分享利益并承担损失。在国际关系、工程管理、产业经济等领域,伙伴关系的研究都受到重视,并且取得了大量成果。在政府管理中,伙伴关系的理念亦大有用武之地,目前,已经有部分学者对政府与私营部门、政府与非政府组织、政府与公众、政府与媒体之间的伙伴关系给予关注,肯定了伙伴关系在政府行政管理中的重要意义(王华,2003;王献溥等,2007)。

森林可持续经营是世界性的课题,森林不仅仅是资源或者景观,更承载着传统文化、关系到社区生计,林业政策已经成为了公共政策,成为了社会利益分配的政治过程(刘金龙等,2011)。森林可持续经营不仅强调森林资源本身开发利用的可持续性,即实现代际公平,也要关注到森林经营中利益相关者的诉求,即实现同代人中不同利益主体间的公平。因此,实现森林可持续经营,必须构造伙伴关系,形成不同利益主体间的协调合作与良性互动。

第二节 森林伙伴关系的组织结构与功能

森林可持续经营中主要的利益主体有政府机构、当地社区居民、民间组织、私营部门、国际组织等。森林可持续经营利益主体之间的利益纠葛和博弈过程错综复杂,不同利益主体都有自己的利益诉求,在表达诉求、实现目标的过程中,如果不能构建行之有效的对话平台和协调机制,不能实现合作和沟通,利益各方就很容易发生冲突,不仅难以实现自身利益,更可能破坏森林资源和生态环境,损害森林可持续经营的长久目标。

政府在公共治理中处于极为重要的地位,政府上下级之间是科层制下指令与服从的关系,而政府内部各个部门之间则在市场机制下兼具竞争与合作的关系(张明军,汪伟全,2007),为了避免"科层制失灵"和"市场失灵",达到信息共享、目标一致、行动互助的理想状态,必须在政府上下级之间和不同部门之间建立伙伴关系。在行政系统之外,政府与国际社会、私营部门、社区居民、民间组织的伙伴关系也十分重要。政府作为国家的管理者和政策法规的制定者,拥有为森林可持续经营提供资金、政策、项目的能力,并且可以对其他利益相关者采取激励和约束的手段促进森林可持续经营。在环境问题国际化的当下,国际社会在我国森林可持续经营伙伴关系中的角色亦不能忽视,外国政府、政府间国际组织、非营利性国际组织等提供了大量项目和资金、技术援助,促进了我国森林的可持续经营。社区是森林可持续经营的具体实施者和直接利益相关者,森林资源的有效利用是实现经济增长和社区公平的重要途径,社区拥有丰富的森林可持续经营传统知识与高效运作的基层行动网络,在森林可持续经营中起着极为重要的作用,因此,森林伙伴关系的建立应该综合考虑社区的脆弱性、当地社区的传统义化与社区居民的生计多样性。私营部门也是森林可持续经营的重要参与者,林业企业、私有林场在林业产业化经营中发挥着重要作用,是实现林区发展和林农致富的重要力量,应当调动其参与森林可持续经营的积极性。民间组织如非营利组织和社区组织,在森林可持续经营理念宣传、森林资源利用技术指导、林业社区扶贫等方面发挥着无可替代的作用,民间组织也是沟通社区与政府、政府与大众、林农与企业的重要力量。总而言之,构建支持森林可持续经营的伙伴关系,需要充分发挥各方能力,利用各方特长的互补性,整合资源、加强统筹与合作,实现双赢甚至多赢,创造综合效益。图 6-1 展示了支持森林可持续经营的伙伴关系的组织结构。

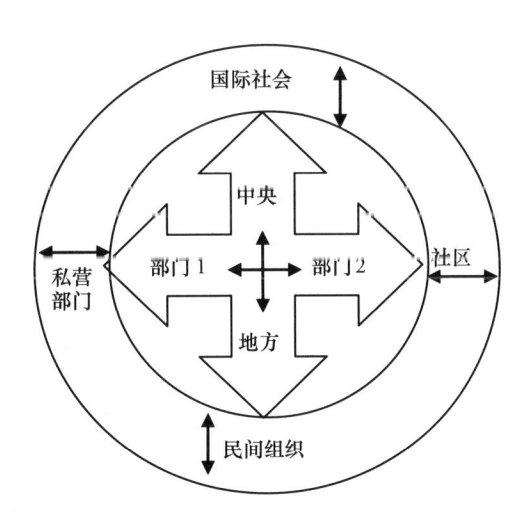

图 6-1 伙伴关系组织结构图

第三节 中国森林伙伴关系实践与经验

实现森林的可持续性经营，需要协调利益相关群体之间的关系。为了实现森林可持续经营，中国政府号召组成一个崭新的、创新性的、能够平衡现有体系和未来变动的伙伴关系，相继开展了一系列卓有成效的实践工作，取得了一定经验。

一 林业部门内和其他部门间的伙伴关系

为了实现森林可持续经营的目标，在林业部门系统内部以及林业部门与其他部门之间，形成了良好的伙伴关系，并贯穿于政策制定、实施、监测与评估的全部过程。在林业系统内森林资源、农村林业、造林营林、科学研究、政策法规和资金计划等各个部门、科室之间进行协调，使得政策制定更具整体性与综合性。林业部门与同级部门之间也建立了良好的伙伴关系，由于林业政策的制定涉及农业、土地、水利、环保、贸易、能源等多个其他部门，诸如森林管理体系、公共财政支持体系、林业投融资体系、林业保险政策、林权流转政策、中介组织发展等诸多方面政策的制定和实施工作都离不开其他兄弟部门的支持，因此林业部门十分重视构建与其他部门之间的伙伴关系，努力实现林业政策的协调与合作，比如2009年中国人民银行、财政部、银监会、保监会、国家林业局共同制定出台的《关于做好集体林权制度改革与林业发展金融服务工作的指导意见》，为集体林权制度改革的顺利进行提供了支持。

森林伙伴关系不仅是横向的，也可以是纵向的。森林可持续经营目标的实现，在纵向上需要中央政府、国家林业局、省市县林业局、行政村等不同层级行政主体的参与，上下级部门之间只有建立伙伴关系，才会有协调一致的政策和行动。

二 与国际社会的伙伴关系

此处的国际社会，指外国政府及政府性的国际组织。中国政府积极开展林业多边合作，与国际政府间组织建立了长期的合作关系。国家林业局代表中国政府加入了联合国森林论坛（UNFF）、蒙特利尔进程、湿地国际、国际林联、东北亚及欧洲森林执法与良政进程、亚洲森林执法与良政进程和亚洲森林伙伴关系等，同联合国粮农组织（FAO）、联合国开发计划署（UNDP）、联合国教科文组织（UNESCO）、联合国工发组织（UNIDO）、世界粮食计划署（WFP）、世界银行（WB）、亚洲开发银行（ADB）、国际热带木材组织（ITTO）、全球环境基金（GEF）、国际农业发展基金（IFAD）、亚太经济合作组织（APEC）等国际组织建立了良好的伙伴关系。

在积极开展与境外国际组织合作的同时，国家林业局发起成立了两个总部设在中国的国际组织——国际竹藤组织、亚太森林恢复与可持续管理网络。国际竹藤组织通过全球伙伴关系网络，连接了来自世界 50 多个国家的政府、私人机构和非营利组织，来确定和实施以竹藤资源的可持续发展为基础的全球性战略，在广大发展中国家扶贫和促进经济社会可持续发展方面的作用日益增强。亚太森林恢复和可持续管理网络是一个广泛参与的、具有开放性和互补性的区域组织，"网络"面向 APEC 经济体和其他感兴趣的伙伴开放，包括政府机构、国际组织、非政府组织、企业和科研部门，"网络"希望通过能力建设、信息共享、区域政策对话和开展试点项目等手段，促进和提高亚太地区的森林恢复与可持续管理水平。

三 与民间和社会组织的伙伴关系

改革开放以来，中国政府认识到国际民间组织在中国林业可持续发展与生态保护方面所发挥的有益作用，积极为国外民间组织关注、支持中国的林业发展和生态建设提供有利的外部环境和参与机会。近几年来，随着国际社会对生态环境保护的日益关注，林业的社会地位不断提高，我国林业部门与民间国际组织之间在自然保护领域的国际交流与合作得到了快速发展，目前，我国林业部门已经与包括世界自然基金会、湿地国际、世界自然保护联盟、大自然保护协会、保护国际、国际林业研究中心、国际林业研究组织联盟、亚太林业培训中心、国际野生生物保护学会、国际爱护动物基金会、森林管理委员会、森林认证认可计划等多个国际上知名的民间国际组织建立了长期、稳定的合作关系。合作领域也从单纯的友好往来、学术交流，扩大到项目合作、人员培训、共同举办国际会议等方面。国内的林业保护民间组织也得到了极大发展，它们积极推动公众参与生态环境保护，对林业可持续经营作出了贡献（官修玲，2008）。

我国国内社会组织是我国社会主义现代化建设的重要力量。国家林业和草原局指导了花卉协会、绿化基金会、碳汇基金会、野生植物保护协会、林机协会、产业联合会、林业经济学会、林场协会、治沙学会、竹产业协会、林业文联、林业政研会、林产工业协会、林业生态发展促进会、经济林协会、湿地保护协会和生态道德教育促进会等共有 23 个林业社会组织。林业社会组织作为沟通政府与社会的桥梁纽带，层次高、联系广、影响大，团结了数以万计的不同领域专家学者、企业家、志愿者、公益人士，拥有可观的人才资源和智力资源，发挥着政府部门难以发挥的重要作用，是建设生态文明、推进林业现代化建设的一支不可或缺的重要力量。在 2017 年，绿化基金会与腾讯公益、淘宝公益、新浪微公益等第三方互联网筹款平台合作，上线了近 100 个公益项目；碳汇基金会举办了"老牛冬奥碳汇林"募资宣传活动；林场协会围绕国有林场改革发展和森林经营深入开展调查研究；老科协林业分会围绕林地保护等开展调查研究；林业产业联合会推进中国林业产业行业信用建设工作；林产工业协会积极开展行业科技创新与标准化建设；林学会有序推进现代林业科技示范园规划建设；经济林协会多形式多途径搭建经济林产品交易平台；林机协会开展木质家具制造企业专题调研，为林业企业和林农提供了良好服务；花卉协会成功举办了第九届中国花卉博览会；生态文化协会开展了生态文化体系研究系列丛书编撰、《森林的文化价值评估》研究和《华夏古村镇生态文化纪实》研究工作；湿地保护协会主办了 2017 "生态中国·最美湿地"全国摄影大赛；林业文联成功举办了"放眼绿水青山 喜迎十九大生态文化书画摄影展"等，为弘扬生态文化发挥了重要作用；野生动物保护协会积极配合国家重大外交活动，推动大熊猫国际合作；治沙学会在《联合国防治荒漠化公约》第十三次缔约方大会期间主办"防沙治沙与精准扶贫"边会；水土保持学会协办第一届全球变化条件下的世界水土保持科技研讨会；林业与环境促进会举办 2017 智慧养老发展高峰论坛；生态道德教育促进会全力打造"中国生态道德教育图片展"公益品牌项目。此外，竹产业协会、工程建设协会、野生植物保护协会、森林防火专业委员会、林业生态发展促进会等结合自身职能开展了丰富多彩的活动。各林业社会组织紧紧围绕林业中心工作，在决策咨询、生态建设、产业发展、人才教育培养、国际交流合作、弘扬生态文化等方面做了大量卓有成效的工作，为林业改革发展营造了良好氛围，为林业现代化建设作出了积极贡献。

非林业部门指导的社会组织，如国资委下属的中国木材流通协会、中国造纸协会企业已经成为行业组织者和协调者，成为企业与政府之间的桥梁和纽带，是政府宏观决策的参谋和助手。这两个协会为推动我国林产加工工业、纸浆造纸工业的发展、维护会员的合法权益、协助政府加强行业管理、开展国际合作、打击非法采伐，为促进行业的进步和可持续发展作出了贡献。

一些纯民间的社会组织不断涌出，并不断地成长壮大。以位于北京朝阳区的全球环境研究所为例，它是中国的一家非政府主办的非营利性机构，宗旨是以市场为导向解决环境问题，力求社会、环境和经济效益的共赢，目标是通过对经济、环境和社会因素的综合评估解决环境问题。全球环境研究所希望建立一个开放式的研究环境问题的平台，与政府、企业和农民一起，尝试最先进的可持续发展的想法、模式和政策。以中立的立场，鼓励组织间以及国际性的合作，尤其是南—南合作。林业项目组在中国、缅甸、斯里兰卡、加纳等国促进各种林业方面的负责任的行为，特别是那些从海外进口木材的中国企业的森林管理责任。减轻非法采伐，规范中国木材企业海外开发行为项目。

我国各级地方政府都在积极创造有利的环境条件，催生社会组织的孕育。以福建省永安市生态文明建设志愿者协会为例。对于纳入到重点生态区位林的私有林，如何实现社会得绿、林农得利。2014年，永安市财政出资1500万元，成立了非营利性机构"生态文明建设志愿者协会"，再由后者向社会募集1500万元资金，在全市重点生态区开展万亩商品林赎买。通过第三方价格评估，私有林主将林子卖给协会，而后由专业团队管护与经营，把针叶林改造为针叶阔叶混交林。2015—2017年，福建因地制宜采取赎买、合作经营、租赁、置换等多样化措施，探索建立了以财政资金引导为基础、吸引社会资金参与的多元化赎买资金筹集机制，对划入重点生态区位的商品林实施赎买改革，完成赎买23.6万亩，林农直接受益超过3.5亿元。

四 与私营部门的伙伴关系

中国林业部门积极发展同私营部门的伙伴关系。近年来，私营部门对森林可持续发展的关注日益增加，越来越多的企业主动参与到森林碳汇、造林、荒漠化防治等活动之中。这不仅是因为公众对企业履行社会责任的期望日益提高，也由于森林可持续发展蕴藏着巨大的经济效益。企业既可以通过降低能耗、提高能效、使用清洁能源等方式减少排放，也可以通过植树造林、保护森林等活动来增加碳汇，以帮助公众提高应对气候变化的意识和能力。2010年，中国第一个以应对气候变化、增加森林碳汇、帮助企业志愿减排为宗旨的全国性公募基金会——中国绿色碳汇基金会在北京成立，基金会为全社会搭建了一个储存碳汇信用、履行社会责任、提高农民收入、改善生态环境"四位一体"的公益平台。

希捷科技与中国绿化基金会合作开展"希捷内蒙古阿拉善生态示范林"项目是另一个伙伴关系的典范。该项活动旨在倡议公众与企业共同关注生态建设，并自觉加入到植树造林、保护地球、倡导低碳生活的可持续发展绿色行动中来。阿拉善沙漠位于中国中北部地区，属于中国典型荒漠生态系统。长期以来，由于干旱少雨、超载过牧、建设资金投入不足等人为因素的影响，生态环境呈逐年恶化的趋势，荒漠化土地占全盟总土地面积的80%以上，生态环境较为脆弱。鉴于阿拉善盟是中国沙尘暴主要发源地之一，以及该地区生态保护对于维持中国整体生态平衡的关键性作用。项目将在内蒙古阿拉善盟人工种植梭梭1000余亩，改善该地区的荒漠化程度，扩大绿化面积。该项目在阿拉善的沙漠化治理、提升植被覆盖率等方面具有积极意义。1000亩梭梭的种植及管护可为当地的经济发展、扶贫脱困作出贡献。

五　与社区的伙伴关系

森林承载着传统文化、关系到社区生计，实现森林可持续经营的目标，离不开社区居民的参与和支持。社区是森林传统的开发利用者，在与森林长久相处的过程中积累了大量的文化、知识、经验，在森林可持续经营中扮演着重要角色。伙伴关系的构建有利于社区和其他相关利益攸关方积极有效地参与到制定、实施和评价与森林可持续经营有关的政策、方案和项目中来，以实现森林可持续经营的目标。

在基层具体的森林经营实践中，综合考虑、合理组合国家规定的林权制度、基层的森林经营管理模式和相关利益群体间的利益分配机制，是导向森林可持续经营的关键。林业政策越来越成为一种公共政策，不同利益群体实现双赢和多赢的目标依赖于伙伴关系的构建。参与式林业政策就是一种典型的通过构建伙伴关系实现林业政策协调合作的方法，政策制定过程可划分为政策过程培训班、组建工作组、利益相关者咨询和磋商、听证会和公众质询五个阶段，它具有共同愿景、责任分担、部门协调、包容性和政策归属感等方面的特点，因而在实践中得到了广泛应用并取得了成效（刘金龙等，2011）。

六 "秦岭青年使者"项目

上文中从一个较为整体和宏观的视角介绍了森林伙伴关系的形式、内涵以及中国在这方面的实践与经验，这里介绍一个微观案例——"秦岭青年使者项目"，以展示森林伙伴关系的形成运作过程和产生的实际效果。"秦岭青年使者"项目是由世界自然基金会（WWF）、西北农林科技大学、秦岭国家级自然保护区联合举办，陕西省林业厅和团工委共同支持的一项活动，旨在支持大学生及社会志愿者队伍在秦岭以及周边社区开展经济社会本底调查、科技支农、可持续性农耕服务、义务支教、环保宣传等工作。

秦岭青年使者在保护区社区内开展大量环保宣传，对社区居民环保意识的提高、森林及其他自然资源的保护起到了促进作用，一些社区发展项目的引入，比如新法养蜂、种植经济林、扶持农家乐、推广节柴灶、建立合作社等，为森林社区带来了新的生计可能，这恰恰是林业厅、保护区和当地社区所期待的。活动也为高校提供了一个锻炼学生素质、进行社会实践的平台，自2006年实施以来，多所知名高校的大学生参与到活动中，西北农林科技大学更是作为活动主办方之一，在活动组织方面做了大量工作。高校的参与，既能发挥师生的专业优势，提升学生的实践能力和环保意识，也有助于扩大高校的社会影响。随着活动辐射面进一步扩大，民间社会也逐步参与到活动中，保护区"绿色书架"图书捐赠的来源由杨凌周边扩大到澄城县、西安市莲湖区，在澄城县团县委和西安市莲湖区团委的倡导下，两地中小学捐赠图书3000册。可以看到，在秦岭的生态保护和社区经济可持续发展中，不仅有行业部门和政府部门的身影，社会力量也越来越多地参与进来。作为资助方，世界自然基金会通过项目的实施，成功调动社会力量和其他资源的广泛参与，并且得到了政府部门的必要支持，亦为后续项目的开展打开了窗口。"秦岭青年使者"活动的成功，依赖于世界自然基金会、陕西省林业厅、西北农林科技大学、秦岭自然保护区、当地社区、民间社会等多主体之间伙伴关系的建立。各方都从活动中找到了发挥自身特长、获得预期收益的契合点。

七 森林伙伴关系的影响与成效

通过伙伴关系的建立，中国在森林可持续经营方面取得了显著性的成果。政府部门之间的伙伴关系，可以有效避免政策冲突、政策执行"碎片化"的"孤岛困境"（贺东航，孔繁斌，2011）。与国际社会之间的伙伴关系，不仅为中国提供了先进的科学管理技术、森林经营理念以及项目和资金支持，也培养和造就了一大批科研和管理人才，同时也为中国参与解决全球林业问题的国际合作提供了契机，为形成和发展中国特色的森林可持续经营基本框架提供了借鉴，依赖于这种伙伴关系，国家林业部门建立了和国际机构相互交流、沟通合作的平台。与民间组织的伙伴关系，增强了中国政府保护自然环境、增强森林发展项目实施的有效性，并借助于民间组织的特性，促进了公众可持续发展意识的提升，为新技术、新理念的提出、检验和推广传播提供了条件。与私营部门建立的伙伴关系，不仅有利于企业节能减排、提高能效，而且通过企业、团体和个人志愿参加植树造林以及森林经营保护活动，提高了公众应对气候变化的意识和能力，动员最广泛的社会力量参与到森林可持续经营中来，实现了国家林业部门和私营部门的优势互补和合作共赢。

第四节 伙伴关系建立的关键

一 多部门合作和多利益群体参与

森林是实现环境与发展相统一的关键和纽带，对改善生态环境、维护人类生存发展起着重要作用。中国林业部门已经意识到了林业新的发展趋势：林业已经从部门专营转变为多部门合作、多利益群体共同参与的事业，这就需要提供一个开放式的过程，通过构建多层次的伙伴关系，尽可能为不同利益相关者提供咨询、质疑和谈判的平台和机制，整合不同利益相关者的观点和化解不同利益需求间的冲突（刘金龙等，2011）。森林伙伴关系在本质上是为了应对和解决与森林有关的减贫、公平发展、生物多样性、气候变化、荒漠化等问题，林业系统内部以及林业部门与各利益相关群体之间，通过建立稳定的沟通平台和合作机制，在国际、国家、地方三个层面开展与森林可持续经营有关的行动。伙伴关系成员通过分享林业发展的经验和技术，加强自身能力建设，在政策、制度和战略制定过程中进行合作等方式，增进林业部门与其他相关利益群体在森林问题上的相互协作和协调，促进中国森林可持续经营。

二 共同利益和相互合作

伙伴关系是一个建立在共同目标基础上的、合作但未合并的、自愿加入和退出的合作组织，合作者要将多方的能力资源结合，并分担责任和风险。伙伴关系各成员拥有透明的交流和领导方式，各个合作者都对其他合作伙伴的行为负责。要建设服务型政府，必然需要构筑连接全球进程和基层场域的伙伴关系，创造一个有利于各方参与的平台，共享专业知识和资源。伙伴关系是一种合作形式，但不等于一般的合作，而是具有长期性、稳定性、正式性的特点。从森林伙伴关系的例子可以看到，伙伴关系是在利益相关主体数量较多、异质性明显、利益部分重合的情况下，实现帕累托改进、增进各方利益的良好途径，通过建立伙伴关系，利益各方能够共享资源、知识和信息，增加资金、技术和人力资源的投入，在对话和协调中解决问题，达成公共政策的共同目标。伙伴关系以共同利益和共同目标为基础，强调利益相关者求同存异、相互信任、共同合作，形成一致的合力，最终实现 $1+1>2$ 的效果。伙伴关系的建立还是一个动态、渐进的过程，伙伴关系各方要在这个过程中不断磨合、学习调整、相互适应。

三 关注弱势利益群体的能力建设

伙伴关系的建立，也在潜移默化中改变政府与公民、政府与社会的权力结构和信任关系。伙伴关系的参与方，既不是某个整体下具有不同功能的组织单元的关系，也不是市场机制中竞争主体的关系，更不是科层制下的上下级关系，伙伴关系网络的各个主体相互协调、共同合作、求同存异、退出自由。伙伴关系的形式是多样的，但核心是平等互利。需要注意的是，在理想的伙伴关系模式中，参与各方的地位应该是完全平等的，拥有相同的话语权和参与能力，能够有效地参与利益博弈过程、传达自身利益诉求，最终实现利益相关者间的协调与合作；但在具体的实践过程中，政府部门，特别是上级政府部门往往在伙伴关系网络中处于中心位置，对伙伴关系的建立、维护、优化和调整有着巨大的影响力。因此，伙伴关系的建立，首先需要各方持有一种积极合作、平等相待的态度。在我国当前国情下，政府拥有丰富的行政资源，对公共事务拥有绝对的控制力，相对而言，我国民间组织发育较为缓慢，在专业化、规范化和影响力等方面与国际非政府组织仍然有较大的差距，私有部门和社区也往往缺乏足够的能力和意愿参与到伙伴关系的实践当中。因此，在伙伴关系的构建中，应当关注相对弱势的利益相关群体，特别是社区林农、社区型林业企业等，赋予弱势群体参与合作、表达意见的空间和机会，增强其参与公共事务管理的能力。

第五节　如何构建伙伴关系

我国政府林业部门已经初步建立了有特色的、较为完整的伙伴关系组织体系和运行模式，尤其是与国际 NGO 的合作，然而进一步提升的空间还很大。建立伙伴关系需要投入大量的人力和物力。林业部门可以通过调整改变传统的工作方式，包括权力的分享、规则的设立、开放透明（Sidaway，1998），以进一步改善伙伴关系，逐步建立林业政策决策规则的安排。启动参与式林业政策过程项目，就需要对伙伴关系作出相应的分析。分析的问题建议包括：（1）何时何处需体现伙伴关系？（2）现有伙伴关系建立的历史？（3）现有伙伴关系发挥哪些功能，如作为信息来源、影响决策、协调分歧、分享共同利益等？（4）与不同相关利益者建立起的伙伴关系的相对重要性如何？（5）哪些相关利益者的伙伴关系需要进一步改善？（6）与哪些相关利益者的关系处理相对容易，哪些又比较难？

参与式林业政策过程工作团队可根据上述分析，制定与相关利益者建立伙伴关系的策略和措施规划。要理解和尊重相关利益者的组织文化、利益，寻求一个与他们建立伙伴关系的合适的度。

第七章 实施准备

为了推动参与式林业政策过程,联合国粮农组织(FAO)在全球许多国家开展了参与式林业政策过程实践,推动各国和地区交流参与式林业政策过程的方法和经验。从本章开始,基于FAO在全球参与式林业政策过程实践经验,根据我国国情,形成了我国参与式林业政策过程启动前的准备工作、实施中的关键要点、监测和评估、参与式方法和工具,为我国开展参与式林业政策过程提供了域外经验、实用的方法和手段。本章介绍了实施参与式林业政策过程准备工作的要点。

第一节 组建参与式林业过程项目团队

第三章已经介绍了参与式林业政策过程中行动者,或称为角色。一般来说,林业政策改革发起机构往往来自林业内部。一些林业政策,越来越不适应快速全球化、市场化的趋势,各国社会经济条件也发生了巨大的变化,迫使林业政策不得不作出适当的调整甚至改革。在非洲、东南亚一些小国,非政府组织十分发达,他们与国际援助机构,与活跃于发达国家的环境保护组织结盟,而成为新的林业政策过程的发起者。而对中国而言,我国林业部门会受到国际组织、大国或大国集团、国际非政府组织和国内公众的一些压力,然而任何非林业部门均没有可能性启动参与式林业政策过程。因此,我国林业政策改革发起机构和政策决策机构往往是一致的。一些林业政策和法律修改需要更高层级的权力机构决定,但这些机构还是依赖林业部门提供的支持。政策发起机构可以成立一个临时机构,参与式林业政策过程工作组来具体负责这项工作。

相对于其他发展中国家,我们林业部门对林业政策制定和实施更有权力。这就不难理解,国际组织、大国或大国集团总是试图采取说服、渗透、培训等手段影响中国林业政策决策。而在基层，拥有一定权力的林业官员容易成为各种利益群体围猎的对象。在我国林区，比较普遍的现象是林业成为垄断信息、官商勾结、侵害群众利益比较严重的涉农部门之一。因此，我国林业部门应当尽可能地将参与式林业政策过程授权给一个大学或研究机构来执行。

在中国，寻找合适的参与式林业政策执行机构往往是很难的一件事。几乎没有一个大学或研究机构，配置参与式程序专家，而中国政策内容专家人数很多。政策发起机构应当十分清醒地认识到，我国政策内容专家往往比较自负、认为精通政策内容，不善于沟通和聆听，越是名气大的专家，越表现为这样的特质。政策发起机构还需要认识到，能够围猎大专家和各级政府部门的人都是强势群体，而林农往往被边缘化。我们建议政策发起机构要尽可能将参与式林业政策过程赋权给非林业部门的机构，尤其这些机构能够始终站在弱势群体的角度开展林业政策研究。由被赋权的机构开展参与式林业政策过程的准备、实施、监测和评估工作。

根据政策内容的复杂程度和资源多少，被授权机构需要筛选出一名或多名参与式林业政策过程协调员。如果机构内没有合适的人选，则必须从国内外人才市场中去招聘合格的过程协调员。过程协调员的最重要的职责就是管理整个参与式林业政策过程，包括准备、实施、监测和评估。也就是，第七至十章内容主要由过程协调员来落实，政策发起机构和项目执行机构将提供必要的财政、人力和条件支持保障过程协调员顺利开展参与式林业政策过程各项工作。

第一，过程协调员需要与参与式林业政策工作组和项目执行单位协调，组建一个项目团队，其中包括行政支持人员和政策内容协调员。制定启动一项具体的参与式林业政策，如社区参与国家公园管理、采伐管理规定、森林管理计划等。开展参与式林业政策过程，必须是一个团队来执行。这个团队人数不能多了，一般在3—7人之间，成员各有不同的技能和知识，互相补充，可共同完成使命。作为参与式林业政策过程团队中每一个成员，均需要理解本人在团队中的角色、职责，以及团队其他成员的角色和职责。

第二，在过程协调员的统筹下，参与式林业政策过程团队需要制定一个工作计划。这个计划应当包括准备阶段、实施阶段和监测和评估计划。在计划过程中，过程协调员应当充分保持与政策发起机构的沟通，以便政策发起机构能够及时提供财政、行政和其他方面的支持。一般来说，工作计划需要得到政策发起机构的批准方可实施。

第三，项目团队需要认真分析实施一项参与式林业政策过程中面临的重点和难点问题。精心设计出具体的措施解决这些重点和难点问题。例如确定利益相关者、分析其参与动机等。相关利益者的有效参与程度决定于该问题的公众热情和关注度，需要做好细致的规划和采用创新的管理模式，积极有效推动公众的广泛参与。

参与式林业政策工作团队必须尽可能按照准备、实施、监测和评估各阶段的计划来实施。框图7-1是开展参与式林业政策过程准备阶段的工作计划。准备阶段的工作开展得越好，参与式林业政策过程质量和效率就能得到保障。

框图7-1　参与式林业政策过程准备阶段的要点

步骤1　明确政策目标和行动目的；
步骤2　选择合适的切入点；
步骤3　确定利益相关者；
步骤4　收集资料和筹集资源；
步骤5　制定工作日程；
步骤6　建立档案和信息管理制度。

（资料来源：FAO，2010）

第二节　明确政策目标和行动目的

林业政策作为一项公共政策，其目标是政府为了解决林业公共政策问题而采取的行动所达到的目的、指标和效果。林业政策之所以成为公共政策，在于森林在生物多样性保护、自然景观维护、水土保持、缓解贫困、维护环境和发展的平衡、文化维护等公共事务上越来越重要的作用。因此，政策发起单位、政策专家和参与式林业政策过程团队必须要在政策目标上达成共识。一般来说，各方会在森林可持续管理上很容易达成共识，森林木材生产等经济功能会被产权所有者主导，而各方会在森林环境、社会、精神和文化价值上很难统一认识，而政策目标上的分歧会贯穿到整个政策过程中。一个参与式林业政策过程，常常是各方利益主体在林业政策目标上相互学习、相互理解并达成妥协的结果。而这样的结果只能满足任何一方的部分期望，而不可能满足其全部期望。

参与式林业政策过程团队，尤其是过程协调员要反复琢磨为什么要在这一项林业政策改革采用参与式的方式。要达到什么目的？怎样才能最好地达到这些目的？成功的标志是什么？如果设立推动利益相关者参与林业政策改革作为目的之一，如促进弱势群体参与到集体林权制度改革中来，参与式林业政策过程团队需要进行战略性的规划和行动，使各利益相关者都感到这个政策与自己和所代表的相关利益者是相关的。如果将增强利益相关者合作、实现森林可持续管理的集体行动设定为目的之一，那么团队就需要克服不同利益主体之间沟通和交流的障碍，寻求策略性的行动推动不同利益主体之间的直接对话，最终达成各方利益群体共同可接受的行动方案。

可为参与式林业政策过程准备、实施、监测和评估阶段分别设立更为具体的目标。如在计划阶段时，创造和活力可设定为重要的目的，并由此设计准备阶段的具体活动，这就需要增加灵活性，为创新性思维预留足够的空间。然而，在监测和评估阶段，我们可以为相关利益者学习预留空间，但对评估内容则必须是各方所能接受的指标和监测方法。一般来说，开展一个参与式林业政策过程主要目的包括以下五个方面：

1. 形成高质量林业政策文件；
2. 改善参与者理解、制定和执行政策的能力；
3. 通过广泛宣传发动，提高政策的执行力；
4. 建立在不同部门和利益群体之间可持续的沟通协商管道；
5. 增强各相关利益者对政策成果的可接受度和归属感，真正体现主人翁精神。

参与式林业政策过程团队需要经常组织内部评估，分析现有的活动是否围绕设定的政策目标和行动目的而开展。在执行过程中，有必要不断反思当初设立这些目标和目的是否现实，参与式林业政策过程团队所开展的活动是否与当初设立的目标和目的存在着内在的关联。如当初设立的目标和目的难以达到，或有必要作适当的调整，过程协调员应当及时与政策发起单位沟通，在征得同意的前提下，作适当的调整。

第三节 寻找合适的切入点

中华人民共和国成立以来，我国林业政策形成机制建立起来并不断得到完善。群众路线是中国共产党的生命线和根本工作路线，其核心内容是"一切为了群众，一切依靠群众，从群众中来，到群众中去"。从群众的实践中获得感性认识，经过加工、提炼，把群众的分散意见集中为领导者和领导部门的指导意见，然后再拿到群众的实践中去检验，并把实践证明的正确意见再集中起来，坚持下去，化为群众改造世界的自觉行动。"从群众中来，到群众中去"，既是我国主要政策形成的过程，也是把党和国家的方针、政策化为群众的自觉行动的过程。

改革开放以来，特别是近10年来，"从群众中来，到群众中去"在我国政策过程中的重要性趋于降低，专业性和制度性政策形成路径逐步得到强化。总体上林业政策决策形成了"上下结合、集体决策、专家参与、群众路线"等具有中国特色的政策决策机制。逐步建立和健全林业行政决策机制，完善重大事项集体决策制度，健全重大事项决策规则和程序，防止决策的随意性、主观性。完善专家咨询和评估制度，对专业性、技术性较强的林业重大事项进行必要性、可行性和合法性论证，确保决策更加科学合理（马凯，2010）。建立和健全信息公开制度，引导群众有序参与，切实保障群众的知情权、参与权、表达权和监督权。因此，必须在充分理解现行的林业政策决策系统基础上，才能够在宏观层次上找到最佳的切入点推动参与式林业政策过程的发展，才能为现有的决策习惯和体系增加新的手段，创新方法。

我国林业政策十分重视群众意见，这包括弱势群体的意见，已经初步形成了行之有效的部门间合作和促进不同利益相关者参与林业政策制定的途径和方法。参与式是个"舶来品"，在实际工作中会被少数人教条化，甚至神圣化。参与式林业政策过程是强调参与式理念和方法在政策过程中运用，但不能机械地为参与式而参与式。参与式林业政策工作团队应当充分分析和总结现有的本土经验和方法，在此基础上进一步创新，并使参与式过程更加程序化，推动参与式政策过程的制度化。主要从以下五个方面予以分析和总结：

1. 被林业政策决策采用的参与式方法和途径；

2. 已经参与到政策过程的利益相关者，参与的程度如何，弱势群体是否得到充分的参与，是否已经实现了弱势和强势利益相关者之间的平衡；

3. 哪些参与式的方法和途径可增强弱势群体的谈判、专业知识、沟通和交流的能力；

4. 能否从农业、环境、反贫困和其他公益事业借鉴创新的参与式政策过程的方法和途径；

5. 在政策制定、监测和评估过程中运用参与式工具和方法面临的问题，以及解决这些问题的经验和方法。

第四节　确定利益相关者

开展参与式林业政策过程的利益相关者分析，找出参与个人和组织，并整理出一个利益相关者的清单。对处于弱势地位的利益相关者，需要特别关注他们的参与，保障他们充分表达自己观点的权力。协调员应当推动其他利益相关者尊重弱势群体的意见，并能体现到林业政策内容中来。

过程协调员应当在政策发起机构的协助下筛选利益相关者的代表参与到政策过程中来。而代表的选择应当考虑代表性、能力和威望等方面的因素。一些利益相关者，如家具制造、制浆造纸、人造板等，有其行业协会代表利益。可邀请这些协会推荐参与的代表。

绝大多数利益群体没有成立能够代表其群体利益的正式组织。过程协调员需要协助这个利益群体筛选出代表来。他们能够正确理解政策内涵，政策调整对其利益群体的影响，能够正确地展示需求和期望，能够自信地与其他角色开展辩论或谈判，尽力维护该利益群体的诉求。协调人需要制定出一个各利益群体代表产生的办法，并与该利益群体成员协商，完善办法后由林业部门确认。

中国缺乏林农和小型林业企业利益的代言人。在中国开展参与式林业政策过程，需要一个发动过程，动员社区林农和小微林业企业组织起来，选出他们的代表参与到林业政策过程中来。要游说地方政府和林业部门的干部和技术人员给予林农代表等弱势群体参与的空间和机会，增加对林农等弱势群体的培训，提升他们参与政策辩论的信心和能力。

在参与式林业政策过程中，过程协调员应当允许利益相关者自行更换其代表。这需要保障其更换是出自利益相关者协商一致的决策，而不是因为参与政策辩论受到了其他利益群体代表的威胁而选择退出。

利益相关者代表清单是可以调整的。随着一项林业政策讨论的深入，会逐步发现一些非常重要的利益相关者，在准备阶段遗漏了。也可能有一些利益相关者对林业政策的关联十分微弱，本无计划邀请，但在政策过程中，他们主动积极要求参加进来。一个好的参与式林业政策过程就是不断确认和发现更多的、更广泛的利益相关者，并能够在这个过程让那些利益相关者自由选择进入。

不是所有的利益相关者都必须要参与整个参与式林业政策过程的每个阶段。如在监测和评估阶段，非直接利益相关者可以选择退出。而在参与式林业政策过程项目实施中，可设法避免政策内容专家干扰一线政策辩论。政策内容专家会自持专业知识而主导政策辩论议程，而一线政策辩论可以充分发挥各利益相关者的智慧和在参与过程中积累的知识开展交流，以满足政策目标是各方妥协的结果。

第五节　收集资料和筹集资源

这主要包括选择参与式的工具和方法推动相关利益者的沟通、磋商、谈判和妥协（参与式方法和工具请参见第五章），为弱势群体和林业部门的政策决策者提供必要的培训和专家支持、各种必要的相关材料和文件准备，使得相关利益者能够充分享有相关政策的信息。需要聘请顾问和专家等其他角色推进参与式林业政策过程的进行。

对于开展参与式林业政策过程而言，财力、人力和物力是最重要的资源。对参与式林业政策过程小组而言，获取足额的财力、人力和物力的投入是十分头痛而费力的一项工作。资源的多少往往决定了采用可以开展的参与式活动方式和效果。开展政策咨询，制作政策信息资料，组织培训班和研讨会，公众听证会，都需要耗费大量的财力、人力和物力，决定了参与式林业政策过程的质量和效果。

组织参与式林业政策过程，自然要增加各式会议。然而，当下我国行政管理普遍存在"文山会海"，会议泛滥成灾。参与式林业政策过程召集的各式会议不能被纳入"文山会海"那一类中，它是实实在在的一项业务工作，它的工作需要在组织各种相关利益者讨论会中展示出来。

参与式林业政策工作小组可以委托部分工作给大学、研究所和非政府组织等专业机构，这样可以节约成本。同时这些机构可能有志愿者资源，能为组织各种参与式林业政策活动提供人力资源。

但当出现资源不足时，一方面，要创造各种机会，与地方政府、非政府组织等能够提供配套资源的机构合作。另一方面，就需要从参与式林业政策过程规划中节约资源，包括是否采用更为便宜、更节约时间的参与式工具，并同样达到预期的目的，给规划中的一些活动优先排序，将重要的活动先行开展，在活动开展过程中寻求充足的资金。要认识到资源总是不够的，不可能做到尽善尽美，只能追求最好的结果。林业政策的完善是一个循环往复、不断改进、不断完善的过程。

第六节 制定工作日程

常言道：民主低效率。而参与式林业政策过程将政策决策、监测和评估权力交给相关利益方，这颠覆了各相关利益方对林业政策的传统认知。国内外实践经验证明，无论过程协调员多么有经验，政策发起单位和其他相关利益者都缺乏开展参与式林业政策过程的经验，制定出操作性计划总是过于乐观的。因此，在开展参与式林业政策过程中，会因各式各样的"意外"而拖延实施的进程。

过程协调员需要与相关利益者一道，制定出参与式林业政策过程工作日程表。利用这个日程表来有效地敦促各相关利益者和其他角色安排好各自的工作日程，有效地利用有限的时间，敦促参与式林业政策团队更有效率地开展工作。过程协调员应当在每一项主要活动结束后提醒利益相关者和其他参与角色，下一阶段的日程安排，以敦促大家共同遵守工作日程。

一个参与式林业政策过程需要的时间往往决定于：（1）政策内容复杂程度，影响范围大小。中国幅员辽阔，社会经济自然条件差异极大，民族众多，教育程度高低不齐，不同地方的同一类相关利益者可能对同一林业政策元素有完全不同的理解。以集体林权改革为例，东南经济发达地区林业受市场影响比较充分，林业产业比较发达，森林私有产权的意识比较强烈。而在我国的西部地区，林业产业发展相对滞后，群众心目中相对偏向于以集体产权管理森林。我们选择在福建三明市以林木采伐管理规定为内容来开展参与式林业政策实践，覆盖的范围比较小，与林木采伐管理规定相关的利益者比较明确，操作相对比较容易，但前前后后也花费了约1年的时间，才形成了一个令各相关利益主体均相对比较满意的政策文件。(2) 政策内容分歧比较大，各利益主体对政策内容十分敏感，不愿意屈服妥协，那么，这样的过程就比较费时费力。(3) 相关利益者的规模和代表性。如果涉及相关利益者众多，而一些相关利益者明显缺乏组织，或其代言人，参与的能力又比较弱，这就耗时耗力。在我国，凡是涉及林农或社区型小型林业企业，开展参与式林业政策过程就非常耗时耗力，而资源主要投向培训农民、组织农民、提高能力上了。

第七节 建立档案和信息管理系统

在执行参与式林业政策过程中，项目团队会收集到大量的二手资料，如全国和地方林业政策文件、评估报告、学术论文、媒体材料等。项目团队还会收集到大量的一手数据，如利益相关者分析材料，参与式林业政策过程咨询会、研讨会、公众听证会材料，聘请的专家咨询报告等。参与式林业政策过程团队需要建立起档案系统（包括电子文档）和信息管理系统，来管理这些信息和数据。参与式林业政策过程中信息和数据采集、管理、分享都会面临一系列的问题，表7-1列出各国实践过程中出现过的问题，以及解决方案。

参与式林业政策过程中不同的角色对信息和数据的需求是不一样的。建成的数据和信息管理系统是很难满足不同的利益相关者的信息需求，也不可能做到为不同的利益相关者在信息的可获得性上实现绝对公平。信息和数据管理系统和其利用价值对于帮助不同利益相关者理解各自的利益重心、政策需求和政策决策有着重要的作用。参与式林业政策过程工作团队需要铭记，弱势群体在信息和数据的可获得性，信息和数据的处理能力和将信息和数据转化为对本群体有利的政策措施上明显处于劣势。工作团队需要尽可能为弱势群体提供协助，并充分考虑弱势群体的能力和需求，构建数据和信息管理系统与采集相关的数据和信息。

表 7-1　　　　　　　　信息管理的常见问题及解决方法

问题	解决方法
因信息不完整、不精确导致信息失去可信度，而失去使用价值	不可能完全准确获得所有需要的信息，但要尽可能获取有效的、可信的、精确的、能够通过交叉检验的数据，要及时删除过时的信息和数据
信息过滥	将现有的信息数据分类整理，并给予优先顺序，以便于相关利益者和工作小组简便获取信息和数据
太复杂，难以理解	聘请专家或顾问将这些信息或材料制作为普通群众能够理解的文字或图形材料
对于同一信息有不同的解释，甚至是冲突的解释	获得对信息的独立的观点或解释
自我的知识体系和对林业政策问题的观点，而怀疑别人的知识体系的缺陷。（例如林业科技工作者会看低地方知识体系）	帮助他们看到他们自己知识系统的优势和弱势，特别是要说服林业科技工作者和林业干部能够理解他们知识体系的缺陷，尊重他们的意见和观点
为掩盖事实故意扭曲信息	需要提倡透明度。回顾不同群体的个别利益和共同目标
收集信息的成本太高，负担不起	集思广益可能可以弥补信息不足的缺陷

　　参与式林业政策过程团队还需要建立起档案管理制度，这包括不同相关利益者参与的材料，系统收集和整理相关利益者的基本情况，书面的政策建议及其对他们意见的回复。这个系统还需要包括公民的书信往来、政策背景资料咨询电话记录等各个方面。我国电子网络发展十分迅速，可以组建一个网上讨论公共平台，吸引相关利益者在网上讨论。参与政策过程中不同角色和普通公民的邮件和回复也应当收集和整理好。在参与式林业政策过程中，会组织召开各式研讨会、咨询会和公众听证会，需要进行全面的记录，并整理成规范的文件，归档并能够方便参与者和其他社会公众查阅。这个档案和信息管理系统还可以与小组内行政管理有效连接起来，以推进参与式林业政策过程的严谨和有序。参与式林业政策过程档案和信息管理至少要实现以下目标：

　　1. 收集与该政策相关的国家和地方发布的各种政策及法律法规、政策咨询报告、政策实施案例；

　　2. 收集、整理和维护利益相关者的信息，尤其是代表本利益群体的政策主张；

3. 能够方便各利益相关者查阅信息;

4. 收集和整理利益相关者的政策关切,政策决策者对这些政策关切的回复;

5. 收集和整理各种公共政策咨询会议的材料。

可以为利益相关者建立一个数据库,存储各类相关利益者需要的信息、数据资料。建立数据库,最大的好处是能够迅速精确地对意见进行记录、分类,并能对这些信息进行必要的处理,框图7-2为相关利益者数据库的清单。

框图7-2 相关利益者数据库清单

1. 选择代表的个人信息:住址、联系方式、职业、代表的利益群体等;
2. 政策背景文件清单:相关政策汇编、小册子、技术海报、展示材料等;
3. 政策建议以及回复清单:注明时间、谁、经手人等;
4. 各种咨询会议的材料;
5. 同一利益群体公众咨询材料。

第八章　实施操作要点

林业政策问题是党和国家在特定时期内，为了增加森林资源，发展林业生产和保护生态环境，实现我国林业发展目标而制定的各种行动准则。林业政策内容可以很宽泛，如增加森林资源、山区脱贫致富、林农收入提高，也可以是一项具体的林业政策，如采伐管理规定、公益林补偿政策、自然保护区生物多样性保护。政策可以覆盖整个国家，也可以是一个地方，如全国"十三五"林业发展规划、湿地保护条例、三明市采伐限额管理规定、湖南省"林地使用权、林木所有权流转规定"，等等。还可以是具体的森林管理措施，如针对古树名木、天然林、红树林、种子园等森林类型制定保护和管理政策。

林业政策问题种类繁多且十分复杂，很难提出一个适合所有参与式林业政策过程的操作程序、方法。本章将简要介绍宏观经济社会发展分析、政策问题评估、愿景规划、团队组建、公共关系等要点。

第一节　分析宏观社会经济发展政策

一般来说，林业发展问题长期被国家和地区经济和社会发展规划所忽视，而参与式林业政策过程期待能在国家层面扭转对林业重视不够、投资不足等方面的问题，并将林业发展纳入到国家社会和经济发展议程中。

国际社会就森林在环境和发展中已经达成了很多共识。近30年，在国际环境与发展政治议题中，如气候变化、生物多样性保护、荒漠化防治和减贫、乡村发展等问题中，森林成为焦点和重点。然而在许多发展中国家，国家政策始终围绕推进工业化、经济增长、就业、城市化等社会经济发展问题。相对而言，林业在GDP中贡献较低，且投资大、见效慢，林业一直被忽视，森林在国家社会经济发展中的作用一直被低估。因此，需要正确地认知林业在宏观经济社会发展政策中所具有的作用,估计林业在国家政治生活中的位置,实事求是地制定林业政策。

1994年我国开展了财税体制改革,随后经济"软着陆"、东南亚金融风暴。世纪之交,我国林业迎来了一个历史性的机遇,中央财政对林业投资大幅度持续增长。过去20年,中国迎来了工业化和城市化发展的黄金时期,把经济发展作为国家基本战略中心是无可非议的。大幅度增加林业投入,在一定程度上是为了扩大内需、增加消费、平衡地区间经济发展差距的考量,即增加对林业的投资本质上是促进国家经济发展的一个手段。

2005年以后,住房、就业、养老、教育、医疗等社会问题成为国家发展的焦点问题,民生、和谐、包容式发展等成为国家发展战略的中心话语。相应地,中央林业支出在财政总支出的比重会逐步下降。中央财政收入在国民收入中的比重过高的问题已经慢慢成为公众关注的焦点问题,中央减税的压力会逐渐增加。公众和社会要求财政支出透明化,要求改善财政支出的效率的呼声也会持续增高。因此,在现阶段,我国各级林业部门应当考虑调整政府投资方向、整合投资项目、提高投资效益。

在美国、德国、奥地利、芬兰、印度、巴西等国,林业部门着力提高本部门官员和研究人员掌握国家宏观经济社会政策,深入分析国家社会经济发展和政治生活的主导话语和核心议程,分析林业与这些主导话语与核心议程的潜在联系。充分认识到林业在贫困地区、山区、荒漠化地区发展中的作用。林业发展应当十分关注客观经济和社会发展趋势,从中寻求林业的突破,而不能只是生态保护。培育智库力量增强林业部门理解和把握国家社会经济政策变迁方向的能力,积极推动、倡导林业在国家和地区发展战略、反贫困、生态建设等议程中的作用。积极培养和推荐懂得林业的专家和学者介入到国家规划和财政预算安排中。探求林业政策在国家社会经济发展议程中的支点,尤其是着力于林业在乡村发展和缓解贫困中的作用。

在绝大多数发展中国家,亟须将林业提升到国家政治、社会、经济发展议程的位置,并寻求到可靠的支点。应当选择那些最有效的、能得到公众广泛支持的话语,如参与式林业、社区林业等。这可以有效地将林业政策与国家可持续发展、林区或山区社会经济发展、减贫事业有机地联系起来。林业不要脱离社会经济发展谈生态，即使我们再努力，把林业描绘成阳春白雪似的事业，这个社会中自认为阳春白雪的强势群体也不愿意接纳我们。过去少数林业生态工程，还有部分林业政策，以牺牲贫困地区发展、牺牲贫困人口的福利作为代价为整个社会和下游富裕地区的人们提供额外的环境服务。这不利于林业部门政治地位的改善。国家林业局将林业发展的主要话语调整为"民生林业"和"生态林业"，并着力于从构建新的森林治理体系的角度来落实这个话语，充满智慧和远见。既对接了国家发展战略主导的话语体系，又从培养群众基础和社会支持入手，还找到了发展的着力点。

第二节　评估政策问题

启动任何一个政策过程，总是基于对当前林业政策的评估。当林业发展或森林管理面临新的问题，现有林业政策执行的效果与政策目标和公众期待存在差距时，就有必要启动一个新的林业政策过程。近40年来，全球森林资源的质量和数量持续不断的下降，带来了气候变化、生物多样性锐减、荒漠化等严重的生态环境问题。其原因之一，就是政策问题。亚非拉许多发展中国家，还没有形成一部关于林业发展和森林保护的国家政策，更谈不上建立起完备的林业法律体系。即使在发达国家，林业政策也遭受了公众的质疑。近50年来，国际环境NGO成长在一定程度上与发达国家和许多发展中国家林业政策的失败相关。而失败的林业政策之所以会被制定出来，原因之一是因为政策制定时，未能进行有效的评估，这导致政策制定者缺乏足够的信息，无法保证政策的科学性。参与式林业政策过程起步于对现有林业政策的评估。传统林业政策现状评估是由林业部门依赖本部门的专家和信息而作出的。这样的评估源于两个方面，一是林业部门内部的评估，或者林业部门委托的专业评估。尽管在中国这一类的评估逐渐缺乏了公信力，然而，由于林业部门比较系统和全面地掌握了森林资源、生物多样性、森林生态过程、林业生产、市场、消费、科学技术发展水平、宏观社会经济发展环境等相对较全面的数据，也能够把握未来发展趋势。越来越多的国家林业部门开始尝试将政策评估委托给专业的评估团队，如相对独立的大学、研究单位和咨询机构。这些机构形成的政策现状评估容易被公众所理解，也是林业部门内部评估有益的补充。这些传统的政策现状评估提供了丰富的信息，是启动新的政策过程重要的基础信息。

作为参与式林业政策过程的一部分，还是建议采用参与式的方式开展政策现状评估。参与式评估是通过一个透明、公平和公正的程序，实现相关利益者主导的林业政策评估的。

在绝大多数发展中国家，即使政治上、政策习惯上不存在对参与式林业政策的阻碍，对启动参与式林业政策过程也有许多先天的不足。正因为如此，在参与式政策过程的第一步——政策评估中引入参与式的理念显得尤为重要。林业部门要事实上并不充分拥有信息和知识以制定"科学"的林业政策。林业受到了政治、经济和社会、人为因素等多方面的影响，而林业部门对此知之甚少。多数国家拥有庞大的森林行政事业管理的队伍，开展连续的森林资源清查，森林在国家、地区社会经济发展中的作用，森林管理和权属安排等方面的信息并不充分，有些表述是定性的，含混不清。长期以来，森林和林业政策被认为是政府的事，公众或其他相关利益者习惯了政府制定相关的林业政策。其他利益相关者也要克服固有的思维定式。少数非直接的利益相关者，如环境导向的NGO，或越来越多的公众人士关注林业政策。这些机构和人士以旁观者的心态对林业部门的政策评三道四。由于掌握的信息更不充分，知识点又有所局限，他们愿意议论，愿意提意见，但要他们对政策建议负责则不可能。他们还是愿意放弃参与林业政策的决策，而希望林业部门能听到他们的"议论"和"意见"。在现有政策评估阶段，让利益相关者参与到其中，这为他们参与整个林业政策设计过程中提供了心理上和信息上的准备。

要启动一个参与式林业政策过程，林业部门首先要调整传统的政策评估的程序、方法，引入参与式政策评估十分关键。从林业部门角度看，作出重大调整本身也是对自身利益群体的一个考验，换了思路了就得换人，过去的政策评估队伍利益就要受到影响。即使如此，林业政策评估过程至少需要建立起与其他相关利益者的联系，以开放的心态，对国家、人民和森林负责的精神。在政策现状评估过程中，林业部门需要真诚展示现状和问题，无须掩饰现行林业政策的失误。许多林业政策，出发点本是好的，执行也没有问题，只是社会经济环境条件变了，政策就出问题了。因此，部分林业政策失误、政策失灵无须林业部门承担责任。事实上，各国都存在林业政策失误、政策失灵的现象。总体而言，我国林业政策要好很多，这体现在我国森林面积和质量提高很快，局部地区生态条件在改善，林产工业得到了很大的发展。从另一个角度看，失败乃成功之母，任何一个国家的林业政策都是从失败中不断总结经验教训，善于学习，并不断完善政策体系的。我国林业政策失误、政策失灵本就是我国林业宝贵的财富，是走向良好森林治理的阶梯。

万事开头难，林业部门一开始会很不适应将公众和其他相关利益者引入到政策评估中。过去，林业政策好坏的评估标准由林业部门确定，一些是在公众政策专家的帮助下制定。引入参与式，政策评估的标准要交给相关利益者共同来制定，这往往很难接受。当不同相关利益者以他们本身的价值观和对林业政策的评价标准对当前的林业政策评头论足时，林业部门常难以读懂这些相关利益者的语言，难以理解他们的意图。长期以来，林业部门习惯了自己的政策评估标准，对专业知识充满自信。因此，从自身出发，会认为：这些相关利益者代表不懂林业政策，而对林业政策评头论足不着边际。这就造成在有些国家，林业部门对参与式林业政策拥有很高的预期，但随着进程的进行，林业部门却越来越失去兴趣，林业政策制定方法又回到传统老路上去了。

如何平衡长期利益和短期利益，这是在参与式林业政策过程中难以妥善处理的问题。有些环保导向的公民组织，总是盯着不能砍树、不能破坏生物多样性，却忽视了生活在林区的林农的利益。平衡长远利益和短期利益，平衡整体利益和局部利益，平衡上中下游流域不同群体的利益等问题，参与式林业政策工作小组自感无能为力，难以找到妥协的方案，但必须勇敢面对这些挑战。越是这样，越应当设法让他们参与，如果他们不参与，仅靠林业部门设计政策方案，平衡他们的利益，其结果往往是哪一个利益群体都对林业部门不满意。

第三节 确定愿景

采用参与式工具，促进相关利益者达成共同的林业政策愿景目标，并在参与式林业政策过程的不同阶段中不断重复这个愿景目标，积累正能量，推动相关利益者以更加积极的态度参与到政策的讨论中来，以凝聚相关利益者的共识。愿景目标包括三个层次：第一是政策目标，可持续管理的森林、山清水秀的美丽河山、宁静和谐的生活等。第二是管理体制的改革，林业部门需要坦诚承认并积极改革林业管理体制。一项新的改革，在林业部门内部又增设了一个机构，不做减法的改革不算改革，如果要做减法，这涉及部门内部少数人的利益，改革会比较艰难。如果不在组织机构上有所创新，什么林业政策目标只能是水中月、镜中花。第三是政策措施，即为实现政策目标而开展的政策措施。

所有主要利益相关者应该参加到愿景规划中，尤其是弱势利益相关者。为相关利益者代表提供一份通俗的材料帮助参与者理解愿景规划概念和过程。一般来说，愿景规划过程分为以下五个步骤。

1. 提出愿景规划的目标。采用现状（即阶段 A）到愿景（阶段 B）来展示。

2. 组建愿景规划工作组。工作组组成要体现多利益群体参与、多知识背景组合、多视角的方法，要形成一个敢于梦想、勇于承担责任，又实事求是的团队。协调员需要对工作组予以适当的指导。

3. 阶段 A 描述：现在实际情况怎样？主要的问题和挑战是什么？影响林业发展的关键因素是什么？这些因素的成因是什么？

4. 阶段 B 描述：设定什么样的预期目标？如何展望林业的未来？优先发展方向如何？采取什么政策措施、行动和发展干预才能导向林业的未来？导向未来的林业所采取的原则、评价准则和评估方法？林业部门政府作用如何？如何与合作者发展伙伴关系？

5. 形成愿景规划：由上述过程中形成的口语化文字和图片综合整理成书面语言，陈述林业发展的愿景。

在参与式林业政策过程中，协调员可以重复给相关利益者代表展示这个愿景，以激发大家努力合作，寻求妥协，克服当前林业政策面临的问题，憧憬未来美好森林政策。在后期阶段，协调员如果明显感觉到各相关利益者难以达成憧憬的美好林业政策目标，可采用同样的方法，请求愿景规划工作组重新修订，形成更加实事求是的愿景。在一定程度上，愿景能为参与式林业政策工作组和相关利益者评估林业政策目标、改革方向和具体的路径明确方向。框图 8-1 展示了南非开展愿景规划的案例。

> **框图 8－1　南非参与式林业政策过程的愿景展望**
>
> 2003 年，就南非未来的林业，南非水资源和林业局确认了这样的陈述："森林是为南非人民而经营，我们要在实现可持续林业过程中创造出有利于经济和社会发展的环境条件，尤其是在基层。"南非水资源和林业局的战略目标是基于以人为中心、参与式的方式而形成的。而上述的陈述与该局的战略目标是一脉相传的。
>
> 1. 如何开展林业愿景规划工作
>
> 在南非水资源和林业局，成立了林业改革小组。这个小组授权成立林业愿景规划工作组，来开展南非林业改革的愿景规划工作。2004 年，林业愿景规划工作组在比勒陀利亚（南非首都）召开了第一个会议，参加的代表来自基层社区、森林经营单位与南非水资源和林业局政策以及法律研究和实施机构。
>
> 南非林业政策改革方案分成三个层次。第一，林业改革要支持水资源和林业部门工作战略思想的实现，把促进乡村发展作为战略目标。第二，需要对林业部门进行深刻制度化的变革，才能实现林业作为乡村发展战略的主要组成部分。第三，改革林业部门，使之成为南非反贫困工作的领导力量。这些愿景规定了林业机构改革的方向。
>
> 2. 愿景规划成果
>
> 经过愿景规划这一过程，促进了部门内部、部门之间、部门与公众和其他相关利益者就南非水资源和林业局在林业工作中的战略思路等方面的沟通，并达成了共识。这个愿景是指导水资源和林业局未来工作和开展参与式林业政策过程的中心指导思想。

来源：南非水资源和林业局。

第四节　确定优先政策领域

确定优先政策领域是一个参与式林业政策过程首次经由相关利益者协商达成的实质性的共识，在于它确立了林业政策发展的方向，在政策过程中是具有里程碑式价值的环节。

一　提出政策方案草案

政策方案草案可由参与式林业政策过程工作小组提供，或以参与式方式产生。由工作小组提供的，给各相关利益者代表协商的政策方案的草案可通过国家政策论坛，或由代表不同利益群体的专家小组共同制定。相关利益者会议也可决定提名一个专家小组起草政策方案草案，由专家小组开展相关利益者咨询，逐步完善后而形成政策方案草案。政策方案草案在形成过程中，国家级林业磋商机构或决策机构也可介入其中。总之，尽管只是一个供相关利益者讨论的政策草案，仍需上上下下、方方面面多轮磋商沟通，专家、官员和相关利益者共同制定。

参与式林业政策过程工作组组织召开相关利益者研讨会，以采用更加开放的参与式过程来形成政策目标。工作组根据不同相关利益者的诉求，分门别类，寻求他们的共同点，从而提炼出林业政策改革的目标（FAO，2002）。在这个阶段，不是寻求各个利益相关者的立场，而是要挖掘出他们的兴趣点，从中寻求不同利益相关者的共同点，而不是分歧（FAO，2005）。

一旦确定了政策目标，下一步就是磋商如何才能实现这样的目标，优先的政策措施又是什么？尽可能在相关利益者之间达成可接受的政策优先措施。这些政策优先措施可以针对单一林业问题，也可以是针对解决多个林业问题，优先的政策措施也可以是复合的，而不一定只是单一的。

二 达成共识

通过协商，达成政策优先领域的共识。达成共识是一个艰难的过程，甚至不可能达成全面的共识，而只能追求达成有限共识。但是，通过这个过程，把不同人的观点展现出来，明确分歧和各方利益焦点。协商的关键是参与性和平等性，即与政策有直接或者间接利害关系的主体，都能参与到协商过程之中，充分表达自身观点和利益诉求，维护自身合法权益。并且协商过程中，各方身份地位是平等的，从而确保交流是真诚的、信息是完整的。如果各方地位不同，那么弱势方可能无法完整地表达自身想法，或者慑于强势方力量而隐瞒自身的想法，甚至委曲求全，这就损害了协商过程的有效性。参与式林业政策过程工作组应该充分关注那些对林业政策具有直接影响的相关利益者。在我国，生活在林区的林农，才是我国集体林管理的主体。一些国家林业政策改革搞得轰轰烈烈，讨论林业政策改革，促进宏观社会、经济和环境改善，而忽视森林社区关于森林的传统习惯和传统权利、土地的使用和占有等方面的现实情况。这样的林业政策改革难以成为主要利益相关者自觉的行动，只能借助于政治、法律或者利益激励等来推动。

优先政策领域要少而准。参与式林业政策过程工作小组不能只是将不同相关利益者的愿望，罗列成一个优先政策领域的清单。如果政策的优先领域非常多，优先的含义就缺乏意义了。必须尽可能在相关利益者之间形成一个认知，优先是要行动的，而不只是议论议论，不了了之。必要的话，需要建立其一个检测和评估的框架体系以评估确认的优先政策行动、规划和投资的合理性。

一般来说，达成的共识不只是优先政策领域本身，也包括政策所涉及的主体，政策关注的人群和地区与政策形成过程的程序安排。对发展中国家而言，林业政策关注的重点人群和地区，往往倾向于弱势群体和贫困地区。

优先政策领域的确定是一个有机的过程，而非机械的过程。需要采用一系列达成共识的技术，以促进不同相关利益者实现互惠共赢、互谅互让（FAO，2005）。参与式林业工作组需要努力和小心谨慎。在相关利益群体间，尤其是林业部门与相关利益者之间难免存在紧张的关系，冲突、不信任、言辞过激常有发生，整个参与式林业政策过程充满不确定性。无须过分担忧将有矛盾的利益方组织在一起会带来直面的冲突。能够将这些相关利益者组织在一起，开展面对面的交流总是消除敌意、建立信任的第一步，总是寻求合作的开始。作为协调员，就必须设法消除相关利益者之间存在的紧张关系。

三 作出决策

相关利益者达成的共识，可能是从政策方案中选择其一，也可能是将两个及以上的政策方案糅合在一起，而形成一个综合的方案。需要建立一个中立的评价标准和指标体系，评价各种政策方案可能对不同相关利益者所带来的满足程度，从可操作性、成本和产出、有利方面和不利方面、紧迫性、机会和挑战等方面评估不同方案的优劣，并由相关利益者代表协商决定。如果方案比较复杂，专业性强，则需要专家协助提出一份不同方案草案评估的意见，以协助相关利益者代表作出决策。

第五节 创造团队工作方式

开展参与式林业政策过程，必须是由一个团队来执行。推进相关利益者之间的伙伴关系、政策对话、建立共识等工作都是通过组建不同的团队来实现的，组建工作团队是协调员和参与式林业政策过程工作组重要的工作。

团队是由若干个人员组成的，以合作伙伴关系平等相处的小组。团队有一个共同的目标，他们之间的知识体系能够互补，他们相互尊重，他们相互支持，经常相互学习和交流（FAO，2005b）。

能成为一个团队，应当追求快乐地工作，看起来是忙碌的、积极的和富有活力的，但气氛很融洽。团队要富有热情、灵活、具有人文关怀，并富有成果（FAO，2007）。作为参与式林业政策过程团队中的每一个成员，均需要理解本人在团队中的角色、职责，以及团队中其他成员的角色和职责。

一　团队的组建

团队组建之初，成员的角色和职责是不清楚的。需要在工作过程中逐步去探索，了解自己的角色，建立团队运行和管理规则，清晰团队面临的工作任务、挑战，也包括乐趣。团队建设一般要经过形成期、激荡期、凝聚期、收获期和修整期五个阶段。

（一）形成期

形成期的特点是，由于成员异质性不可避免，共同目标尚未明确、合作关系尚未稳定、团队信任尚未建立，因此团队效率不高，甚至还会有矛盾存在。该阶段，管理者需要从两方面采取措施，一方面，是建立规章制度、配置权利义务、明确成员定位，使得团队人员马上找到自己在团队中的位置，进入工作状态；另一方面，管理者需要建立和谐的外部环境，激发团队成员的合作意识与集体精神，促进成员合作沟通，建立良好的人际关系和组织文化。

（二）激荡期

激荡期可能发生的最大问题是，成员可能为了权力而展开争夺，或者由于性格、行为方面的差异而互相排斥，从而使得团队内部山头林立、冲突频发。激荡期是团队成长所必须经历的阶段，产生冲突并不一定是坏事。相反，它促成了潜在问题的暴露，为团队成长创造了条件。而且冲突和激荡还是成员之间互相提高、团队有效决策和绩效提升的重要手段。领导和成员都应积极促成冲突的解决，在冲突与合作中寻求理想的平衡。

团队在激荡期会产生新旧观念、行为之间的激荡。传统组织通常假设人是"经纪人"，认为人天性懒惰，漫不经心，不愿负责，阳奉阴违，易受诱惑，不诚实，只关心自己的事。团队则假设人是复杂的人，而且更注重人都能工作努力、积极参与、愿意负责、慷慨宽容、诚实可信的方面。团队在激荡期就面临着人性的假设、管理哲学、价值观等方面的激荡与改变。传统组织在决策方面往往以个人决策为主，专断时有发生；在组织方面强调严格的分工、等级制度与硬性的规章；在领导方面强调命令和服从，很少有民主；在控制方面重监督、惩罚与强制；在文化方面重视各安其位、严格执行、绝对服从等。而团队在决策方面则是团队集体决策及成员参与决策；在职责划分时非常灵活，成员彼此平等，行为准则很有弹性；在领导方面则强调民主和自我管理；在控制方面则强调共同愿景目标下的自我监督；在文化方面重视互相帮助、互相协作、活力热忱等。

在传统组织中进行团队建设将面临一系列行为方式的激荡与改变。在这一过程中，团队建设可能会碰到很多的阻力。在新旧激荡交替中，成员可能会因为害怕责任、害怕未知、害怕改变等而拒绝新的团队行为方式；领导会因为可能的权力变小而拒绝放弃严厉的控制。这时需要运用一系列手段来促进团队的成长，如采用新的行为方式的培训、舆论宣传、纪律处分、强制手段、奖励措施等。在这一阶段，成员将经历一系列的压力、挫折、学习、强化、行为校正等过程。

(三) 凝聚期

经过一段时间的激荡，团队将逐渐走向规范。组织成员开始以一种合作方式组合在一起，并且在各派竞争力量之间形成了一种试探性的平衡。经过努力，团队成员逐渐了解了领导者的想法与组织的目标，建立了共同的愿景，互相之间也产生了默契，对于组织的规范有了了解，违规的事情减少。这使日常工作能够顺利进行。但是组织对领导者的依赖很强，还不能形成自治团队。在这一阶段，最重要的是形成有力的团队文化。如何形成有力的团队文化，促成共同价值观的形成，调动个人的活力和热忱，增强团队的凝聚力，培养成员对团队的认同感、归属感、一体感，营造成员间互相合作、互相帮助、互敬互爱、关心集体、努力奉献的氛围，将成为团队建设的重要内容。

(四) 收获期

在收获期，团队成员的注意力已经集中到了如何提高团队效率上，把全部精力用来对付各种挑战，这是一个出成果的阶段。团队成员的角色会很明确，能深刻领悟到完成团队的工作需要大家的配合和支持。同时也学会以建设性的方式提出异议，大家高度互信，彼此尊重，呈现出愿意接受来自群体外部的新思想、新理论、新方法和自我创新的学习型状态。整个团队能掌握如何处理内部冲突的技巧，学会了团队决策和团队会议的各种方法，并能通过团队会议来集中大家的智慧作出高效决策，及通过大家的共同努力去追求团队的成功。在执行任务过程中，团队成员加深了了解，增进了友谊，整个团队在摸爬滚打中更加成熟，工作更加富有成效。

（五）修整期

经过以上各阶段的努力依然未能组建起真正的团队，或表现差强人意的团队，进入修整期时，则需要整顿和调整。消除一些假团队的特质，经过"回炉处理"，锤炼成真正的团队。于是又可开展新一轮的团队建设周期。

二 团队角色

团队中需要扮演不同角色的人员。协调者、实干者、监督者、创新者、推进者、完美者等不同类型人员（图8-1），其性格特征、行为方式差别很大，任何人不可能在所有方面都是完美的。领导者必须安排合适的人员从事适合其特长的工作和岗位。不同类型的人员需要为了组织目标相互协作、齐心协力。表8-1从不同方面对上述的几个角色进行了剖析。

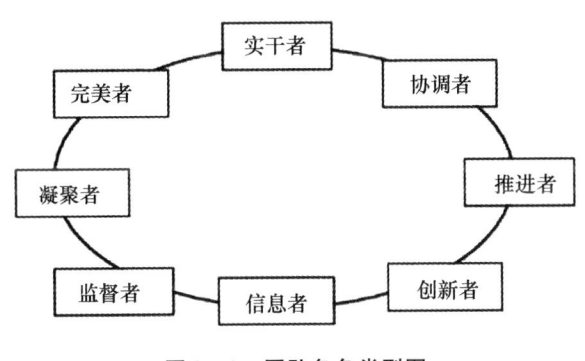

图8-1 团队角色类型图

表8-1 团队中不同角色特征的描述

角色类型	角色描述	典型特征	优势	不足
实干者	现实主义者、实干主义者，勤奋认真、遵守规范，团队意识强，具有自我奉献精神	勤奋高效，责任心强，严格自律	脚踏实地，踏实肯干，勤勤恳恳	缺乏灵活性、可能对变革持有消极态度
协调者	具备领袖素质和领导能力，能够将大家集合起来为团队目标而奋斗。有信心	冷静、自信、有控制力、理性	自身能力强，目标性强，待人公平	在人际关系上花费太多时间，在实际工作上可能精力不够

续表

角色类型	角色描述	典型特征	优势	不足
推进者	实干家,对于工作有着极高的责任心,能够克服困难,努力实现目标	挑战性、好交际、富有激情、执行力强	反对弄虚作假行为,难以接受低效率行为	有时可能会急躁,给效率低的团队成员以很大压力
创新者	喜欢创新,乐于尝试新生事物,点子多、路子广	创新能力强,不走寻常路	有天分,富于想象力,智慧,博学	可能缺乏脚踏实地的精神,过于标新立异,不愿与他人合作
信息者	对信息非常敏感,能够把握机会,捕捉有用信息	好奇心强,对新生事物敏感	聪明敏感,求知欲强	可能缺乏持之以恒的精神
监督者	批判性思维强,思考周密,谨慎理智,公正严明	考虑周全,谨慎小心,冷静沉着	具有判断力,决策理智	缺乏冲劲,过于保守,拘泥于制度
凝聚者	人际交往能力强,善解人意,体贴他人	能够获得大家信任,具有合作能力	增加团队凝聚力、解决矛盾	可能缺乏判断力,不愿意得罪人,喜欢和稀泥
完美者	追求完美,兢兢业业,注重细节	做事认真,小心谨慎,追求	坚持不懈,精益求精	拘泥于细节,甚至吹毛求疵,对人过于严格

第六节 信任、弱势群体和公众参与

一 建立与相关利益者的信任关系

建立相关利益群体多方面信任的关系是参与式林业政策过程工作组面临的问题之一。现实生活中,林业部门内部不同的司局、上下级之间,林业部门与其他部门,如环保、水利、农业、反贫困等部门,林业部门与私有机构、林业与公民团体等,相互存在不信任的情况很平常。这不是一个参与式林业政策所能解决的问题。在开展参与式林业政策过程中,协调员相当于润滑剂,使得参与群体代表间逐步建立信任的关系,推进关系的融洽。协调员要经常自我提醒,各相关利益者代表间的关系是否融洽,可采用寻求合适的指标评估各相关利益者代表之间的关系。假以时日,这可逐步改善利益群体之间的信任关系,并以机构关系图来监测机构间关系的变化和调整。

二 强化弱势利益相关者的参与

参与式林业政策过程，强调包容性，指的是所有利益相关者能够在整个政策过程中平等、公平拥有参与的能力、享有参与的权利和对过程有同样重要的贡献。然而，在实际生活中，参与的能力和权利总是不平等的和不平衡的。

在参与式林业政策实践中，总会有一个或数个十分重要的利益相关者很难平等公平地参与到政策过程中来。他们往往缺乏与其他相关利益者平等介入到政策过程中的能力和信心。甚至他们的代表也很容易被其他相关利益者所利诱和操纵。

林农群体总是相对弱势的群体。授权一个机构或团队协助弱势群体，并开展相关调研，与弱势群体一起形成政策偏好，参与到整个政策过程中来。一般来说，需要根据这些相关利益者的人口分布、生计方式和文化等自然社会经济指标来选择有一定代表性的村庄开展田野调查。试验和改进参与式过程的方法和手段，适合这些弱势群体的能力，保障弱势群体的介入。根据弱势群体的背景、知识和介入到政策过程所需要的信息和能力，开展必要的培训。协助他们与其他利益相关者建立起信息沟通的渠道，让他们能够拥有平等的机会，拥有信息资源和分析信息的能力。

林农群体非常广泛，需要确定一些重要的社区，介入到林业政策过程中。位于英国的国际环境和发展研究所的 Mayers（1999）和他的同事设计了一系列的指标用来筛选这些社区。这些指标包括：（1）与森林、林地的距离；（2）生计依靠森林的程度；（3）文化上与森林和资源利用的相关性；（4）相关森林权属的知识和认知；（5）土地和资源的传统权力结构；（6）关于森林产品和服务相关法律规定的决策和组织实施能力；（7）为当地带来利益的社区企业，并能够将环境和社会成本内部化。

三 促进公众参与

公众参与，指的是群众参与政府公共政策的权利，是公众对政治生活、社会生活和经济生活的参与。市民社会在中国一直没有成为一种有影响力的社会力量，社会大众在整个国家体系内缺乏足够的话语权。但是市场经济的发展，也倒逼着国家进行改革，多中心治理、治理民主化、公众参与成为行政管理领域的重要热点。国家相继出台了有关法律和法规，如

2003年的《行政许可法》、2000年的《立法法》和1998年的《村民委员会组织法》都体现了推进公众参与愿望。公众参与政策制定的方式多种多样，有民意调查、信息公开、听证会、协商谈判、公民投票等方法。

就我国当前情况来说，公众参与政策制定的方式还是较为有限的。从正式途径来看，主要有参加座谈会和行政听证会、在政府网站留言、参加领导接访活动和接待日接待活动等方式，将个人意见传递给政府管理者。从非正式渠道来看，公众可以将意见反馈给大众传媒，或者利用社会关系联系政府人员等。

在开展参与式林业政策过程中，要尽可能在当前制度框架内和社会环境许可的范围内尽力促进公众参与，使公众能真正参与到政策制定的过程中来。在这个过程中培养公众的主体意识、参与意识和法治意识。信息要充分公开，扩大公众的知情权。定期或及时以各种方式向公众发布参与式林业政策进展的信息，为公众提供相关资讯，满足公众的知情权。将公众参与作为参与式林业政策过程必要的工作之一，纳入到参与式林业政策过程规划中来。建立起公众参与的资金保障，明确用于公众参与的预算。重视并发挥非政府组织在公众参与林业政策制定中的作用。

第七节　加强与媒体的合作

当今世界，媒体无处不在。广播、电视、期刊、报纸、网络已经介入到人们的日常生活，成为生活中不可缺少的部分。各国林业部门普遍不善于与媒体打交道。国际森林治理体系的构建，许多国家的林业政策往往被政治家、外交家、环保主义者所主导，而这些群体很善于与媒体沟通，并通过媒体影响社会舆论。

在我国，媒体发挥着越来越重要的作用。网络的普及、社交工具的广泛使用，让信息的更新、传播速度迅速增长。这为公共政策的民主化提供了条件，激发了公众对于参与政策过程的动力，公众意见可以更加迅速和及时地反馈给政府。但如果缺乏具有权威性的信息源，公众很容易相信某些虚假、煽动性的信息，对政策形成偏见，而这种偏见一旦形成则很难驱除。政府应该确保信息公开化，善于和媒体合作，推进与公众的沟通、交流。媒体作为公共平台，能给予各利益主体充分表达、充分讨论的机会，展示各种观点。媒体能够营造一种良好的社会舆论环境，为参与式林业政策过程开展提供舆论支持，形成社会关注、大众参与、群策群力的良好氛围，让社会公众认识到林业政策的社会意义和公众影响。

参与式林业政策工作小组应当善于与媒体打交道，成为媒体的朋友。从媒体角度来考虑，在参与式林业政策过程中，无论政策内容，还是参与过程，均可以成为媒体关注的焦点。在日常工作中，随时记录那些对媒体有价值的信息，并以媒体语言来叙述。时间、地点、什么事、背景、原因等记录清楚，最好能提供好的图片，帮助媒体讲述参与式林业政策过程的故事。标题要短小精悍，起笔要引人入胜，避免使用专业术语，文字精练。

加强与媒体合作，可以作为林业部门整体的沟通和交流的一个重要组成部分，需要从整体上重构林业系统与相关利益者和公众的联系。框图8-2展示了英国林业委员会与媒体合作策略的案例。

框图8-2 英国林业委员会与相关利益者沟通的策略

20世纪90年代末，英国林业政策作出了重大的调整，然而并没有被公众充分理解。在英国，信息和媒体充斥于人们生活的每一个角落。而林业，在人们生活中显得非常的微不足道。英国皇家林业委员会雇佣了专业的、国际一流的品牌形象设计公司。在开展大规模的访问和研究基础上，该公司为英国林业委员会制定了新的综合策略，重建了与媒体的合作，以加强与公众、相关利益者的沟通。

(1) 原则：诚实、开放、守约、倾听、积极回应、敢于负责和富有同情心；

(2) 为方便相关利益者和公众理解新的林业政策，林业委员会统一了与外界沟通的方式，增加透明度，改善林业部门的形象，采用大众词汇而避免专业词汇；

(3) 采用市场化的交流方式，推进大众对新林业政策的认同。增强相关利益者和公众对林业在健康、休闲和野生动植物保护等方面的公众认知，促进森林可持续经营；

(4) 改进委员会对外交流体系。增设专业岗位，负责与相关利益者和公众的交流；

(5) 创建便捷的电话和电子邮件系统，为公众提供咨询和信息服务；

(6) 充分发挥互联网的作用，将网站改编成相关利益者友好的网站。

英国林业委员认为与媒体打交道、推动与相关利益者的沟通是推进森林可持续经营的一个必要组成部分。改善了林业官员对外沟通的能力，使林业得到公众更广泛的认同，使更多的人从林业中受益。

资料来源：英国皇家林业委员会。

第九章 监测与评估

监测与评估总能给人"大而上"的形象,能够承担专业的政策监测与评估的人必须是专业的,能够采用先进的方法和工具,拥有对政策内容充分的专业解释能力。本章所讲的参与式监测与评估(PME),与专业上讲的监测与评估完全不是一码事。作为参与式林业政策过程的一部分,利益相关者的实质性介入是参与式监测与评估的必要条件。

伴随着参与式发展实践的拓展,PME 已经广泛运用到卫生医疗、教育、林业、水土保持、反贫困、社区自然资源管理等领域中,在发展实践中 PME 内涵、原则、工作流程和具体工具得以趋向成熟。然而,在政策领域,PME 只是在 FAO 推动的参与式林业政策过程项目实践中偶有运用,且鲜有成功案例的报告。政策场域中 PME 还有待于在政策实践中运用、提炼和总结,本章总结了 FAO 在各国参与式林业政策过程 PME 实践中取得的有限经验。

第一节 实践内涵

一 概念

一般来说,监测和评估总是指向常规的监测与评估。常规的政策监测是测量和记录政策运作信息的分析方法,旨在说明和解释政策执行情况以及评估其执行效果,以保证政策的有效执行,促进既定政策目标的实现。而政策评估是依据政策评估专家或政策部门的价值标准和事实标准,评估政策方案、执行和结果的价值因素和事实因素,旨在判断未来的政策走向,调整、修正或制定新的政策。它包括政策方案的评估、政策执行的评估、政策结果的评估。常规的监测和评估(ME),往往依据一定的标准,通过一定的程序和步骤,由专业政策监测与评估专家实施。在常规监测与评估中，相关专家学者设计出科学的方法采集相关利益者关于政策方案、实施和结果的意见，并运用到政策监测和评估报告中。

在常规监测和评估中，相关利益者是监测和评估过程的数据源，专家主导了整个监测和评估过程。一般来说，政府和公众对常规监测与评估结果在事实层面会有一致的看法。专家也会注意到以社会主流价值，比如经济发展、公平、赋权、包容、和谐等来判断政策的影响。然而，不同的利益主体对这些价值标准的定义可能会存在分歧，因此对政策方案、执行和结果的评价不同，甚至有可能出现不同的利益相关者对同一政策执行和效果评价是完全不同的。

林业政策过程参与式监测与评估和常规监测与评估在性质上完全不同（见表9-1）。参与式检测与评估（PME）是由不同相关利益主体共同主导的政策监测和评估，研究者、基层林农、政府行政人员、林业推广人员等参与主体相互协作、齐心协力共同完成某一项政策实施过程和结果的监测和评估活动。参与式监测和评估，尽可能让所有的利益相关者参与到监测与评估过程中，以获得更加全面客观的信息，监测和评估参与式林业政策过程的实际运行情况和绩效，特别是政策过程对于直接受众带来的切实影响。它不拘泥于政策内容监测和评估科学性、准确性和普遍意义，而重在参与这个过程中的相关利益者所代表群体普遍的理解。它没有预设政策监测与评估的价值标准，而是以蕴藏在各参与群体每一个代表们的价值为基础，通过交流和妥协获得共识。因此，PME更深层次的目标是推动相关利益者代表之间互相的学习和不同价值体系的交流，以导向政策内容的妥协。参与式监测与评估不只是一个监测与评估活动，更重要的目的是增强所有相关利益群体的责任感和培养当地社区的能力，赋权给当地社区。这将更加有助于政策过程实现预期的目标。

表9-1　　　　　　　政策过程中的 PM 和 PME 的区别

关键问题	ME	PME
为什么	完善、调整或重新制定政策内容	完善和调整政策过程，增强相关利益者能力
什么	预先设定的指标	由利益相关者共同制定
谁	政策监测和评估专家	利益相关者
为谁	政府部门、研究者	利益相关者

续表

关键问题	ME	PME
什么时候	监测是伴随政策周期，而评估则在政策实施一定阶段后	可在政策过程中任何一个阶段开展
以何种方式	科学家开发的方法和手段，文本和田野数据，质性和量化统计分析	由相关利益者协商确定 采用被相关利益者所认同的方法

二 目标和内容

参与式监测与评估内容还是从产出（outputs）、过程（processes）、结果（outcomes）和影响（impacts）着手。产出包括活动本身以及最终有形的成果。如新的林业资源管理制度、接受培训的人数。过程包括采用的途径和方法，如信息、参与和意愿表达的质量，包括能在过程中促进参与、意愿表达、社区能力建设和对过程的拥有感。结果和影响涉及政策过程所带来的变化，这需要较长的时间才能观察到。

一般来说，PME 可设立下列四个方面的目标。第一，从产出看，是否实现了政策过程预期的目标？是否达成了各方均比较满意的政策方案，是否推动了跨部门的合作，形成了伙伴关系？政策的成本有哪些？是否有效率等。第二，从过程看，是否实现了主要利益群体的充分参与？相关利益者代表对过程管理是否满意等。第三，从结果看，弱势群体的参与能力是否得到增强？与媒体的合作是否得到加强？第四，从长期影响看，是否加强了林业部门与相关利益者和公众合作的能力？林业在国家政治、经济和社会发展中的重要性是否得到加强？各相关利益群体愿意承担更多的责任推动森林可持续经营等。

三 步骤

PME 一般分为准备、计划、实施和报告四个阶段。在准备阶段，过程协调员和项目团队需要通过文字材料、宣传画、会议等手段开展必要的推广工作，以推动不同利益主体对参与式监测和评估的初步理解。过程协调员要与不同利益主体协商成立一个 PME 小组，而这个小组的成员应当包括受政策影响比较大的群体代表。在参与式林业政策过程中，PME 实施的主体由利益相关者的代表组成的小组，或称为 PME 小组。过程协调员需组织 PME 小组接受 PME 相关培训。在实施过程中，协调员和参与式林业政策过程工作组可以聘用 PME 的专家以协助这个小组实施 PME 计划。

一旦组建了 PME 小组，就可进入计划阶段。这个阶段主要工作包括：（1）推动 PME 小组设计 PME 目标；（2）PME 小组共同设计 PME 计划；（3）制定 PME 报告方式。在计划阶段，过程协调员需要协调 PME 小组就各项监测与评估工作任务分工和责任分担达成明确的安排。

在 PME 实施阶段，PME 小组应当在过程协调员或 PME 专家的指导下开展监测与评估工作。在这个过程中，PME 小组应当着力于构建一个在各相关利益者之间政策学习和经验分享的良好氛围。PME 小组成员间应当保持良好的沟通和信息分享，并建立起定期会议安排，交换监测和评估所获得的信息，讨论存在的问题，并安排下一步的工作。PME 小组应当与过程协调员和政策发起机构建立起反馈机制，以便及时把监测和评估的成果运用到参与式林业政策过程中。

PME 小组应当及时将监测和评估的成果以报告的形式反馈给参与式林业政策过程的协调员团队和政策发起单位。PME 小组也应当在 PME 专家的协助下编撰正式的 PME 报告以供参与式林业政策过程发起单位和实施单位保存，并能够供相关利益者随时查阅。

第二节　制定 PME 计划的要点

PME 小组成员来源于相关利益者的代表，他们毕竟不是专业从事监测和评估的专家，他们缺乏监测与评估的基本知识和操作方法。因此，协调员需要具备一定的 PME 知识。一般来说，需要聘请 PME 专家负责这项工作。

协调员需要从相关利益者代表中挑选出一些人组成 PME 小组。在专家的协助下开展监测和评估的活动，包括制定监测和评估计划、计划的执行和对整个 PME 过程的反思。

一　制定 PME 实施计划

协调员要与相关利益者代表共同制定 PME 规划方案、实施时间表。在落实 PME 规划的过程中，考虑到人力、时间和预算的约束，协调员（或 PME 专家）和 PME 小组共同协商，进一步调整 PME 规划方案，以便更具操作性和可行性。

确定基线数据、PME 指标和数据采集方法是实施计划的重要内容。一般来说，常规的监测与评估基线数据往往可从现有的文献资料和政策部门的报告中获取。在政策实施前也可先行采集基线数据，开展连续监测，用于政策的评估。而 PME 基线数据的信息源主要由相关利益者提供。基线数据的类型和采集方式取决于 PME 小组成员的知识和经验，因此相对于常规的监测与评估，PME 更加重视收集质性数据。受人力、物力和财力的限制，同时基于 PME 的特色，往往尽可能减少基线数据收集的数量，但要满足监测和评估产出的最低需求。

PME 指标也是由 PME 小组共商决定。指标的选择是能够客观反映政策内容和过程的变化，所选择的指标要对应政策过程所确定的目标。指标应当是客观的、可验证的、可展示的。一般来说，人们会偏向选择量化的指标，如参与的人数。但质性指标，比如相关利益者对林业部门好感、林业伙伴关系构建等也是非常重要的指标。

主要采用参与式的工具采集 PME 所需的数据，数据采集的频率和采样范围是有相关利益者协商而定。专业的监测与评估专家往往会质疑 PME 小组数据采集和分析方法的科学性。PME 小组应当考虑专业监测和评估专家建设性的意见。表 9-2 提供了一个简单的表格以总结 PME 落实的计划。

表 9-2　　　　　　　　　　PME 规划工作表

参与式林业政策过程目标	指标	数据收集							数据分析		
^	^	信息源	所需基线	谁参与	工具方法	频率	数据	频率	谁参与	如何使用信息	谁得到信息

如果需要，可将上述计划整理成 PME 建议书，以便政策发起机构存留。在 PME 建议书中，可单利相关利益者 PME 培训活动的预算。参与式林业政策发起机构可据此提供必要的财力支持。

二　制作问题清单

根据 FAO 在各国推动参与式林业政策过程 PME 的实践经验，为 PME

准备阶段、实施阶段和报告阶段编制了简单灵活的问题清单，以指导 PME 小组开展政策监测与评估。问题清单中的问题应当越简单越好，以方便不同利益者理解这些问题。如果问题过于复杂，因不同相关利益者代表各有其知识和经验，而使他们对问题的理解不一致而达不成共识，PME 小组的工作就难以顺利开展。FAO 建议采用"5W"，即"what、who、when、where、why"作为"五助手"用于引导问题的发问。

FAO 根据在各国参与式林业过程 PME 实践经验，编撰了 PME 计划阶段的问题清单（见框图 9-1）、PME 实施阶段的问题清单（见框图 9-2）和 PME 报告阶段的问题清单（见框图 9-3）。

框图 9-1　PME 计划阶段的问题清单

Why：为什么要监测与评估？旨在推动参与式林业政策过程小组内部的学习，还是为他人提供经验和借鉴？监测与评估的推动者是来自社区、国际组织、政策发起机构、抑或参与式林业政策过程小组？为什么要用参与式的方法来开展监测与评估？PME 优点和缺点是什么？

Who：谁想参与？谁需要参与？采用哪些鼓励措施促进他们的参与？谁有可能主导整个过程？

What：监测与评估的目标是什么？政策的内容、相关利益者的意愿、政策的影响是什么？政策调整的本质是什么？对主要利益群体的利益影响程度有多大？不同群体参与的成本是什么？

When：监测与评估需在何时完成？参与式林业政策过程小组是否需要根据 PME 调整政策过程？

How：评估应该如何做？用什么方法才可行、高效、合适？不同的意见要如何表达需要什么样的方式推动相关利益方的讨论？采用什么方式记录 PME 的整个过程？

框图 9-2　PME 实施阶段的问题清单

1. What：需要做什么？哪些文献需要收集？组织什么内容的会议？需要哪些资源来保障 PME 的执行？哪些政策内容需要调整和完善？

2. Who：需要谁的同意或许可？谁可能帮助，谁又可能反对这个过程？谁已经同意参与，谁又需要进一步商谈？由谁负责那些具体活动？

3. When：准备工作好了吗？时间计划是否可行？

4. How：对监测与评估方法达成共识了吗？怎样充分发挥资源、机遇的优势，克服限制条件？需要学习哪些新的技巧和技术？怎么学习？如何解决观点的冲突？

> **框图 9-3　PME 报告阶段的问题清单**
>
> 1. Who：谁将收到这份报告？是否所有的利益群体，是否包括那些没有直接参与的个人和组织？谁负责编写报告？谁能够批准这份报告？
> 2. What：报告中要包括什么？不包括什么？报告要用什么格式，如讲话稿、简报、信，还是包含了统计图表的文件？
> 3. When：何时完成中期报告？又何时完成终期报告？
> 4. How：用什么方法来起草报告？报告由团队撰写，还是一个人写？如何客观全面反映出参与者的贡献？最终结论和建议是不同利益者代表的共识吗？
> 5. Why：报告能否达到了监测与评估工作设定的目标？是否蕴含着预设的价值标准，去指导政策监测与评估报告的结论和建议？报告内容是否全面？

从 PME 计划阶段问题清单看，PME 主要是推动 PME 小组学习参与式林业政策过程和 PME 的一般知识，在评估目标和评估内容上达成共识。而 PME 的执行要比常规的执行需要更多的时间，从政策内容上开展监测和评估，这些相关利益者在知识和能力上是无法与专业人员相比的。因此，在这个阶段，可以聘请一些政策监测与评估的专家协助 PME 小组开展政策内容的监测与评估工作。

PME 报告运用于推动各利益群体达成对现有政策问题和建议的认知，改进工作过程推动参与式林业政策工作小组和协调员改进政策过程。PME 的报告本质上不是传统上以一定格式和规范而形成的文字报告，它很少以数字和图表来反映事实。在实际工作中，相关利益者代表中很难选择出一个或多人共同编制 PME 报告。这份 PME 报告一般由聘用的 PME 专家和相关利益者代表一起完成，必要的话，也可邀请常规监测与评估的专家介入到报告编制中。这往往会出现价值立场的预设问题。笔在谁手上，权力就在谁手中。任何人都难以做到完全摆脱个人价值观，客观公正反映蕴藏在别人身上的价值观。因此，实际工作中，协调员要反复提醒 PME 专家，报告形成的结论和建议一定要客观反映相关利益者代表的共识，而不是 PME 专家的认知。然而，在实际工作中，PME 的报告还是难以客观反映不同利益群体的观点。

第三节　实施 PME 的要点

PME 实施阶段，PME 小组团队建设对 PME 效率至关重要。数据和资料管理、与媒体的合作、参与式工具和方法的选择等也很重要。这些内容在以前的章节中已经有了充分的介绍。本节从数据采集、分享与学习和反馈机制三个方面做进一步的分析。

一 数据采集

PME 小组主要采用参与式的方法获取数据。有些指标很容易观察，需要 PME 及时记录。如参与人数的变化，政策决策的成本变化，记录基线数据和监测与评估点的数据进行比较即可。有一些数据则相对比较难以定量监测，如在一个社区内人们认识的提高、妇女在何种程度上被赋权，以及是否达到了预期的政策目标。这可通过相关利益者的参与有效地达成共识。

为了推进 PME 过程的参与性，尽可能使用简单的参与式的工具，让参与者们容易理解和使用。主要的方法包括：（1）非正式讨论。通过与大众的非正式接触和开放的讨论，询问和倾听私有部门、政府工作人员和其他相关利益者的意见，PME 小组能够从中知道各利益主体对参与式林业政策过程活动的了解和支持情况。非正式讨论是一种简单的工作，不能传达系统的信息，但能有效促进 PME 和参与式林业政策过程活动的开展。（2）收集和分析定量数据。PME 小组能够在广泛的相关领域，从各个部门和机构收集数据。这往往需要专家的协助，需要建立标准的程序和测量方法。（3）参与者调查和民意测验。对林业政策过程活动的参与者进行调查能够提供这些活动效能的评价等。民意调查能帮助从广泛的大众中了解参与式林业政策的影响。

既然 PME 提倡使用实用的简单的监测和评估方法，关注参与者的创造力和拥有感，关注产生信息的过程。PME 和协调员可以推动 PME 小组成员共同收集参与式政策过程中发生的故事，来反映政策过程和政策效果（见框图9-4）。

框图9-4 关注参与式林业政策过程——讲故事

讲故事的方法广泛用于合作咨询、话语分析、性别研究和文化研究中。在参与式林业政策过程中，很少系统地采用讲故事的方法。只是在少数参与式林业政策过程监测和评估报告中，收集了一些利益相关者的故事，以增加报告的可读性。在访谈时，一些相关利益者通过讲述故事来表达他们的意见，在一些文本材料中，如日记、新闻报道中也会有少量的故事。

可以通过收集故事，将这些故事与相关利益者分享，与相关利益者代表一起系统解释这些故事对政策过程和政策内容的评价。

讲故事的方法广泛用于合作咨询、话语分析、性别研究和文化研究中。在参与式林业政策过程中，很少系统地采用讲故事的方法。只是在少数参与式林业政策过程监测和评估报告中，收集了一些利益相关者的故事，以增加报告的可读性。在访谈时，一些相关利益者通过讲述故事来表达他们的意见，在一些文本材料中，如日记、新闻报道中也会有少量的故事。

可以通过收集故事，将这些故事与相关利益者分享，与相关利益者代表一起系统解释这些故事对政策过程和政策内容的评价。

二　学习和分享

促进参与者学习和分享知识是参与式林业政策过程目标之一，PME 也不例外。在 PME 过程中，广泛的利益相关者参与，为各方提供了很好的面对面学习机会，这有别于专业的监测与评估。协调员要充分利用 PME 过程，引导参与代表的学习。激发参与者对政策过程和政策内容的兴趣，PME 的指标选择本身就反映了各参与者期待理解和掌握政策内容和政策过程的重点。激励参与者向他们中有经验的人学习，从广大的利益者中获取对政策内容和政策过程的理解，分析参与式林业政策过程的介入所带来的变化，并逐步培养锐利的洞察力，提出进一步改进政策内容和过程的建议。协调员要掌握成人学习方法，促进参与成员间的相互学习。

协调员要创造空间和时间鼓励参与式分享学习经验和知识，包括从 PME 过程中学习的方法、知识的源头、收获和体会。可以通过座谈会或简报的形式推动学习经验和知识。

三　反馈

PME 小组需要把监测和评估的结果整理出来。他们可以通过口头报告、简报的形式与参与政策过程的代表分享，或通过媒体等形式更广泛征求相关利益者的意见。在专家的帮助下，可以编撰成文字报告，向参与式林业政策过程发起单位汇报并由他们进一步征求相关利益者的意见或作为决策参考依据。

第十章 方法和工具

在各国参与式林业政策过程实践中，FAO积极支持各国开展参与式方法和工具的实践。因而形成了一系列能有效运用到政策过程中的方法和工具，称为"工具箱"。这些方法和工具可以推动利益相关者的参与。

方法和工具的选择和使用效果要受到国家、地方文化和习俗的影响。在基层，把酒喝好了，大家参与的积极性就高了。中国人好面子，欣赏温文尔雅、恬静，讨厌大大咧咧、一说就错的人。而参与式林业政策过程希望参与者积极地介入，不要怕说错了，无须顾及分享不成熟的观点。中国人不爱公开争论，不习惯在公共场合辩论，而偏好琢磨和私下沟通。但我们喜欢行动，看准了就不会放松，还总是能作出成绩了，让世界瞩目。一个硬币的两面，好的和坏的揉搓在一起了。东南亚、南亚和非洲国家的经验，他们倒是不怕吵，爱辩论。但即使是"站"而论道，也不愿意让步、妥协，就是不行动。我们还缺乏开发适用于我国的参与式的方法和工具。

第一节 沟通方法

一 简介

相对于专家和官员，大众缺乏专业知识和信息。森林已经融入人们的日常生产和生活，尤其是那些生活在山区的人们。如果林业科技工作者高高在上，教育大众，官员视政策为教育和管理森林经营者、木材商人和加工者的工具，以为真理在握，大众不懂。然而越是认为大众无知，科学工作者和官员越是放不下身段，大众越反感。林业发达的国家，如何与大众沟通成为政府林业部门的工作重心之一。英国为此雇佣了专业的形象设计公司，而美国林务局花费大量的人力和物力，向公众、议会推销"森林健康"的话语。我国被涂鸦成"国际非法采伐木材集散地"，问题就出在与国际社会的沟通上。

各国的国情和林情各异，很难提供一个统一的沟通方案。英国皇家林委会通过一个综合系统的规划重塑了林业的形象，并促进了林业内部的改革。绝大多数国家，则是强化宣传部门、伙伴关系部门的责权改善与公众的沟通。在参与式林业政策计划中，沟通是通过一个有计划的、与多相关利益共同合作的信息收集和传播活动，旨在赢得更多部门和公众对林业，包括林业政策或林业重大行动的支持。

二　沟通对象

在参与式林业政策过程中，期望沟通对象尽可能地多。然而，需要分阶段、分步骤确定沟通的重点对象。在参与式林业政策过程早期阶段，主要沟通对象是政府官员、部门管理人员和专家学者。沟通方式主要是各种类型的会议等。随着参与式林业政策过程的开展，不同的利益群体介入其中，沟通对象越来越复杂，沟通方式需要根据相关利益者的特点来选择。需要考虑成本因素，随着沟通对象人数和类型的增加，沟通成本会增加很快。

较直接的沟通对象：中央政府机构、咨询机构、NGO、地方政府机构、林权所有者、林业组织/协会、国际组织、媒体、教育机构、学校/小学生、参与木材生产的经营者、木材加工商。

较间接的沟通对象：游客、流域下游的居民、狩猎爱好者。

三　信息

信息是沟通的物质基础，需要准确地反映客观实际。信息可来源于文本资料、官方统计资料，也可来源于参与式林业政策过程，参与利益主体共同开发的一些信息资源。信息要尽可能避免歌颂林业部门的尽心尽责，以免引起反感。也要回避一些立场比较极端的NGO过分夸大森林面临的问题。

四　沟通途径

讨论会、研讨会。面对面会议很重要，可以促进团队的形成，增加人与人之间的和谐，有利于林业政策过程的开展。在过程中一些重要的活动，比如启动参与式林业政策过程，开发了相关利益者共享的网站、微信平台、标识等，则可以提高会议的级别，吸引媒体并通过他们的传播媒介介绍给公众。

媒体。建立与记者和编辑的友好关系，通过他们建立与公众沟通的渠道。

出版物。出版介绍参与式林业政策过程的小册子。宣传材料和其他出版物上，要采用包容的语言，不能总是在宣传成绩。

张贴画。可针对不同利益群体的特色印制不同张贴画。除介绍参与式林业政策过程的目标外，对于林农家庭，带有日历的张贴画会增加实用性。而用于在村委会办公室、社区商店、木材和林产品集市的张贴画，其内容应包括相关利益者代表筛选等，推动弱势群体的积极参与。

网络和手机。需要充分发挥网络、手机在信息传播中的作用。如可以与电信部门合作，通过短信的形式向利益相关者发送林业政策过程的短消息。如建立微信平台、QQ群，促进与相关利益者的交流。

可视标识。制作一些带参与式林业政策过程名称的信纸、台历、铅笔和鼠标垫、文化衫等产品，能激励参与者的积极性，提高参与式林业政策过程的显示度。

第二节 问题树和 SWOT 分析

在我国政策过程中，问题树和 SWOT 分析方法往往受到相关利益者代表和政策发起机构的推崇。问题树，是以树枝、树干和树根等树状图形系统地展示存在的问题，并从中分析问题、成因及其后果逻辑关系的方法。SWOT 是由 Strength（优势）、Weakness（劣势）、Opportunity（机会）和 Threat（威胁）四个英文单词首字母构成，该分析方法比较常见于运用在企业战略规划中。与相关利益者共同确定了林业面临的关键政策问题，根据政策的问题就可提出政策意见，并需要对政策建议开展 SWOT 分析，以便分析政策建议的可行性。需用展示板、A1 牛皮纸或大白纸、卡片、图钉、胶水等材料。

一 问题树

问题分析可找出问题的根源，确认问题成因和问题带来的后果，分析问题成因间相互关系、后果间的内在联系，针对问题和后果，初步提出解决方案的建议分析（见图 10-1）。可分为以下五个步骤。

影响

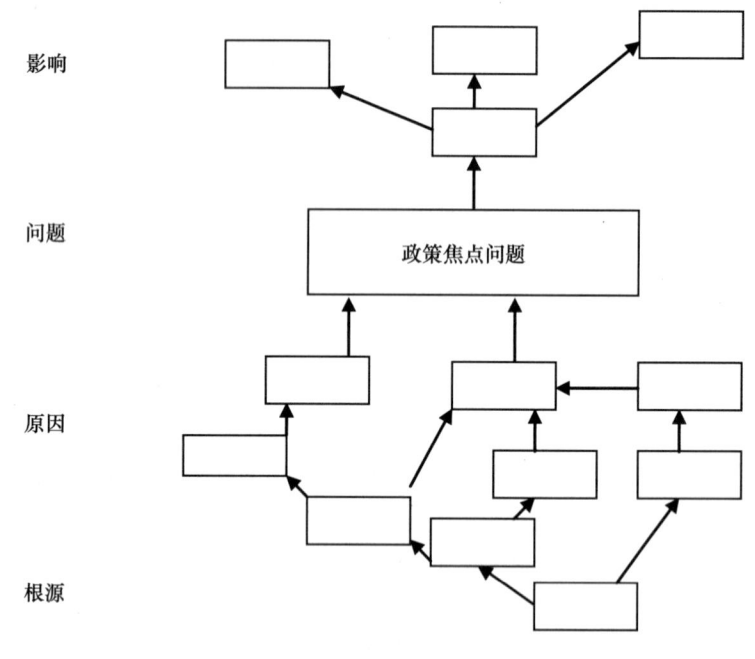

问题

原因

根源

图 10-1　问题树模型参考图

　　形成问题序列。从各利益相关者代表中征集各自林业政策焦点问题，并要求各利益相关者代表给出理由。

　　选择焦点问题。利益相关者代表共同讨论并协商，达成就焦点问题的一致意见。

　　构建问题树。把焦点问题当树干，直接导致这个问题的问题（成因）作为一级主根，直接导致一级主根问题的问题作为二级主根，最终直达根本上的问题，而形成问题树根。把树干焦点问题直接带来的问题（后果）作为一级树枝，把一级树枝问题带来的问题（后果）作为二级树枝。可通过代表们集思广益征集问题，不断给这棵树以因果关系的逻辑增加"树枝"或"树根"，大的"树枝"或"树根"上有许多小点儿的"树枝"或"树根"。以此类推，找出焦点问题所有相关的问题，并以一定的逻辑关系展示出来，图 10-1 展示了问题树的模式图。要反复修订问题树，直到其逻辑关系能成为相关利益者代表的共识。

　　构建目标树。把问题树中的每一个问题，负面的表述变成积极的结果。如采伐指标分配不公，可转化成采伐指标分配公正。这就将问题树转化成目标树，直接相关的两两问题之间的"问题—后果"的逻辑关系转变为"手段—目的"的逻辑关系。协调员邀请相关利益者代表共同讨论，分析目标树中"手段—目的"的关系是否科学和完整。需剔除逻辑上不成立的部分。如分析"中幼林抚育实施缓慢"问题，提出"营林人员老年化"、"年壮年外出打工"这些原因。然而，我们不能说，"加快中幼林抚育"方案是"减少老年林业从业人员"和"阻止青壮年人员外出打工"，这显然是不妥的。

提出预选方案。协调员邀请相关利益者代表共同讨论这些政策方案，从中选出一些重要的方案作为初选方案。

二 SWOT

基于上述预选方案，可开展不同预选方案的SWOT分析。相关利益者代表根据其知识和经验，分析政策建议方案的优势、劣势、机会和威胁。把结论写在卡片上，要着重记下给出这些结论的详细理由。协调员要协助参与利益主体的代表理解SWOT，避免不同代表间因对优势、劣势、机会和威胁理解的不同而带来分析上的不方便。一般的做法是将优势和劣势定义为过去，而将机会和威胁定义为未来。在进行SWOT分析的时候，先对过去的优势和劣势进行分析。再展望未来，如何发挥优势，克服劣势，那么这些结论就归入"机遇"。如果政策变动（如禁伐政策、生态文明导向的发展政策）、宏观社会经济条件的变化（如房地产崩盘、政府收入大幅度下降），过去的优势无法发挥或反而变成劣势，或是劣势不但无法克服反而更为严重，那么就归入"威胁"。图10-2展示了SWOT分析的模式图。

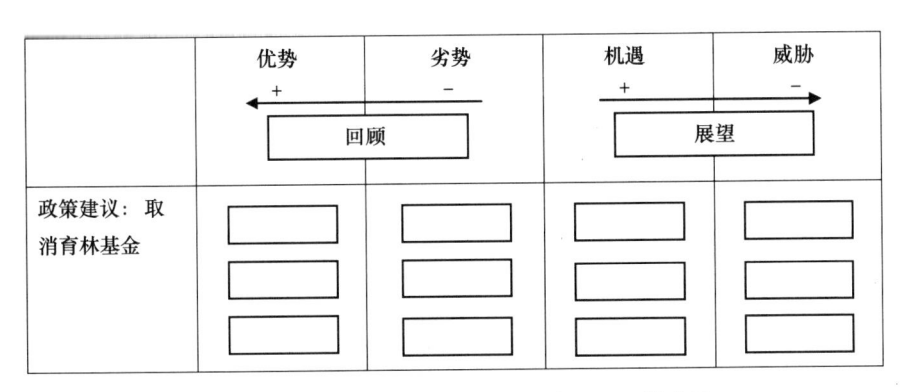

图10-2 参与式林业政策过程中的SWOT模式图

第三节 H—图形法

一 简介

H—图形有助于创造一个简易、轻松、草根式的环境,以开放的方式,记录个人的观点并与群体分享与讨论。能够推动参与者代表对问题或政策建议内涵认知的统一,克服不同代表因知识背景和经验对问题理解上的偏差,有助于培养个人表达能力。它能用于各种形式的会议,地点选择灵活,可在会议室,也可在办公室、村庄、酒吧。

二 步骤

材料:展示板,A1 牛皮纸或大白纸、卡片、图钉、胶水等。

1. 在 A1 长边 1/4 和 3/4 处对折,再以宽边中线处对折,展开后沿折痕画醒目的 H,通过 H 线将 A1 纸划分为 A、B、C、D 四个区(见图 10-3)。

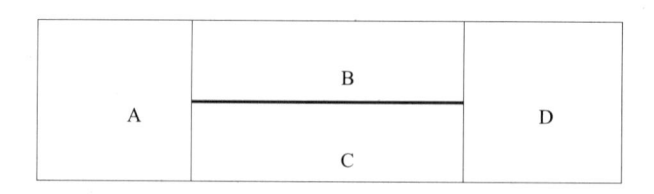

图 10-3 H—图形的样图

2. 协调员在 B 区的顶端中心处写上要讨论的问题,比如参与式林业政策过程中各相关利益群体的参与程度如何?这是关于参与式林业政策评估的问题。

3. 在 ABC 三区交点处写 0("无参与"或画不高兴的表情),在 BCD 交界点写上 10(充分参与或画高兴的表情)。则在 H 图中分线可形成了 0—10 的尺度。

4. 协调员请参与者在 H 图中分线 0—10 尺度上标记个人的评估得分。

5. 给每位代表至多不超过 3 个即粘的卡片,分别记录负面评价的原因,即为什么没得到 10 分,每张卡片上只记录一个原因。粘贴在 A 区中。

6. 同样给每位代表至多不超过 3 个即粘的卡片，分别记录正面评价的原因，即为什么没给 0 分，每张卡片上只记录一个原因。粘贴在 D 区中。

7. 协调员可将参与成员分为两组，请他们分别以小组讨论的方式形成共识，提出若干条的结论，记录在新的卡片上，粘贴在 A 和 D 区中。

8. 将结果展示出来，并要求这两个小组派代表宣布每一条结论，并期待得到大家的认可。欢迎团队中成员提出反对，但需要指出反对的理由。协调员鼓励其他成员聆听并尊重反对的意见，并要求把反对意见记录下来。

9. 刻度尺上各位相关利益者代表已经给出了个人的评分，协调人可以简单估算出平均得分。经过一轮分析和讨论，协调人无须要求每人给出个人评分，而是鼓励团队就本答案给出一个得分达成协议，比如 7.5 分。并将这记录在 B 区的中间。

10. 最后，再次给每一个成员 3 张卡片，写出如何改进参与式政策过程的建议。或也可以分小组讨论提出若干条意见，写在卡片上，粘贴在 C 区中。

最终形成了图 10-4 展示的材料。

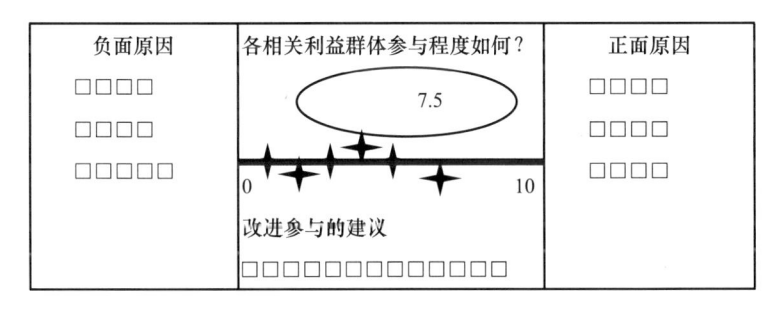

图 10-4　H—图形的模式图

第四节　大事记

一　简介

大事记，又称历史演变图，展现了对相关利益者有较深关于森林、政策、乡村变迁的历史。以大事记为基础，研究工作者可采用口述史的方法进一步深入研究。大事记有助于识别现有森林资源管理方式和制度的原因，理解影响新的林业政策实施可能的因素，如森林管理制度的变迁、林业部门管理方式的变化、森林数量和质量的历史变化等。开展大事记分析，需要准备好 A1 纸、签字笔、卡片、胶带和胶水等。

二　步骤

1. 要选择恰当的代表来制作大事记。如开展社区调查，要选择年长者、村干部或其他对村庄历史有比较全面掌握的人。而在相关利益者代表中，选择年长的、从事林业工作比较长的。要考虑性别差异，要兼顾男人和女人的代表。

2. 确定大事记需讨论的内容、时间长度。

3. 从相关利益者代表中挑选一人负责收集大家的意见，并制作在图纸上。

4. 给每位参与者提供卡片，请求参与者在每张卡片上写上一条与主题相关的重要历史事件。

5. 把卡片收集起来，协调员对每张卡片的内容进行分类，供集体讨论，留下与主题相关的历史事件，分析其原因和对确定的政策主题的影响，如图 10 - 5。

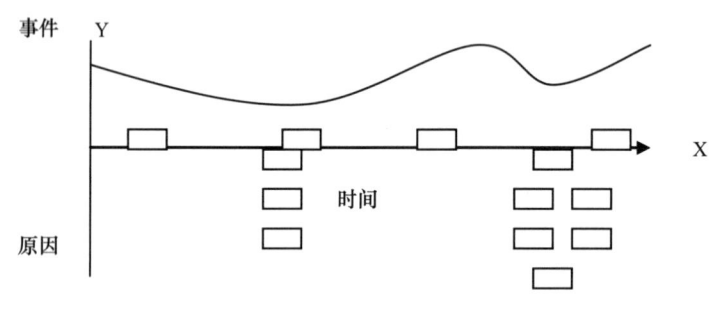

图 10 - 5　大事记示意图

第五节　文氏图

一　简介

文氏图亦被称为"关系图"或是"饼图"。文氏图是用来研究不同单位关系常用的方法之一。文氏图用各种尺寸的圆圈来代表机构和个人。圆圈越大，表示机构或个人越重要。圆圈重叠表示互动，重叠的程度能展现互动的层次。

文氏图是另一种比较抽象的工具，可展现影响林业政策内部与外部各种组织间的相互关系，获取不同组织相关资料，衡量他们在制定决策上的分量以及发生冲突的根源。

二　步骤

需准备彩笔、彩色纸、胶水、A1 纸、剪刀等材料。

1. 确定绘制文氏图的目标，如特定林业政策不同组织间的合作伙伴关系。

2. 要求相关利益者代表罗列出所有机构的名称。

3. 请一个专业人员简要介绍这些机构，让参与代表对这些机构有一些了解。

4. 协调员预先剪好大小不同的纸圈，供参与代表选择。用圈的大小表示这个机构对特定政策的影响力，纸圈越大，表示影响力越大。两圈之间的距离代表两机构间的伙伴关系，关系越近，两者之间的距离越短。而成文氏图（如图 10 - 6）。

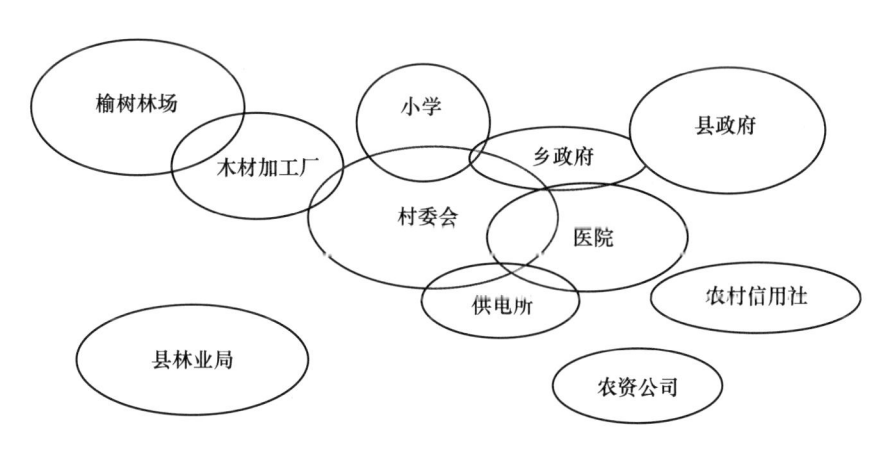

图 10 - 6　组织关系图示例

注：圈的大小表示机构对村民生产生活的影响，而圈与圈的距离表示两者之间的关系。

5. 请参与代表进一步讨论是否符合实际，并进行相应的调整，最终达成一致。

三 用途

1. 确定林业政策潜在的合作者，分析相关利益者间可能出现的冲突及其根源。

2. 确定利益相关者。如非木质林产品的收集者、林农、木材加工商、木材采伐队、林业站、村委会。

3. 确定介入乡村社区的主要机构和个人，分析他们之间的关系。

第六节 鱼缸辩论法

一 简介

鱼缸辩论法广泛运用于多相关利益群体研讨会。这为利益相关者群体提供了平等的辩护机会。在辩论过程中，一些最有争议性的议题会逐步暴露出来。这个方法最大的优势是为相关利益者提供了平等的机会，并避免少数群体控制辩论的过程。

二 步骤

1. 将多相关利益群体研讨会代表分成若干组。小组可以自由组合，也可以是由协调员指定组成的。可以是基于相关利益者代表的身份，比如木材加工企业、林业局、林农、NGO 来组织小组。也可以基于个人兴趣，比如支持禁伐的人组成一个小组，而反对的组成另一个小组。支持放开采伐指标的是一个组，而反对放开的又是另一个小组。

2. 各个小组成员着手准备本组论点和论据，准备一些反驳对方论点和论据的素材。支持本方立场的论点最好不要超过 4 个，小组内要精心准备，必须在组内达成一致或妥协的论点。一场鱼缸辩论会所需时间决定于小组数量和每组提出的论点数。如果有 4 个小组，每个组提出 4 条论点，假设平均每条论点辩论需要 15 分钟，那么这场辩论会需要预留 4 个小时。每个小组需要为每一个论点指定辩护人。由他协调小组成员，采用灵活多样的合作方式，为本方立场辩护。

3. "鱼缸"准备。在会议室中央放置一圈椅子，称为"鱼缸"。参与辩论的人数决定了椅子数量，一般为 3—5 把。参与辩论的人，称为鱼，面对面坐在椅子上。在适当的地方，通过投影仪，或 A1 纸展示各方论点，需一个接一个地展示。每一个观点只是在陈述前展示，陈述前最好不要泄露。在圈子的中央配备一个麦克风。

4. 让所有人坐在鱼缸外的外圈椅子上，协调员说明鱼缸辩论法的规则。只有那些坐在"鱼缸"内的人，也就是"鱼"，才可以辩论，而坐在外圈的人不可以参与辩论。一次只能有一个人发言，用麦克风作为鱼缸内参与者发言的"接力棒"。圈子中央的一把椅子专门留给论点的主辩护人，其他的椅子则给回应者。将一个论点打开，其主辩人陈述立场、努力说服参与者，然后围绕该论点辩论。主辩护人可以一直坐在辩护人席上。当辩护人陈述立场后，辩论开始，任何外圈的人都可以坐到鱼缸内的椅子上提出支持、质疑或反驳的论点。每一位回应者陈述完后，辩护人都有权选择回应。鱼缸内只要有空椅子，外圈的人均可进来。当回应者作出陈述后就必须离开内圈，回到外圈的座位上，并且等待至少一位其他反驳者进场陈述后，才有资格进鱼缸内等待发言。第一次进入鱼缸内并获得发言的回应者，必须声明本方立场，支持或反对辩护人的观点。在鱼缸式辩论中，控制时间和严格执行约定规则是十分重要的。主持人必须公平对待所有参与者。给予每个组大致公平的时间来陈述他们的论点，组员可灵活分配总时间，以保障本方论据能充分陈述。如果某论点引发了激烈的辩论，可以适当宽限一点时间；相反，如论点的争论不大，可以缩短时间，并进入下一个论点辩论。当该论点的主辩护人回到外圈，则可以打开论点并请该论点的主辩护人入场发言。直到最后一个论点辩论结束。主辩护人陈述时间不超过5分钟，其后辩护人和回应者一次发言均不能超过3分钟。

5. 在鱼缸辩论结束后，协调员可以进一步与所有参与者一起总结一些有价值的信息。整理出基本达成共识的论点和争议较大的、难以达成共识的论点。回顾总结是否达成共识，可以简单用举手表决的方式。还可以询问是否有人因辩论会而改变其观点，并要求陈述改变的理由。这些都为参与者分享和学习创造了一个很好的平台。

第十一章　参与式方法在制定林木采伐管理规定中的运用

在联合国粮农组织（FAO）、国家林业局国际司、资源司和福建三明市林业局的支持下，首次尝试将参与式林业政策过程的理论和方法运用到三明市林木采伐管理规定政策的制定中。第 11—15 章介绍了参与式林业政策过程的试验过程，包括三明市林木采伐管理规定政策分析、参与式林业政策过程培训班、林木采伐管理田野调查、听证会和政策出台后的效果等五章。

第一节　参与式林木采伐管理政策项目的由来

FAO 为指导各成员国实施国家林业计划，希望能制定出参与式国家林业计划指南。国家林业计划（National Forestry Programme）基金由 FAO 托管，旨在协助各成员国在制定林业政策过程中推动多相关利益群体参与和多部门合作协调。基于国家林业计划基金在各成员国的试点经验，FAO 制定了参与式国家林业计划指南（草案），并选择中国、菲律宾、巴基斯坦、蒙古、塔吉克斯坦和吉尔吉斯斯坦 6 个亚洲国家开展试点，以进一步完善指南。

2006 年 9 月在菲律宾开展了亚洲参与式国家林业行动计划培训班。在这个培训班上，形成了各试点国开展国家林业规划实施指南试点计划，以检验参与式国家林业计划指南所推荐的程序、方法、工具的实用性和科学性，为进一步完善指南提供给各国的实践经验。考虑到开展国家林业计划的复杂性，加上中国是一个大国，试点计划选择三明市采伐管理规定作为政策切入点，开展参与式林业政策过程试验。

参与式林业政策过程切合我国林业政策发展的长期需求。过程决定结果，我国亟须一个充分调动利益相关者参与的林业政策制定过程。面对利益诉求多元、相关利益者利益关系十分复杂、社会经济快速变迁推动利益关系变化十分迅速，没有相关利益者的充分参与，是难以形成一个好的林业政策方案的，即使有了好的政策方案，也难以取得好的政策结果。林业政策的多变和不确定性已经成为制约我国林业发展的焦点问题。而林业政策多变和不确定性正反映了我国政策制定过程的随意性。我国需要建立一个林业政策制定的法律规范，以约束各级林业部门减少政策出台的随意性。然而形成林业政策的完善法律制度目标是难以在短期内实现的，而 FAO 参与式国家林业规划过程的试验实质上揭开我国林业政策制定过程规范化的序幕。参与式林业政策过程运用参与式的方法和工具，将不同利益群体的人之间的交流和磋商突出到政策评估和政策完善的中心。

选择福建省三明市林木采伐管理作为参与式林业政策过程政策内容来试点有其必然性。2003 年，福建省率先开展集体林权制度改革。一般来说，将明晰集体林地使用权和林木所有权简称为基础改革，也叫主体改革；而放活经营权、落实处置权、保障收益权简称为深化改革，也叫配套改革。配套改革主要内容包括：森林采伐管理制度创新、创建林业要素市场、森林资源规范流转、林权抵押贷款、林业经济合作社、森林资源培育和保护体系等。福建省集体林权制度主体改革于 2006 年左右完成。从历史上看，我国集体林权制度发生了数次大的调整。20 世纪五六十年代"人民公社化"，80 年代林业"三定"，90 年代荒山拍卖到最近这次的集体林权改革，促动了利益相关者深层次的利益关系，深刻影响到我国集体林管理的法律制度和利益分配。我国集体林权制度频繁改革的关键动因之一是各利益相关者的利益冲突不断恶化，需要对利益关系基础即产权配置进行调整。一旦现有林业产权制度不能妥善协调各利益相关者的利益需求，故新的林业产权制度的出台就变得势在必行。在基础改革完成之后，如何调整影响产权配置效率的管理制度，充分发挥市场的作用，协调不同利益相关者的利益关系对于集体林权制度改革的成功至关重要，而对不同利益相关者对林权制度配套改革政策诉求进行的分析和把握，是协调好各种利益关系的前提。

2007 年以后，福建林权制度改革进入到配套改革阶段。从配套改革的内容上看，配套改革阶段将林业利益相关者都融到一起，每一个具体配套改革内容都涉及相关利益者的具体利益。如果配套政策的设计依旧如主体改革那样是政府的一头热，那么集体林权制度改革必然走向失败。事实证明，集体林权制度配套改革依然没有克服政府尤其是林业部门一头热的问题，缺乏有效的决心和措施推动利益相关者的参与，配套改革措施总体上讲依然没有被利益相关者所接受，我国发轫于2003年的集体林权制度改革总体上讲是失败了的。这凸显了三明林木采伐制度创新的意义，将参与式林业政策过程引入木材采伐制度创新实践能为总体上集体林权制度改革的失败提供一点借鉴。

在配套改革中，森林采伐管理制度创新一直是重中之重，因为森林采伐管理制度直接影响了林农的自主经营权和采伐处置权，进而影响其收益权的实现。1984年颁布的《森林法》规定，依据用材林消耗量低于生长量的原则，严格控制森林年采伐量。自"七五"到"十一五"，我国编制和执行了"五期"森林年采伐限额，经过20多年的努力，逐步建立起"以采伐限额管理为核心，以凭证采伐、凭证运输和木材加工监管为重点"的森林采伐管理体系。森林采伐管理体系有效的运行为我国森林资源保护和增长发挥了十分重要的作用。然而随着我国集体林权制度改革的深入，蓄积限额的森林采伐管理规定与落实林农根据木材市场价格的波动和经营需求的自主经营权、林木处置权的要求之间的矛盾十分突出。蓄积限额的林木采伐管理规定呈现出采伐申请程序复杂、渠道不畅，指标分配不合理、不及时，伤害了林农合理的利益诉求，影响了林农开展正常森林经营的积极性（杨建洲、张建国，2001）。

森林采伐管理改革是全面推进集体林权制度改革的必然要求。集体林权制度改革后，林业的生产关系发生了重大变化，广大林农拥有了林地承包经营权和林木的所有权，渴望明晰的经营权和处置权。森林经营主体的落实，也为全面提升森林经营水平提供了重要条件。抓住这一机遇，建立与现代林权制度相适应的森林采伐管理新机制，对保障生态安全，释放林业生产力，实现生态受保护、林农得实惠，促进广大林区的和谐发展具有重要意义。国家林业局并于2008年出台了《关于开展森林采伐管理改革试点的通知》（林资发（2008）263号）（见框图11－1）。

第十一章 参与式方法在制定林木采伐管理规定中的运用

框图 11-1 **《关于开展森林采伐管理改革试点的通知》（摘要）**

一、森林采伐管理改革试点的重要意义

森林采伐管理改革涉及面广、影响深远，不仅关系到森林经营者的权益，还关系到林区的生态安全和全国林业的健康发展。先行开展试点工作，积极探索改革中可能出现的各种问题及解决办法对保障全面改革的顺利进行具有重要作用。

二、森林采伐管理改革试点工作的指导思想、基本原则和总体目标

在改革试点工作过程中，必须坚持统筹生态管理与落实森林处置权的原则，确保生态受保护，林农得实惠；坚持分类指导、循序渐进的原则，确保改革有序展开；坚持依法经营、规范管理的原则，确保方便林农，依法行政；坚持可持续经营的原则，确保提高森林经营水平。

通过试点，在试点单位构建管理公正透明、经营科学有序、管理与经营相协调的森林采伐管理新机制，逐步建立起以森林分类经营为主线，县级森林经营规划为指导，森林经营方案为载体，小班经营为单元，多种经营模式为支撑的森林可持续经营新体系，最终实现森林采伐由指标控制向森林可持续经营管理转变，为全面改革提供理论框架和实践基础。

三、森林采伐管理改革试点的重点内容

（一）改革森林采伐限额管理，探索森林资源消耗管理的新途径。森林采伐限额管理范围可确定为规划林地上的各类林木，其他林木采伐可不纳入采伐限额管理。简化森林采伐限额指标结构，经国务院批准，各省、自治区、直辖市分解下达的"十一五"期间的年森林采伐限额可实行总量控制，也可以根据本地区森林资源保护管理和森林经营的实际需要由各省、自治区、直辖市重新设置分项限额，对年度木材生产计划实行备案制。

（二）改革森林采伐管理方式，探索建立森林采伐分类管理的新机制。规划林地上的林木，已编制森林经营方案的，按照森林经营方案分配采伐指标，批准采伐申请，核发林木采伐许可证；未编制森林经营方案的，按照森林资源所占份额和分类排序的原则安排采伐指标，批准采伐申请，核发林木采伐许可证。

（三）简化林木采伐管理环节，探索建立森林采伐高效管理的新模式。森林经营者需要采伐林木的，可以向乡镇林业工作站提出申请，也可以直接向县级林业主管部门提出申请，取消其他各类中间审核环节。简化伐区调查设计，对商品林实施简易伐区调查设计，实行皆伐作业的，以面积控制为主，实行择伐作业的以蓄积控制为主。对符合设计要求的，可按实际采伐量核销采伐限额指标。

（四）加强科学经营管理指导，探索建立森林可持续经营管理的新体系。一是编制县级森林可持续经营规划。二是在县级森林可持续经营规划的总体框架下，按照广大林农能接受，林业部门可操作和具体实施简易实用的原则，加快编制森林经营方案，使各类森林经营主体编制的森林经营方案所拟定的森林经营模式和森林经营活动与森林可持续经营规划相衔接。三是开发多种森林可持续经营模式，针对不同区域、不同森林结构和功能以及不同经济发展水平等特点，开发相应的森林可持续经营模式。

福建三明市位于福建省中部，是中国南方重点集体林区，土地面积2.29万平方千米，占福建省陆地面积的18.9%。全市林地面积2842万亩，其中森林面积2645万亩，森林覆盖率76.8%，活立木蓄积1.2亿立方米，竹林储量3.88亿株，是全国全省的重点林区。作为全国全省的重点林区，三明市1990年被确定为全国森林资源和林政管理示范点；1996年，被国家林业局确定为全国林业分类经营改革试点；2004年4月被国家林业局确定为全国集体林区林业产权制度改革试点。三明市是我国南方集体林区一颗明珠，我国集体林区改革的排头兵，长期作为我国集体林改革政策和制度实践的试验田，为我国集体林管理政策和制度建设作出了杰出的贡献。我们承接了FAO参与式林业政策过程试点项目，经与国家林业局国际司和原政策法规司协商，决定在福建三明市开展试点研究。2007年，三明市林业局在开展了前期调研的基础上，决定将"参与式政策过程方法"运用到采伐指标分配政策制定中。

在集体林权制度主体改革基本到位后，福建三明市林业局感受到空前的压力，如何使采伐指标分配更加公平、公正、透明，就必须先制定出一个各方都能认可的采伐指标分配办法来。为此，三明市林业局欢迎将参与式林业政策过程运用到采伐指标分配办法的制定中。从三明市林业局正需要寻求合适的方法、严谨的操作过程来开展林木采伐制度的评估，制定出的新采伐管理制度，并能有效执行、监测和评估。

第二节 三明市参与式林木采伐管理规定制定项目清单

一 政策发起单位

三明市参与式林木采伐管理规定制定项目发起单位是三明市林业局。三明市林业局成立了林木采伐管理规定制定领导小组，由三明市林业局主管副局长任组长，林业局资源站站长任副组长，下属各县主管资源管理的副局长任成员而组成。具体工作由三明市林业局资源站承接。

项目监督单位明确为三明市监察局，三明市人民代表大会。

二 项目实施主体

三明市林业局和中国人民大学农业与农村发展学院共同组成了项目团

队。三明市下属沙县、明溪县、永安市分别成立了林木采伐管理政策工作小组。项目邀请联合国粮农组织高级官员 Dominique Reeb 博士和国家林业局政策法规司相关领导作为顾问。联合国粮农组织聘请了参与式林业政策过程专家现场指导，并组织参与式林业政策过程培训班。聘请了中国林科院和贵州财经大学的相关专家作为过程协调员，指导各县开展参与林木采伐管理规定政策田野调查、分析和政策建议工作。

三 项目主要工作

1. 评估现有和面积限额试点的林木采伐管理政策存在问题、面临的挑战和政策建议；

2. 开展了参与式林业政策过程培训；

3. 开展了林木采伐管理规定政策参与式田野调查；

4. 组织了林木采伐管理规定政策听证会；

5. 形成了"三明市林木采伐管理规定"文件，并经局党政联席会议通过，报三明市人民政府批准后，在全市执行。

第三节 我国林木采伐管理体系的历史回顾

森林采伐管理体系，是在建国初期森林资源大量减少，为了保护和合理利用森林资源，扭转森林资源过度消耗的不利局面，加快国土绿化，发挥森林资源作用的主导目标下制定的。1987 年以来，实施的是以采伐限额制度为核心的森林采伐管理制度，包括森林采伐限额管理制度，木材生产计划管理制度和林木采伐许可证管理。通过控制森林年采伐量小于森林年生长量来逐年增加森林资源存量，从而在控制森林资源过量消耗方面起到了关键作用，促进了林业生态、经济和社会三大效益的协调发挥。

1990 年以前，森林采伐制度实行的是计划经济条件下以木材生产计划管理为主的管理模式，虽然制定了采伐限额，但仅限于对商品材资源消耗的管理。而农民自用材、农业生产用材和烧材等未纳入森林采伐限额管理。1991 至 1995 年期间，将商品材、农民自用材、农业生产用材和烧材等，全部纳入采伐限额"一本账"管理，实行全额管理、分项控制，既控制消耗总量，又控制消耗结构。1996 年以后，森林采伐限额管理在原有的基础上，又增加设置了按主伐、抚育采伐和其他采伐类型的分项采伐限额指标，形成了除总量外，还按采伐类型管理过度的森林采伐限额管理模式。

从微观层面来理解，森林采伐限额是编制采伐限额的单位年允许采伐消耗森林、林木蓄积的最大限量。根据《森林法》及其实施条例的要求，按照用材林的消耗量低于生长量的原则，对国家所有的森林和林木，以国有林业企业事业单位、农场、厂矿为单位，集体所有的森林和林木与个人所有的林木，以县为单位制定年采伐限额。

为应对市场需求变化及林业发展，我国不断在进行森林采伐管理制度的调整和优化。2000 年，国务院颁布的《森林法实施条例》规定"森林采伐限额每 5 年编制一次。"2003 年，国务院颁布的《关于加快林业发展的决定》更加明确了林业分类经营管理的思想，对公益林和商品林分别采取不同的管理体制、经营机制和政策措施。国家林业局逐步放宽采伐管理的条件，在保障森林经营者合法权益的目标下，适度放宽了人工商品林的采伐管理，森林资源采伐管理有了实质性改进，并且在实践中也取得了一定成效。"十一五"期间，商品林中的用材林采伐量不超过用材林生长量的基本原则确定限额，生态公益林不编制主伐限额。天保工程中的限伐区中的天然商品林暂不编制限额，天保工程禁伐区不编制采伐限额。定向培育的工业原料用材林的采伐年龄由经营者确定，并且对工业原料林实行采伐限额单编单列。

自 2003 年集体林权制度改革以来，来自基层林农配套改革森林采伐管理制度的呼声引起了国家林业局等各级林业主管部门的重视，并且随着社会主义市场经济体制的不断完善，集体林权制度改革和现代林业建设的不断深入，蓄积限额的森林采伐管理与落实林农处置权的要求和森林经营的矛盾日益突出，为了进一步推进森林资源采伐管理改革步伐，国家林业局在 2008 年出台的《关于开展森林采伐管理改革试点的通知》中，对于森林采伐管理改革的指导思想、基本原则和总体目标，提出了森林采伐管理改革的要求，着重在非林地上林木采伐不纳入限额管理；建立以森林经营方案为基础的森林采伐限额管理体系；简化森林采伐限额指标结构；年度木材生产计划实行备案制；简化采伐审批环节；简化伐区调查设计等 15 个方面进行改革和完善。包括三明市在内的各试点积极地进行森林采伐管理制度创新改革（见框图 11-1），其中最重要的变化，实际是面积限额采伐管理代替过去的采伐量限额管理的制度。

第四节 福建三明地区森林采伐管理制度演变和面临的挑战

在2005年底,福建三明市率先完成集体林权制度改革明晰产权的主体改革任务。此后,三明市积极开展编制实施森林经营方案和按面积控制采伐的试点,规范林木采伐计划分配和使用管理,取得的进展得到了福建省林业厅和国家林业局的充分肯定。

三明市林木采伐管理机制的演变历程可划分为三个阶段:(1) 1990—1996年,重点探索建立健全制度,完善以全额控制、分项管理为核心的采伐限额管理制度。1988年始,原国家林业部相继出台了一系列关于加强森林资源保护管理的政策措施,对森林资源实施限额采伐、凭证采伐、凭证运输和凭证经营加工等制度。三明市结合自身特点,探索并建立了符合南方集体林区实际,具有操作性的一系列具体规章制度和管理办法。(2) 1997—2004年,重点探索如何有效改善管理的手段,逐步建立和完善森林资源和林政管理网络信息系统。运用计算机技术、网络技术和信息技术,在建立森林资源调查小班数据库基础上,建立完备的、与森林资源管理相配套的管理系统。(3) 2005年至今,重点探索体制机制创新,建立适合集体林区现代林业建设要求的发展之路。根据不同时期林业发展的要求,研究探索理顺林业生产关系,促进林业生产力发展的管理机制。

具体到这次集体林权制度改革上来,三明市已经形成的"国有林场、国有林业采育场、乡村集体"三大经营主体的采伐指标分配模式,已无法适应多元化森林经营主体的需求,采伐指标分配由单纯的木材生产问题迅速上升为"林农关心、媒体关注、政府关切"的社会热点和焦点问题。面对新的变化,有的地方采取平均分配,有的地方采取电脑抽签,有的地方采取集体决策的办法,一时间"跑采伐指标"成了一些"能人"炫耀的本事。2005—2006年,三明市林业局多次组织林木采伐计划分配专题调研,提出了"评分制"的初步分配方案及改进方案,但始终难以在基层取得一致意见。

2004年后,经国家林业局批准,福建三明市开展了按面积限额采伐森林的试点。框图11-2详细介绍了按面积限额采伐森林的办法把目前按蓄积限额进行林木采伐控制的管理模式,转变为国家级和省级实行蓄积限额控制，县市级实行面积限额控制的林木采伐管理模式，在采伐设计、审核批准、规费收取、伐区监管和木材运输等环节上进行全面调整，逐步建立和完善与按面积限额进行采伐管理相适应的管理机制（朱磊等，2008）。

框图 11-2　按面积限额进行采伐管理的实施办法

（一）限额对接与数量换算。为了与现行蓄积限额管理制度对接，在国家级和省级蓄积限额管理的控制下对县级实施面积限额管理。面积限额量为上级下达的蓄积限额减去应预留蓄积限额，再除以该地区该类型林分平均单位面积的蓄积量。预留限额主要用于重点工程征占地、森林火灾、病虫害和散生木等特殊性质采伐。

（二）伐区设计与采伐申请。伐区设计由林农或经济实体在自愿的基础上聘请具有相应资质的伐区调查设计公司或单位进行。伐区设计公司，指派具有相应执业资格的设计人员，利用1∶10000的地形图进行现场调绘伐区边界，对于境界地物标识不明显的边界，应利用罗盘仪或GPS进行测量定位，测算采伐小班的面积。完成采伐面积、地点、树种和林种等因子的调查后，由设计单位出具采伐作业设计书，并对设计质量负责。林农或经济实体在规定的时效内凭采伐申请书、作业设计书和林权证明等材料向林业主管部门提出采伐申请。

（三）办证审核与规费收取。承办人员在收到采伐申请材料后，应在规定的时限内核对采伐小班权属有无争议，相关指标是否符合采伐规定。核实后即可办理采伐许可证，按采伐面积收取规费，发放采伐许可证。

（四）伐区验收与综合监管。伐区验收实行谁设计谁验收的原则。设计人员应在采伐后对伐区进行验收，核实伐区是否按采伐证的规定进行采伐，并向林业主管部门提交伐区验收报告。

（五）木材运输与林政稽查。伐区木材调运实行凭证运输，林木所有者应凭林木采伐证到林业工作站办理木材运输手续。

（资料来源：朱磊等，2008）

农户和企业申请林木采伐许可证的流程是不一样的。企业申请采伐许可证流程过程见图11-1。农户需先向乡镇林业站提出采伐申请，乡镇林业站需要核对申请采伐区是否符合采伐条件，是否可以获取采伐指标。得到核对确认后，农户到县林业局的相关部门办理申请采伐指标。这些部门包括：资源站——核实伐区情况，分发许可证；林权办——确认伐区是否有产权纠纷；计财科——收取税费；规划队——负责伐区设计。得到所有部门确认和完成伐区设计后，需要完成下列程序方可获得采伐许可证。

1. 缴费。工作人员根据林木采伐申请书开具缴费通知单，申请人据

此单交清林业两金和代征的增值税;

2. 打证。根据审核通过的林木采伐申请材料打印林木采伐许可证;

3. 拨交。申请人凭两金发票和增值税发票,领取伐区拨交所需材料,到所在乡镇林业站办理采伐伐区拨交手续;

4. 领证。申请人凭林业站伐区拨交回执单到服务中心领取林业采伐许可证;(1)主伐山场的申请人还需持林权证原件到服务中心领取林木采伐申请书和伐区示意图到林权办办理林权证注销手续后领取林木采伐许可证;(2)间伐山场的申请人直接凭拨交单领取林木采伐许可证。

企业 → 网上申报 → 网上审核 → 规划队 → 公示七天 → 计财科 → 资源站 → 招投标 → 现场拨交

图 11-1 企业申请采伐许可证流程图

第十二章　参与式林业政策过程培训

2007年6月,在福建省三明市林业局组织了一个参与式林业政策过程培训班。培训班是在联合国粮农组织、国家林业局法规司和福建省三明市林业局的领导和资助下组织起来的。为制定"三明市林木采伐管理规定"而举办的参与式林业政策过程培训班,其主要内容可分为5个单元:(1)林木采伐管理问题分析;(2)参与式方法和工具;(3)角色扮演;(4)鱼缸辩论会;(5)参与式林木管理规定政策调查工作计划。本章记录了在福建省三明市开展参与式林业政策过程培训班的过程。

第一节　培训班的组织与管理

一　培训组织

在联合国粮农组织的协助下,培训班聘请了一名参与式林业政策国际专家作为主讲老师,在项目工作组和外聘协调员的协助下得以开展培训。

培训班参加人员由三明市林业局相关科室和纳入福建省林木采伐管理改革面积限额试点的永安、沙县、泰宁三个市(县)林业局、所在地国有林场和乡(镇)林业工作站的林业管理业务骨干组成。

培训方式采用在成人教育理论的指导下运用参与式教学方式,将参与式理论、方法和经验讲授与实践相结合,通过可视性教学、互动式学习和实践中学习,介绍了参与式的原则、方法和工具,政策过程的基本理论,并运用参与式方法和工具,制定运用参与式理念和方法的以县为单位采伐管理规定的工作计划。

二　目的

本次培训班的主要目的包括下列6个方面。

1. 初步分析蓄积限额的林木采伐管理制度以及面积限额试点的林木采伐管理制度;
2. 学习参与式政策过程的理论、方法和工具,并实践如何运用这些方法和工具;
3. 选择合适的工具和方法来开展参与式林木采伐制度评估;
4. 分析参与式方法在林木采伐管理制度评估中的优势和局限性;
5. 通过实践和练习,建立一套有针对性和适用性的工具箱;
6. 以县为单位,开展参与式林木采伐管理政策改革研究的工作计划。

三 团队组建

根据不同的角色需求,将参与培训班的学员分成了3个职能小组,分别承担不同的任务,3个小组按天轮流交换角色,使每个成员都有机会参与每项活动。

1. 打气小组:设计游戏、互动、活跃气氛消除疲惫。
2. 时间控制小组:使用时间控制卡片来严格控制时间,对于每个环节和每个发言人都一视同仁。
3. 评估小组:设计评估方法,收集大家的感受、建议,并在每天早上,对前一天的活动、经验和不足进行回顾总结。

与上述三个职能小组互相呼应,培训班在走廊里张贴了两张评估表,鼓励代表们写下他们对于培训班感到满意和不满意的内容,并提出改进意见。这是一种匿名的评估方式。

培训班针对每个环节代表们的表现进行评估,产生一位最负责的职能小组成员,一位角色扮演最佳者,以及一位最具激情参与者。在培训班结束的时候,评出最佳县级团队、最佳角色团队两个大奖。

第二节 林木采伐管理问题分析

通过让学员代表在熟悉的领域运用参与式方式,让学员逐渐进入在参与式发展理念指导下开展学习、进行分析,渐进地改进学员们的行为态度。而改善行为和态度是成功开展任何一个参与式理念指导下的发展实践和政策研究的关键(刘金龙,1999)。

一 采访练习和培训预期

简短培训班开幕式后,运用采访练习以促进大家互相认识和互相熟悉。代表们两两结对,互相采访,采访内容包括对方的姓名、工作单位和职务,以及生活中喜欢什么和不喜欢什么。然后向所有在座的人介绍自己的采访对象。如果有落单的人,就向大家进行自我介绍。

热身之后,请全体代表用签字笔在两张卡片上分别写下自己对于培训内容和培训方法的预期。如图 12-1 所示。由于刚接触参与式的理念和方法,代表们基本没能提出十分详细的要求。就方法而言,在形式上希望多互动、多参与,在讲授上希望能够多一些实例,多一些实践的机会。一些代表提出了希望学习到的方法尽量是可操作、易操作的。而就培训内容而言,可以大致分为三类,分别针对培训班的主要目的:一是希望学习参与式及政策过程的概念和手段;二是希望学习更实用的林业政策,学习国外成功的经验,甚至是各国的林业政策;三是希望如何进行林木采伐管理的改革,以及探索适合三明情况的林木采伐管理模式。

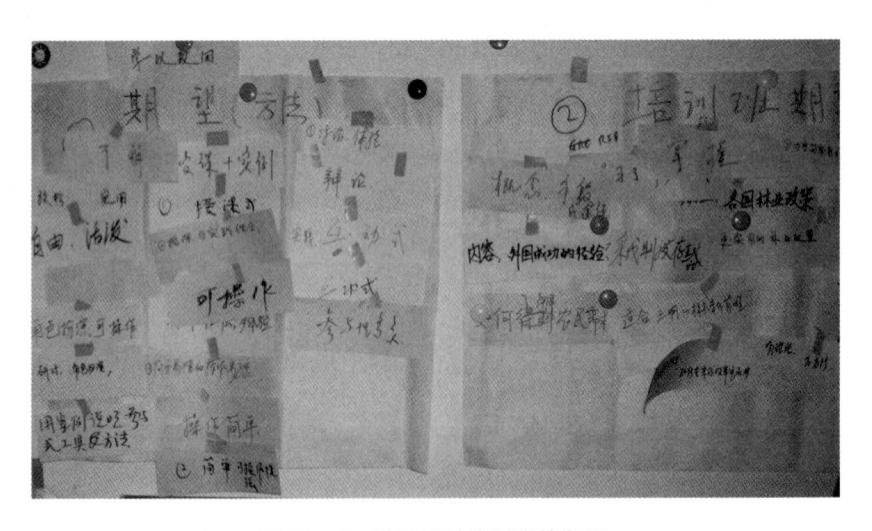

图 12-1 学员们对培训班的期望

二 展望练习

请代表们用签字笔在 A4 纸上画下自己心目中良好的森林管理的愿景,如图 12-2 所示。大家对于森林经营目标的展望集中在三个方面:第一种观点是只关注树木本身。这些代表们的观点也不尽相同,有些描绘了很多的树,有些描绘了很大的树,有些描绘了对于森林可持续经营很重要的复层林,有些详细地强调了林木的郁闭度,还有一些代表在树木之外画上了一些河流,表达了对森林生态效益的关注。第二种观点是在画中加入了人的元素,表达了树木与人、动物和谐相处的愿望,他们认为森林应该给人类提供良好的居住环境、休息娱乐的场所和必要的生计来源。有代表认为可以在远离人居的地方培育森林进行砍伐,而人类社区周围的树木则要大力保护。第三种观点提倡一手栽树,一手砍树,认为在森林经营中,要责任与权利并重。

图 12-2　培训代表绘制的森林管理愿景

三　相关利益者视角的问题分析

在展望练习之后,由三明市林业局将代表们分成 5 个与采伐管理体系直接相关的利益群体,分别代表林业局、国有林场、股份制林场、林产业和林农。每个小组分别分析蓄积限额按蓄积限额采伐体系(以下称为蓄积限额)和试点按面积限额采伐管理体系(以下称为面积限额)各自的优缺点。根据三明当地的情况，两个体系的主要区别在于：蓄积限额的管理体系根据蓄积量进行采伐；而试点体系保留限额，按照小班面积采伐。

需要说明的是，由于多数参与者都是来自于林业管理部门，所以他们只能尽可能地从不同的相关利益者的角度来看蓄积限额和面积限额试点的采伐管理体系究竟有哪些优点和缺点，并不能完全地反映这些相关利益者本身的态度和观点（参见表12-1）。

表12-1　　　　蓄积限额和面积限额采伐管理体系的优劣

		优点	缺点
林业局	蓄积限额	严格保护；符合法律规定；一定程度控制森林的破坏；管理程序环环相扣，数据汇总直观明了，便于管理部门掌握，有利于上级部门的日常检查	易滋生腐败；剥夺农民权利；无法执行森林经营方案；采伐量以蓄积控制；管理环节多，程序繁琐，成本高；制约农民自主性、创造性
	面积限额	按面积采伐，直观；符合林业科学规律；有利于提高林地生产力；减少工作程序，减轻工作压力；有利于激活林农积极性，增加经济收入	只重过程，轻结果；小班内权属不统一；弱化了政府干预；试点面积限额期间林业管理部门要加大监管力度；森林经营方案可以编制，但执行困难
国有林场	蓄积限额	年度内易于调控；管理科学，办证效率高，采伐设计统一规范；采伐指标在林场内调整方便；能提前伐区设计，便于安排整年工作计划	年度之间不能调整；林场之间指标不能相互调剂；办证不方便；采伐地周边村民利益较少考虑；不能与集体计划相互调整；指标过于零散，伐区破碎
	面积限额	采伐成本低；采伐量便于控制；伐区设计与采伐办证更为简便；伐区作业质量监管难度加大	林分质量下降；可能造成采伐量加大；没有预留面积控制的采伐指标
林业产业	蓄积限额	有政府和林业部门支持；生产原料易于保证；原料供应总量相对稳定；对林产业用材情况较容易掌握	无法按生产原料规格供用材；审批手续繁琐，影响原料基地、加工企业合一的形成；采伐指标控制较死，缺乏弹性
	面积限额	鼓励林业企业建立基地，培育高产林分	与蓄积限额体系相近

续表

		优点	缺点
股份制林场	蓄积限额	公司与社区农户间能基本协调；能限制性进行合理利用；便于官方总结；保证森林的覆盖率和生长量	采伐规程部分不合理；缺乏经营自主性；与市场隔绝；伐区设计受人为影响，难以与林分实际出材水平匹配；程序复杂
股份制林场	面积限额	适当放宽限制；节省生产成本；按面积采伐可以让经营者充分自主地利用森林的全部生物量；让经营者有个预期经营目标	面积限额期有可能造成覆盖率、生长量下降，但一年后可平衡；经营者的经营方案不能自主设定；天然商品林采伐仍受控制；仍不能按市场需求自主经营；仍没有简化设计
林农	蓄积限额		程序复杂；成本高；没有或难以保障采伐指标；市场好时想砍不能砍；指标确定不合理
林农	面积限额	体现市场需求和林农需求充分；落实林木处置权	限额采伐没有取消；不知道自己的采伐是否影响了别人；好政策落实慢

在各组展示完之后，用举手表决的方式，来对采伐管理体系改革后，各相关利益群体的受益情况进行排序。结果见表12-2。

表12-2　实施按面积采伐政策不同相关利益群体的受益程度

	林业局	国有林场	股份制林场	林产业	林农
谁收益最大	9	8	8	2	15
谁最有权利	16	7	2	2	10

第三节　参与式方法与工具

在方法培训之前，培训专家为代表们提供了参与式方法与工具的材料。参与式方法和工具总是试图以朴实、草根、简约的方式呈现给代表，参与式方法和工具拒绝"大、高、上"的内容。让学员们在工具的练习中体会工具的含义。在参与式林木采伐管理政策改革中，要让不同的利益群体参与进来。强调使用卡片，让每个人写下自己的观点，以克服一言堂式的调研会议。参与式工具是为相关利益者提供一个平等沟通的桥梁和渠道，希望人们可以为自己说话，自己来做分析。参与式政策过程是一个多利益相关者共同努力、循环往复的过程，在每一个环节都要进行不断的反思、调整，以及监测和评估。最重要的就是从教训中成长，而不仅仅是从经验中积累。应该根据参与式方法目标和所开展工作的环境条件，选择合适的参与式工具。不同国家、一个国家不同地方需要不同的参与式工具，对同一问题的不同方面也可采用不同的方法。学员们从工具学习过程中体会到只是学习工具是不够的，需要灵活地运用，需要根据环境条件和参与式方法的目标创造性地使用工具。

一　问题树

这种工具目的在于从不同角度分析原因、问题、根源、影响。建议不同的利益群体分开来做。首先确定一个清晰的、要讨论的问题，引导参与者首先讨论问题产生的原因，再继续讨论产生这些原因的原因，直到探究问题的根源，最后再讨论问题的影响。为了让大家能够更好地理解这种工具，首先将男士和女士分成两组，进行针对离婚这一现象的问题分析。

经过练习和对比男女两组的不同结论，可以很明确地看到男士和女士对于离婚这一问题的原因、根源和影响都有不同的看法，从中更加明确了采取这一方法的意义，即针对不同类型的人来分析原因，不同视角下，会出现不同的结果。分析问题这一方法并不是停留在问题本身，而是旨在找出解决问题的方法。

在协调参与式方法时，要明确协调人应有的态度和行为，使用卡片是一种很有效的促进参与的方法，避免不同的参与者由于沉默、尴尬等原因而未能参与，以及有效地收集不同的观点，避免由于观点不同而不好意思表达。

二　SWOT 分析

把学员分成四个小组，分别代表农民、私有企业、林业部门和政策制定者。给四个小组分发四种不同颜色的卡片作 SWOT 分析。在协调员的指导下，四个小组学员分别站在不同利益者的角度对三明市采伐管理政策进行分析。

学员们在作 SWOT 练习时，很容易将优势与机遇、劣势与威胁相混淆。建议先作优势与劣势的分析，隔一段时间，甚至第二天再作机遇与威胁的分析，也就是先回顾过去，看有些什么优势和劣势，再展望未来，讨论如果这些优势充分发挥了，劣势也解决了，会有哪些机遇，以及这些劣势无法解决，或是优势也发挥不出来会有什么风险，否则很容易混淆。

请各小组展示自己的分析结果，并邀请学员代表分析不同小组 SWOT 结果的异同。培训协调员从学员们分析不同利益者的异同中，要求学员们在开展参与式林业政策调查时，建议把不同的群体分开来做 SWOT 分析，可清楚对比不同群体的取向。表 12-3 为培训班上学员们制作的南方集体林权制度主体改革的 SWOT 分析。

表 12-3　　　　SWOT 分析案例——集体林权制度主体改革

优势	劣势	机遇	风险
有利于森林保护 山林权属清晰 森林资源得到保护 林权可以抵押贷款了 有林权证了	改革多变 程序复杂 种树无利益 砍树难 村长想做事没政策 管理太严 没有体现集体利益	简化便民程序 在保护前提下自主采伐 提供资金和技术 自己种树自己砍 产销直接见面 让自己作森林经营决策 砍树不要政策限制	改革半途而废 导致集体经济失血 导致乱砍滥伐 林区失序

三　排序分析

排序是对一些因素从重要性、价值、位置或其他方面进行对比而进行排序，从而确定排列选择的顺序，协调员可促进参与者讨论形成优先顺序的原因，讨论优先顺序历史上的变化及其成因。一般来说，参与到林业政策过程中的相关利益者少有政策内容专家，对专业政策内容及其历史变化难以有专业的理解。因此，在参与式林业政策过程中，相关利益者对调查内容的排序往往先借参与者内心的感受。对于政策发起单位，其实相关利益者对每一项专门政策内心感受可能比理解相关利益者实际行动更为重要。实际行动的逻辑还掺杂了相关利益者之间的互动，外在环境条件对相关利益者的实际行动还有非常重要的影响。

在参与式林业政策过程中，排序分析主要用于不同利益群体对一政策事项中利益、权利和责任分配的顺序。排序的技术方法有很多种，如过程协调员分配给各位参与者 10 粒黄豆，请按照自己对采纳按面积限额采伐管理体系后，股份制林场、国有林场、小林农、林产业企业 4 个相关利益者获益的大小排序，赋予 4 粒黄豆获益最大，3 粒次之，2 粒再次之，1

粒为最小。然后请参与的相关利益者按照自己的判断在不同的利益群体中分配黄豆。最后统计不同利益群体获取黄豆的数量确定参与者对获益情况的心理认知。现场统计时，过程协调员可以注意同一利益群体在同一问题上不同的选择取向。

表 12-4　不同相关利益者对采伐管理影响的排序分析结果

相关利益群体	影响程度	利益大小	关系密切程度
村支部/村委会	31	21	39
林业部门	25	19	23
设计、检尺单位	14	15	15
购销商	20	36	13

表 12-4 为参与培训班学员针对森林采伐管理不同利益者的排序分析结果。结果出来之后，可请每一个参与者分析所有的排序，每一类相关利益者可以共同分析给予排序的原因。所有相关利益者可以一起讨论结果，并分析排序的历史变化。

四　文氏图/组织机构图

在参与式林业政策过程中，文氏图（Venn Diagram）用于展示在不同组织机构间的"大致关系"。在文氏图法中，不同的机构按照影响力或权力大小赋予不同直径的圆。两个圆相交，其相交部分表示两个组织之间公共元素，两个圆不相交，则说明这两个组织之间没有公共元素。而两个机构间的距离则可表达两个机构间的疏离程度，或利益矛盾冲突的程度。

公开讨论组织间的关系都是一个很敏感的话题，无论在发达国家还是发展中国家。来自不同机构的利益相关方很难面对面地讨论不同组织机构间的关系。文氏图的特点就是不允许说话，用圈的大小和圈之间的距离来表示不同的关系。相对于谈话，这种方法可能更能充分表达一个人的想法。

这个工具有两个核心的要素，一个是圆圈的大小，另一个是圆圈间的距离。圆圈间距离大小可用 X 的个数来标记。把大白纸铺在地上，大家围在一起制作文氏图。先让农民写下经常到村里来的机构或者部门，例如医疗机构、水电部门、林业部门、技术员、高利贷者（西非）。然后，讨论圈的大小，代表农民心中这些机构对他们的重要性，或者这些不同的机构在村里投入的时间、资金等。

再次，画一个×来代表村民，移动圆圈和×之间的距离。这时协调员可以离开，让参与者自己进行分析。在西非的例子中，林业部门最后被移动到很远的距离（如图12-3所示）。农民不说话，但是分析的结果可以代表真实的情况。

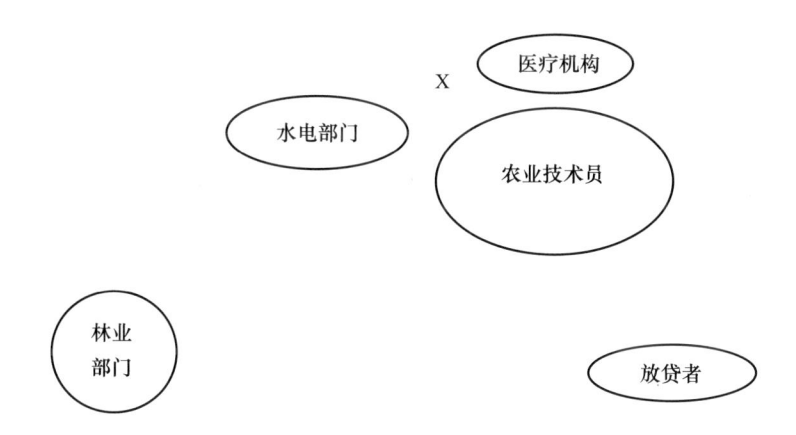

图12-3 西非某国林农代表绘制的文氏图

第四节 角色扮演练习

在培训班协调员的协助下，学员们被分成三个小组，分别扮演社区群众、地方林业部门官员和国家林业政策过程协调员三个角色，分别以佩戴黄色、粉色和蓝色的卡片加以识别。让学员们自己模拟一个非洲国家——肯尼亚林业政策改革调查研究。

三个小组的成员根据自己的角色描述，分别开展参与式林业政策过程的准备工作。以协调员扮演者小组为例，这个小组由来源于中央林业政策部门的官员、政策内容协调员（来自肯尼亚的专家）、过程协调员（来自欧美国家的专家、不懂当地语言）组成。需要准备如何与村民和地方林业部门官员解释林业政策改革的设想，解释运用参与式于林业政策改革中的目的，推动森林保护以实现森林可持续经营和生物多样性保护。过程协调员来自发达国家，无法与村民语言交流，需要林业部门人员的翻译。协调员所需要实现的目标是：找出林业政策中的不足，并分析出原因和这些弱点的影响；找出村民和当地林业部门的关系，村民对提高林业政策的意见。而过程协调员需要带上所有参与式方法需要的材料，包括大纸、卡片、签字笔、种子、胶带等。

而扮演村民小组的成员还要进一步细分角色，如村长、妇女代表、家庭林场主代表等。村民小组成员的扮演者需要站在村民的角度，反映本村林业发展的特别需求。假定这个村在自然保护区周围，国家给予的森林补偿标准很低，而村民农业生产常遭受非洲象等保护动物的侵扰。

国家协调员小组访问地方林业部门，在一阵寒暄以后，介绍了访问目的和意义后，在地方林业官员的陪同下，小组全体成员访问了位于保护区附近的一个社区。村民热烈欢迎来自远方的客人，他一言你一语恳求上级主管林业部门考虑本村实际，解决来自保护区野生动物的侵扰，把保护区侵占社区的森林返还给社区，并由社区来管理。陪同过程协调员的翻译并没有把社区群众的这些诉求翻译给来自欧美的过程协调员。在一阵寒暄以后，来自中央林业部门的官员和本土专家都退在一旁。过程协调员登场，在过程协调员的协助下，村民扮演者采用问题分析、SWOT和排序三个方面开展社区林业政策调研。

角色扮演结束之后，三个小组又重新开始小组工作，对本小组开展参与式林业政策过程活动的优缺点进行反思。然而，每个小组对其他两个就运用参与式工具的能力和行为、态度进行评估。表12-5是村民小组对协调员角色扮演者的评估结果。

表12-5　　　　　　　　村民角色对协调员角色的评估

	长处	短处
工具方法	方法简捷、易懂	协调人解释不清楚，来意没说明 问题树条理不清 工具使用不熟练
行为态度	女官员态度较好	工作透明度不够 与村民沟通不够
建议	要用通俗易懂的语言词汇与村民沟通 要听群众的呼声 要给村民误工补贴	

在角色扮演过程中，培训协调员需要促进学员们讨论。在运用参与式工具的实践中把握工具的灵魂，而不是工具本身，一旦工具适用性不够或效果达不到预期的目标。学员们应当灵活调整运用参与式的工具。

通过角色扮演的练习，学员们需要掌握一个好的协调人应当具备的技巧、行为和态度。在技巧方面，参与者认为协调人应该是所调查内容的专家，能够事先与调查对象进行有效沟通并使用良好的方法来营造气氛、控制现场；在应有的行为和态度方面，主要集中在平易近人、亲和力、中立等方面，还需要在意见出现分歧的时候能够有效管理冲突；而不应有的行为和态度则是命令式、强制式、缺乏沟通、赶时间、怕脏怕累等方面。

在角色扮演的最后，协调员又推动大家集思广益，补充了一些村庄工作应该注意的事项：如女同志不宜染发，不宜穿奇装异服，最好是很朴素的服装，整洁干净就可以等。

第五节　鱼缸辩论

将大家分成5个组，分别代表林业部门、国有林场、股份制林场、林业产业、林农。每个小组从不同角度来看林木采伐制度的核心问题，只能有一个。然后采用鱼缸辩论的方法，针对每个小组提出的核心问题进行15分钟的辩论，时间仍然严格控制。

国有林场：采伐指标在林场之间的调整。将所有林场作为一个大工厂考虑，每一个林场作为单元，这样可以调配。同意的一方认为国有林场是省设置的，但是归市里管理。一个特点就是，作为一个经营主体，分场管理。林场间资源差别大，结构差别也大，导致了资源配置不利。而持反对观点的人占多数，认为林场指标单设是为了便于林场发展而专门设立的，不能将社会的指标调节到林场。如果林场间调整了，集中到某个林场采伐，会造成局部覆盖率下降。而指标编制可以采取很多方法，可以单独，也可以作为一个整体。编制的基础是蓄积量，不会造成覆盖率下降。

林业产业：采伐限制太多。说明：用材数量和结构要适当。如果按照坡度等设置采伐指标，会影响供给结构。持相同观点的人认为需要有原料基地，应该自主采伐。而持反对观点的人则认为采伐限制与林产工业没有必然联系，林产业不必关心生态保护。而产业应该根据供给调整。应该用需求来引导造林和生态保护。

林业局：采伐限额编制的问题。受到技术和政策影响，编制不科学，引起了指标分配等问题。编制的基础是蓄积量。采伐限额不能取消，因为生态系统脆弱，毁坏容易恢复难。持赞同观点的人认为编制问题是困扰林业部门的大问题，因为编制直接影响着实施和利用。今后的采伐中，应该科学编制，考虑不同的经营类型和主体。限额主要是出于保护生态的目的，现在最紧要解决的就是编制中存在技术障碍问题。采伐限额是法律规定的。在我国现行体制下，只能这样保护我们的生态。应该把着眼点放在采伐的过程控制问题上，我们在解决采伐量的问题后，重点应该放在采伐管理环节如何减少、管理要求如何降低、审批程序如何简化上。而持反对观点的人则认为在采伐管理中，指标才是核心。林农认为成熟了，应当采伐了，而采伐方案不允许，没有指标。这样林农就没有经营自主权，不能根据市场变化采伐。采伐指标应以乡镇或者村来编制。而林业局在推卸责任，用技术问题来搪塞政策问题。

股份制林场：给予更多的经营自主性。限额执行上灵活，采伐规程上给予放松的条件。面积和坡度限制增加了木材生产成本。针对这一观点，赞成的人认为确实采伐限额造成了经营自主性受到限制。股份制林场应该有单独的优惠政策来吸引投资。而反对的人则认为，应该给予股份制林场平等的待遇，在区划界定的时候就考虑采伐的问题。并指出核心问题并不是自主性不够。林业是特殊的产业，具备多种效益，因此决定了采伐量应该固定，股份制林场应该在给定采伐量的情况下，寻求发展空间。

林农：采伐指标申请程序复杂。指标申请不应该因别人未造林而受影响。多数参与者都同意这一观点，认为林权制度改革前以村为单位，可以要求村进行更新。林权制度改革后产权落实到了农户，就不应该再这样要求。同时提出了一些解决方案，例如，采伐后如果没有完成迹地更新，可以按照法律进行处罚。目前，一些地方采取收取保证金等方式进行控制。当然仍然有一些反对的声音，认为村里应该都进行造林后，才能采伐。因为在农村，农民不会自觉，需要相互制约。

在鱼缸辩论结束后，参与者对这一工具的优劣进行了分析。认为其优点是每个人平等的机会参与，可以控制有权力的人。可以理解来自其他群体的观点。不需要主导，一旦开始可以自动运行。缺点是有些人发言的次数多，有些人没有发言。所以所有工具都有优点和缺点，应该根据目的来分析、选择合适的方法。

第六节　制定采伐管理规定政策工作计划

参加到培训班的学员代表，按照代表来源，分成福建泰宁县、永安市和沙县三个市（县）三个工作组，对分析问题树、SWOT分析、文氏图、排序分析和鱼缸辩论法5种工具，运用到采伐管理规定政策调研中，进行分析（如沙县组见表12-6）。三个面积限额试点市（县）均已经开展了前期调查，因此，进一步调研计划主要是弥补过去工作的不足。三个县参与式采伐管理规定政策小组分别展示了工作计划，并请其他代表评估计划的参与性程度、计划目标、可行性、采用的工具和方法合适程度四个方面。最后由三明市林业局领导对计划进行总体评价，各项得分满分10分，总分40分。该工作计划成为下一步在沙县、泰宁和永安市调研采伐指标分配政策的基础。

表12-6　　　　　　　　　　沙县组参与式工具分析

方法名称	如何使用	目标	谁	优点	缺点
问题分析	提出问题；组织相关利益群体分析	找到林业采伐制度存在的问题及相关性	乡镇人民政府	直接地发现问题及问题根源	问题分散
SWOT分析	提出问题；组织相关利益群体分析	了解林木采伐制度的长处；了解林木采伐制度需要改进的问题	乡镇人民政府	可以肯定政策好的方面，找出需要改进的地方	要求被调查者有较高的文化
文氏图	组织不同相关利益群体分别进行	找出不同相关利益群体与林木采伐管理政策改革的相关性	乡镇政府	直观，便于开展	深度不够没有量化
排序练习	组织不同相关利益群体	找出不同相关利益群体在林木采伐制度改革前后的责、权、利变化差异	乡镇政府	便于开展，能够广泛应用，有具体的量化标准	容易被调查者的观念所左右
鱼缸辩论	组织不同相关利益群体对各自不同观点进行讨论	消除分歧，尽可能达成统一意见	县人民政府	可以通过辩论使问题清晰、统一意见	要求被调查者有较高素质

第十三章　参与式采伐管理政策田野调研

针对在培训班上代表们提出的一些实际问题，采用参与式方法和工具进行了采伐指标分配专题调研。本章忠实地记录了田野调查的结果，尽可能用相关利益者自己的语言。为了方便读者，本章的文字还是经过了一些专业化的处理，但为了尽可能保持一点土色，本章没有进行任何专业化的分析。

第一节　采伐指标问题分析

2007年，在泰宁县下渠乡某村采用排序分析法对采伐指标体系中存在的问题进行了分析。这次调研旨在从乡村中发现政策问题，而非寻找问题的解决方法。参加人员有三明市纪委1人、三明市林业局3人、泰宁县林业局3人、相关利益者代表13人（下渠乡政府1人、林业站2人、公司代表1人、村代表9人）。从调研中发现了农民拿不到指标、分配方式不合理等7个问题，并以投票方式对这7个问题重要性进行排序（见表13-1）。

表13-1　泰宁县某村采伐指标分配问题及排序

问题归纳	重要 (3分)	比较重要 (2分)	一般 (1分)	综合得分
1. 农民拿不到指标	11	2		37
2. 分配到乡镇指标少	11	2		37
3. 重企轻农现象严重	11		2	35

续表

问题归纳	问题评分			综合得分
	重要(3分)	比较重要(2分)	一般(1分)	
4. 分配方式不合理	8	2	2	30
5. 自留山采伐指标少	10	3		36
6. 申请采伐指标程序不公开	8	2	3	31
7. 各经营单位指标未统一分配	10	1	2	34

根据代表表决，对"农民拿不到指标"问题进行深入分析，其导致原因：（1）分配方式不公平、不合理、没有分配到村；（2）符合采伐条件的山场太多；（3）重企轻农，采伐指标过于向重点企业倾斜，导致分配到乡镇的指标太少；（4）林农林地（包括自留山）分散、面积小，分不到指标。带来的后果是：（1）影响林农收益；（2）造成乱砍滥伐；（3）有材不能卖，导致犯法；（4）影响林农生产经营积极性。

泰宁县林业局采用鱼缸辩论法，将调查对象分为5个利益群体：民营林场、国有公司、木材加工企业、林农（含家庭林场）、管理者。每个群体针对蓄积限额的采伐指标分配提出各自的意见。参加人员有三明市纪委1人、三明市林业局3人、泰宁县林业局3人、相关利益者代表13人。经过5个小组讨论，提出观点见表13-2。

表13-2　　　　泰宁不同利益者对采伐指标的观点

组别	观点
A组：民营林场	根据林场自身经营规模和经营方向，按照民营林场的实际情况分配指标
B组：国有公司	放开采伐树龄限制，充分体现林木经营自主权
C组：木材加工企业	企业生产量与采伐指标分配挂钩
D组：林农、家庭林场	森林分散、量少，采伐指标不足，使成熟林甚至过熟林无法采伐，影响农户发展林业积极性，应给予采伐指标倾斜
E组：管理者	资源数据与现状不符，影响到采伐，应当本着实事求是的原则，通过核查，应及时调整，有错必纠

各组分别陈述观点后进行辩论，最后由5个小组的成员对上述各组观点进行投票，结果见表12-3。

表12-3　　　　相关利益者代表对采伐指标分配意见的排序

组别	同意	不同意	不表态
A组：民营林场	12		4
B组：国有公司	14		2
C组：木材加工企业	2	14	
D组：林农、家庭林场	13		3
E组：管理者	16		

第二节　毛竹限额采伐管理改革的经验

在永安市洪田镇湍石村，采用SWOT分析法进行调研。该村位于洪田镇东南10公里，海拔390米，283户，1222人。该村耕地面积1523亩，山林面积28767亩，其中林地合计24005亩，有林地23627亩，总林分6190亩，用材林3826亩，防护林2364亩，经济林480亩，竹林16957亩，灌木林地202亩，未成林造林地156亩，无林地20亩，宜林荒山荒地20亩。此外非林地4762亩，森林覆盖率82.1%。2006年，村民种植毛木耳5万袋，增收6.75万元，经营竹胶板半成品加工增收6万元，清水笋增收3万元，毛竹原材增收2万元。村民对于竹林及林产品的依赖程度很高。

针对该村毛竹山占林地比例较大，当地村民主要依赖林业特别是毛竹采伐为生的状况，讨论了毛竹采伐指标改革的问题和对策。参加人员有协调员4人、省林业厅1人、三明市林业局2人、永安市林业局3人、调查对象8人（均为村民）。在访谈中得知，该村于1996年实行了毛竹责任制，2003年开放了绿色通道。在毛竹改革完成之后，才开始了新一轮的集体林权改革。改革之后，村里统一办毛竹采伐证。毛竹山的林道修建，林业局从育林基金中支付每公里3500元的补助。

表 13-4　　　　　　　　毛竹采伐管理改革 SWOT 分析

项目	优点	缺点	展望
采伐	各项手续简单，采伐审批由集体统一办证，方便村民；毛竹采伐不要缴纳林业税费，由加工企业按加工数量缴纳；笋、竹销售林农买卖自由，提高了效率，增加了收入	病虫害防治无法统一，林农防治的钱收不上来，个别不愿缴；毛竹林内的木材由于建档差错，杂木林变毛竹山了，所以审批不了	希望统筹病虫害防治资金，由林业部门统一防治；砍伐一根毛竹征收 0.3—0.5 元专门用于病虫害防治
加工	办理加工厂手续简便	加工厂太多，造成毛竹资源短缺	建议进行清理整顿
销售	产销见面，销售方便		保持现有的运输绿色通道
设计	取消设计，方便了林农		
其他	改革后，更有信心管理好竹林，有利科学经营；上级补助修竹山便道，节省集材成本，很方便毛竹销售	开竹林便道有石方的地方，购买炸药困难	进一步完善服务体系；对便道继续补助；举办科学经营技术培训；提供农户竹木加工资金扶持

通过 SWOT 分析（见表 13-4），毛竹经营管理放宽，没有造成毛竹资源的破坏，反而促进了毛竹发展，林农收入增加，激发了培育竹林的积极性。在采伐审批方面，村里统一开展一条龙服务，根据林班一批一批地办，而不需要林农自己来办。林农要交检尺费，现在免了。过去本地的竹材加工企业少，现在加工厂多了，竹材销售市场信息快，交易便捷。

该村的林地使用费收取没有确定征收标准，从笋干计收，按面积收费。因产量不均，这容易带来不公平。加上毛竹山的面积测量无法精确，按面积收费容易产生矛盾。参与讨论的部分农户认为应该改为按出竹量或出笋量来征收。具体的方案尚需进一步讨论。

毛竹采伐取消限额管理后，林业部门加强了政策扶持，如开设竹山便道补助，沼气肥料补助，竹林有害生物防治技术指导以及农户的竹木加工资金扶持等。依然存在不少问题。第一个农户反映最强烈的问题是病虫害防治资金统筹。该村毛竹病虫害比较多，每年高发时节，没有统一的资金来安排防治。村里负责林业技术和管理人员采取到每家每户上门收取费用，用于统一防治病虫害，然而有的农户就是不愿意缴纳，结果村里很难统一管理。部分农户希望林业部门可以设置专门的资金进行病虫害的防治工作，另一部分林农认为可以从毛竹砍伐征收的资金里抽出一部分作为应急资金，可设定每亩预留3—5块专门用于病虫害防治。然而，这涉及每一个农户的具体利益，涉农收费管理十分严格，批准也很难，协调起来就十分复杂。

第二个问题是产权落实到户之后毛竹林出现林权证颁发难。主要原因有：第一、核查纠错难，每一本林权证都需要林业站核实才可以更换，时间拖得过长。因毛竹的特性，一片竹林只发一张林权证，毛竹山林权证多为联户发证，容易引起纠纷。第二、产权不到户，责任义务就无法到户。最明显的表现仍然是病虫害防治，农户从法律上就没有义务，容易"搭便车"。第三、经营毛竹山中散生的杂木问题，审批起来十分复杂。福建省2013年出台规定，杂木砍伐不再审批。

该村的毛竹资源十分丰富，经过十多年的经营，有不少原先的杂木山都变成了毛竹山，这引发了新的问题。一些农户不愿意经营毛竹山，毛竹市场行情越来越低迷。永安市林业局不提倡扩大毛竹面积，而希望推动多种用材林经营。

第三节 木材限额采伐管理存在的问题

一 集体林采伐管理——来自永安市某村的案例

2007年9月，在永安市小陶镇八一村，采用排序分析法对限额采伐管理进行了分析。八一村位于小陶镇东北部，现有229户802人。该村现有耕地972亩，山林4282亩。石英石储量约1000万吨。推广"稻—稻—菜"、"烟—稻—菜"等高效粮经栽培模式，种植旱季优质稻、莴苣、烟叶等农作物，平均亩产收入可达5000元以上，其中莴苣面积逐年扩大，成为村民增收的主要来源之一。八一村近年来在招商引资方面成效显著，村民收入主要依靠种植经济作物和非农收入，对林业的依赖程度很低。该村由于山林面积较少，除了自留山到户外，其余林地只分到组。全村自留山面积有1000多亩，林业"三定"时将自留山从村分到组，每个自然村（组）自主决定怎么分。村民自用材取之自留山，用量较少，一般不需要报批林业局。该村无毛竹林，曾有人试种，没能成功。

参加人员有协调员4人、省林业厅1人、三明市林业局2人、永安市林业局3人、利益相关者对象8人（均为村民）。通过调查卡片，对调查对象反映的问题归纳为6个方面，最后以投票方式排出问题重要程度的顺序（1人中途有事离开未参加投票）（参见表13-5）。

表 13 – 5　　　　　　　　永安市某村林业存在的问题

问题归纳	最重要	重要	一般	总分
集体林被盗	7			21
办证程序麻烦，流程不清		4	3	11
自用数量少不必办证	5	1	1	18
林地没更新，影响采伐	1		6	9
集体林地如何规范管理	7			21
林业部门宣传不够	3	2	2	15

根据代表意见，确定"集体林被盗"进行原因分析，主要原因是林权证发到村民小组，产权没有明晰到个人。最终原因：(1) 时间紧，发证考虑不够周全，(2) 小班面积小，技术上难以分割到户。解决方案：4人要求分到户；3人认为，小班大一些的，可分成2—3块，由林农自由组合联户经营。

在调查中，矛盾主要集中在林地资源稀缺的情况下，究竟是分林到户好，还是集体管理好。讨论中，一部分农户认为应该将集体林分到户，这样才有利于管理，而少数农户认为部分户外出打工、无人经营，主张由村集体或村民小组统一管理山林。这还可以协调绿化和新农村建设用地等问题。由于集体林管理主体缺失，集体林被滥砍盗伐现象严重，自留山也存在这种现象，多数村民都不知道自留山砍伐办证的程序。还有村民认为自留山砍伐一般只是用于建房，用量非常小，最好可以由村里直接批准。自林地流转以后，由于村民不知道砍伐审批的程序，盲目地以低价将山林转让给他人进行砍伐。本村的6户人，以12万贱卖了60亩成熟杉木林给木材贩子，而木材贩子可净赚十多万元。

二　伐区管理和收费管理

永安市是按面积采伐改革试点县。主要改革内容有：第一，适度放宽皆伐伐区的控制，按小班来申请，最大的面积不超过300亩，扣除林地中的空地。第二，简化伐区调查设计。由林权所有者标注皆伐伐区的界线，请有资质的单位来勾绘伐区"四至"图。第三，自留山林木采伐审批权下放到林业站。第四，简化办证程序，由林权所有者提出申请，申请书的内容简化了一系列的环节。林地转让之后，如果是在林地使用期内的申请，不用林地单位审核把关。林权所有者凭申请书和林权证到林业站，林业要素市场办理采伐许可证。采伐证填写的数量是按资源档案建档的树种和蓄积量来填，伐区验收合格，确保不越界，采伐树种和数量以最后调运数为准。第五，加强伐区管理。林权单位、采伐者、检尺人员，要签字确认。伐区验收，作业质量跟踪由林业局负责。第六，木材运输管理。改运输证为面积限额后，本市内运输凭木材检尺码单即可。这需要修改现有管理软件才能落实。第七，规费征收。

对林业局而言，其改革的最重要内容就是简化伐区设计。人工起源的森林，无须测量蓄积和材积，勾绘位置图即可，伐区设计费用大幅度减少。但加大了规费征收的难度，不能等到木材运输完了，才开始征收规费，需要保障林业规费的源头征收。

2007年9月，永安市林业局组织了采伐制度改革的优缺点分析。参加人员有协调员3人、三明市林业局2人、永安林业局3人、相关利益者代表11人（多为股份制林场场主）。主要问题如下：

1. 采伐指标问题。主要包括薪材指标不够、争取天然林采伐指标难、指标不能五年统筹使用等方面的问题。薪材指标不够，每100立方米原木只配套设计薪材指标20立方米，显然不符合实际，这样一些薪材就烂在山上了，下不来。

2. 指标分配不合理，小林场申请指标难。

3. 林业税费问题。林业规费重，尤其对设计费、育林费、维简费征收意见很大。参与者认为自留山不应征收维简费和育林费，因是私人场主自己育的林，林业部门只收费而不育林。第二代人工林不应征收育林费和维简费，集体林权制度改革后，人工林都是私人种的。第一代人工林是由林业局种的，这部分森林可以征收。林农反映以蓄积量数据征收设计费，但林业局不公布蓄积量测算的依据。有些林地，出不了那么多材，却交了很高的设计费。林业税金和规费政策多变，甚至一年内都在调来调去，让人无可适从。

通过讨论，参与者认为政策调整缺少告知程序。在税费提高之前需要广泛地征求意见，如果政府主管部门公告的税费征收政策已是定案，不容讨论，相关利益者提出应当给林农一个缓冲期，而不是即颁即征。经营业主对于政策多变给予了极大的理解，他们并不抱怨税费有多高和不透明，关键是突然提高标准，导致林场股东间产生了矛盾。

三 森林采伐中存在的主要问题——沙县某村的调研

2007年9月,在沙县高桥镇某村,采用文氏图、问题分析和入户访谈的方法进行调研。上坑村土地面积23000亩,1060人,分为7个村民小组,250多户。山林面积19000亩,耕地大约2000亩,其中水田1500亩。镇林场在该村占1000亩,大约是在1976年建立的。国有采育场大约是在1974年建立的,从该村占用的林地面积约3000—4000亩。1983年分毛竹山,当时共有八九百人,6000—7000亩山,每人分5—6亩,后无调整。1994年毛竹山面积增加到了大约8000亩。1981年分自留山,人均0.5亩,后在2005年重新分自留山,都是松木跟杉木,人均1.5亩。村里有1000多亩转让给个体,主要是本地大户,村里提留10%。是由集体提出,村民代表大会通过的。另有生态林1000多亩,都在山顶,属阔叶树。20世纪80年代村里曾成立股份公司,由于经理权力大过村"两委",就取消了。现在林权制度改革后村里又成立了上坑村股份合作林场,只有1000—2000亩,是村里的集体林地—毛竹—自留山—林权转让后剩下的部分。2003年以前转让给个人的森林或林地不能参与到集体林权制度改革中,剩余转让时间大多在5—8年,流转到期后将收回合作林场。村委会经营,村委会和村民五五分成。

参与调研的有协调员3人、三明市林业局2人、沙县林业局3人、林业站1人、相关利益者13人(包括镇领导1人、林业站1人、村民11人)。

1. 用排序法分析林木采伐中存在的问题

相关利益者代表共同决定了采伐管理中存在问题及其排序,见表13-6。

表13-6　　　　　沙县某村林木采伐中存在问题排序

问题指向	排序给分										合计
插花山	7	5	7	7	2	7	6	3	5	6	5	60
指标	2	6	4	6	6	5	7	7	4	4	6	57
资源档案	4	7	6	3	7	6	5	6	6	5	4	59
设计费	3	3	3	2	3	2	3	2	2	7	7	37
办证程序	5	4	2	5	4	3	4	5	7	2	2	43

2. 问题和对策分析

选择插花山、采伐指标和资源档案三个突出的问题进行了讨论（见表 13-7），并提出了解决问题的建议。

表 13-7　　　　某村与采伐相关的问题及建议分析

类型	问题	建议
插花山	发证难； 采伐申报难； 插花山建档由外县决定	双方认可后林权双方发证； 对方认可后本地申报； 插花山采伐证应在权属所在地办； 建档要在林业站可改
建档	经营类型难调； 差错纠正难	县林业局调查认定调整； 林业站调查认定调整
指标分配	天然自留山没指标； 分配不科学； 零星采伐指标拿不到，只好转让山场； 乡镇没有天然林指标	根据各个乡镇砍伐保有量分配； 按小班分配； 由林业站分配； 自留山采伐不受建档限制； 零星采伐可以林业站直接批（农户同意可按商品林交税费）

针对指标申请难易的问题，村民与村干部之间起了较大的冲突和争执。村民认为村干部有资源有关系，能拿到指标；而村干部认为农户没有仔细地了解程序，甚至连试都不愿意试，就直接卖给了中间人。可能的原因有两个：（1）农户发展的意愿本来就不强，还有一些懒惰心理。（2）村委会可能做了一些手脚。申请指标的程序很复杂，几个农户反映到了村委会就卡住了，而村长居然也购买农户的自留山来贩木头。村干部还没有尽到向农户进行宣传教育的义务。

3. 文氏图分析

将调查对象随机分成两个群体（A 组和 B 组）。A 组对采伐对象进行文氏图调查，并对涉及对象存在问题提出建议，见表 13-8。

B 组进行文氏图调查，以百分制表示关系密切程度，见表 13-9。

表 13-8　　采用文氏图分析不同机构存在的问题和建议

机构	联系	建议
林业站	规划上报，申请报告盖章	建档差错应及时纠正，自留山采伐应不受采伐规程的坡度、面积等限制
村委会	提交申请报告，收取林地使用费，指标分解	2005年按面积分配，2006年先上报，采取抓阄方式。2007年平均分配，建议达到规模的指标单列
设计队	伐区调查设计（设计不及时，设计完可能已经没时间采伐了）	安排及时，复查时间拖延，委托设计程序多，收费高，设计费多收重复
资源站	审核办证	小户不懂办证，应该下放到林业站办证。集体林权制度改革后采伐迹地更新不应该按整村管理，而改为按采伐申请人来控制①。如采取允许村集体没收未更新造林的林地
计财股	源头交费	不应该向承包人收取造林保证金，税费偏高应降低

表 13-9　　某村相关利益者对采伐管理的影响

机构	联系	分数
林业站	办林权证，采伐申报规划，设计，办采伐证，检尺通知、伐区管理，办理运输证，伐区验收，更新验收，调解林权纠纷，建档	100
村委会	办证，采伐设计，签字盖章，交山本费，路等赔偿	30
木材加工企业	销售	40
木材经营者	长途外运	50
检尺员	检尺服务	20
林业公安	查办案件，运输监督	40
设计队	伐区设计服务	40
政务中心	办证，缴纳税费	10
农户	农田、林木、道路等赔偿	15
资源站	办采伐证（一次，最多2次就办来了）	10

---

①　按照《森林法》的规定，森林采伐后必须更新造林。在南方集体林区，往往采用以村为单位来管理采伐迹地。如某一个村有一块采伐迹地没有更新，来年农冻结采伐指标的申请，直到采伐迹地重新造林后为止。集体林权制度改革后，更多的森林由小农户来管理，一个农户的采伐迹地没有及时更新造林，就影响到其他农户来年申请采伐指标。

第四节　生态公益林与采伐管理

2007年9月，在沙县高砂镇龙慈村，主要进行针对生态公益林经营管理的调查。龙慈村共有村民246户，其中217户在全国各地经营沙县小吃。土地面积32580亩，其中耕地面积800多亩、山林面积25776亩。村林场1.6万亩，镇林场占有本村山林面积5000多亩，自留山1868亩，经济林2000多亩。参加调查人员有协调员3人、三明市林业局2人、沙县林业局3人、林业站1人、高砂镇领导1人、村民20余人。

通过集体访谈和小组讨论，该村在山林经营中面临的主要问题是生态林面积很大，影响到了村民的经济利益。该村林木收入约占村民农业收入的50%—60%，而生态林每亩补贴只有8元。村民认为应该提高生态林补贴标准，减免生态林采伐税费，启动流域间生态补偿机制。部分村民认为应该解散村集体和镇林场，把林地分给村民。该村不同利益者之间矛盾尖锐，调查组采用了问题树的方法，讨论了本村集体林管理存在的问题、成因和后果，找出了可供选择的解决问题的方案。

原因：沙溪是闽江的上游，龙慈村位于沙溪重要的生态保护区域，该村生态公益林占比很大。

影响：生态公益林必须择伐和小面积皆伐，这十分不利于采伐迹地更新造林。实质性提高了采伐成本，降低了森林经营的效益。

建议：(1) 提高补贴：应当参照商品林收益情况制定生态公益林的补偿标准。好的商品林地，每亩年产值可达300—400元。生态公益林补偿标准应提高到每年每亩补贴30—40元；(2) 适当减少本村生态公益林占比：目前，沙溪河两岸均划入生态公益林，总面积达7000多亩，且大部分是人工林。这样的规划显然不合理、也不科学；(3) 便利采伐：按照规定，生态公益林最大连片采伐面积不能多于45亩，这个采伐面积太小，而采伐作业道往往就需要占用数亩的面积。沙溪河两岸立地很好，当年造林苗高就能生长70—80厘米，第二年林冠就可以郁闭，采伐对生态影响很小。因此建议采伐小班控制面积增加到100多亩为宜；(4) 实施按面积限额采伐管理体系：按森林资源量分配采伐指标，没有资源就不能有采伐指标。可防止大企业过分占有采伐指标的情况。对股份制林场是分还是合好，采用了可视图表的方式促进参与式讨论，结果见表 13 - 10。

表 13 - 10　　　　　　　　　　股份制林场分与合的优缺点

项目	股份林场经营	个人经营
好处	便于统一管理； 有利于保护弱势群体	有的人造林多，有的人造林少，不分山难以平衡； 有利于发展其他行业。不愿经营林业可把林权证流转出去，获得一部分投资； 有利于林地多元化经营，比如发展林地多种经营； 增加林地投资，如将林权证抵押贷款； 改善森林的管理，私人造林质量高，护林更具体
坏处	机构增加开支	操作困难，程序麻烦

第五节　生态保护与合理利用

2007 年 9 月，在省级罗卜岩自然保护区，采用文氏图和问题树方法针对保护区面临的保护与利用问题进行了分析。该保护区位于沙县和明溪交界处，分布着典型的以樟科和壳斗科为主的中亚热带常绿阔叶林，有高等植物 55 个科、101 属、194 种，区内有 327 公顷的楠木原生林。

参加人员有协调员 3 人、三明市林业局 2 人、沙县林业局 1 人、相关利益者 7 人（保护区管理处 3 人、镇领导 1 人、林业局 1 人、村民 2 人）。将调查对象分成 A 和 B 两个群体，A 组为某保护区管理处，B 组为乡镇、林业局和村民。A 组使用文氏图分析了某保护区相关利益者与保护区之间的关系，以及从保护区角度分析这些相关利益者的重要性。重要性以百分制表示关系重要程度，最重要的相关利益者计 100 分，结果见表 13 - 11。如何平衡保护与发展的矛盾，到了基层，一个十分重要的工作就是如何协调相关利益者的关系。以这个保护区为例，一个社区认为一片集体林被划入了保护区范围内。然而，保护区认为这片森林是国有林，不是集体林。专业部门认为这片森林对生态系统的整体性和生物多样性维护十分重要。保护区的严格管理带来了社区的不理解和不合作，社区和村民认为他们的利益受到了损害。林权冲突威胁到了生态功能的发挥。起先，相关部门把责任落实在社区所在的镇政府，要求社区和村民作出一些让步。这样的安排显然难以实现目标。林权冲突的处置权就上交到县林业局。作为上级业务指导部门，三明市希望县林业局从国有官庄林场中划出一块林地与社区置换，以换取社区和村民对这片森林利益诉求的妥协。县林业局就是不肯支持这个建议，这片林权纠纷就一直拖延至今。

表13-11 某保护区相关利益者与保护区之间的关系及重要性

相关利益者	与保护区的相互关系	重要性得分
村民	保护区要与村民协商集体林和农田的经营管理，提供技术，为村民积极争取生物多样性友好型的农业生产和森林管理转型的政策。护林防火的宣传责任，保护区仅次于村委会	70
村委会	保护区协助村委会承担护林防火的工作，护林员要由村委会推荐。与村集体共同管理集体所有的生态公益林，共同协商处理权属分歧	80
片区护林联组	接受保护区的业务指导	10
林业采育场	作为国有森工性质的单位，接受上级林业部门的安排，采伐会对生态有一定影响。但在上级林业部门的协调下，保护区会与林业采育场处理好生态保护和采伐利用之间的矛盾	10
水电站	生态好了，水电站效率就好；然而水电站阻断了溪流上下游自然的联系，对保护区生物多样性保护有较大的影响	10
林业站	村委会、村民和保护区之间就农地、森林、溪流、防火、地界核对、纠纷调处、护林防火等很多事情需要通过林业站来协调	70
镇政府	镇政府在部门协调上的重要性次于县林业局	50
县林业局	重要性次于林业站。生态公益林补贴，上报材料需从资源站过，而补贴可从县财政直接划拨到保护区。以前保护区申请将区内集体林补贴转入保护区统一管理而没有得到批准，保护区与林业局的关系有点"感冒"。近期问题因政策调整而淡化了，两家的关系就好起来了	60
林业派出所	关系紧密度类同镇政府。保护区发生了诸如小额的偷伐、捕杀野生动物等案件，上报林业派出所，由于案件性质不严重，处理成本又很高，林业派出所就不愿意来人查验案件并立案侦查。保护区上报到三明市林业局，在上级部门的责令下才有所作为。现在，林业派出所派驻临近的官庄国有林场，距离近了，保护区希望林业派出所每个月都来保护区巡视一次	50
市林业局	保护区直接主管单位，关系最紧密。过去重视不够，保护区的人员编制、工资待遇都没有落实，一整年没一个领导下来查看查看。近期比过去有较大的进步	100
市政府	保护区的财政拨款、人员编制、组织建设都是市政府直接领导。重要性高，但联系不紧密	80

B组采用问题分析法进行调查，相关利益者从问题树分析中得出应促进森林旅游、毛竹林和杉木林不宜划入保护区等五项建议，见表13-12。

表13-12　　某保护区促进社区发展与自然保护共赢的建议

建议内容	村民1	村民2	村民3	村民4	村民5	总得分
应允许开展森林旅游	3	6	2	7	3	21
毛竹林和杉木林不应划入保护区	1	7	6	1	2	17
保护区内可以进行适当经营利用	2	5	4	6	5	22
对乡村划拨山场实行赎买政策	6	4	7	4	4	25
对楠木应允许适度采伐利用	5	1	3	2	1	12

保护区工作人员认为：保护区林权纠纷背后有复杂的成因。村民在保护区成立前长期经营本地的山林，村民的生计和社区的文化与当地森林十分相关。部分森林划归国有后，并没有影响村民从天然林中采集蘑菇、中药材等非木质林产品。现在这些天然林因生态的重要性而纳入到保护区中，禁止了村民一切采集活动。其中划入国有林的部分森林，社区并不承认，这就存在林权纠纷了。集体化运动期间划入集体林，其中一部分是人工林，另一部分是次生天然林，村民经营强度更高，森林所有权还是属于社区的。划入保护区后限制了村民的使用权和收益权，应当给予村民合理的补偿。

在设立保护区时，功能区划工作开展十分粗糙。没有充分考虑到区内人工林和天然林的分布，尽可能不要把人工林划入严格保护区。因大量的人工林被划入严格保护区，而这些人工林又为村民的私有林，自然就发生了保护和利用的矛盾，保护区和社区的冲突。保护部门也认识到这些人工林是必须要经营的，不经营生态效益并不好，经济利益还损失了。社区和村民对保护区工作就很难以获得理解。而保护区又有保护区的难度，从执法角度，保护区没有修改区内功能区划的权力而必须执行保护区的功能区划安排，而申请重新开展保护区功能区划或调整保护区功能区划有一系列严格的程序，需要获得省、甚至是环保部的批准。远超保护区的能力所及的范围。保护区因长期受社区和村民就林权冲突和村民补偿的利益诉求的困扰，在积极为村民争取利益补偿，申请变更保护区功能划分。保护区也认可村民应当拥有人工林主伐的权利，允许村民适度经营保护区毛竹林。而生态公益林管护岗位，交由村里的护林员进行管护，管护费也归村民所有。保护区在与村民长期的冲突协调过程中，逐渐达成了一定的共识和妥协。

A 和 B 两个小组田野调查结束后，共同分析了调研所了解到的问题及一些建议。(1) 集体林补偿。保护区占用集体林 100 公顷左右，其中人工针叶林 6.87 公顷，毛竹林 16.67 公顷，其他都是次生林。约 67.6 公顷次生林是在主伐之后划归保护区，在保护区 20 多年的严格保护之下才逐渐恢复起来的。村集体要求对人工林和毛竹林每年每亩支付不低于 20 元租金，或要求归还人工林和毛竹林。归还是不可能的，而补偿要求超出国家现行补偿标准。然而与相邻乡镇划归国有林场的林地补偿标准比起来，这一标准还是低得多，更远低于同等质量林地流转每年每亩 40 元左右租金。调研组认为应当允许社区对实验区的杉木、毛竹开展适度经营，以降低村集体和社区村民的收益损失。而国家生态公益林补偿标准为每亩每年 5 元，这个补助还是应该划拨到保护区，由保护区来统筹使用，开展保护区内森林集中管护。(2) 枯死楠木采伐利用。根据保护管理相关法律，楠木是该保护区的主要保护树种之一，不能采取任何利用措施。楠木枯死也不允许利用，以保全天然林自然结构和演替过程。楠木是当地非常名贵的材种，经济价值特别高。当地社区和村民主张保护区应当不分功能区，允许利用枯死木。调研组认为，可以在缓冲区和实验区试行合理利用枯死木。作为重要的保护树种，楠木不允许在市场上进行合法交易，楠木枯死木利用只能由当地村民自用，而不允许商用。(3) 人工林、竹林经营。村集体要求参照商品林经营人工林、竹林，对人工林应当允许皆伐，村集体和社区村民不能接受人工林择伐，因为这样将大幅度增加作业成本。保护区认识到在有条件的地方进行适度经营是合理的。从人工林立地条件和所处位置来看，择伐和皆伐对生态保护影响不大，但大面积皆伐存在火灾的隐患，这就会给生态带来影响。从护林防火考虑，择伐更是有利的。调研组一致认为，可以在保护区的实验区采取择伐或面积不超过 50 亩的块状皆伐。(4) 人工林迹地更新。村集体主张主伐后应当由村集体负责采取造林更新，而保护区更倾向于采取人工促进天然更新，最终形成阔叶林或混交林。(5) 经营管理模式。村集体和社区村民倾向于杉木林交由集体经营，毛竹和经济林交由个人经营，但可接受保护区的指导和监督。特别是毛竹林经营，既做到严格采取护林防火的措施，又不能扩鞭。允许扩鞭，毛竹林蔓延很快，会把杂木山逐步蚕食掉。

第十四章 森林采伐管理利益相关者分析

本章内容是基于2010年的田野调查，写作由我和我的学生共同完成。调研点是福建省三明市明溪县和将乐县。在每个调研县选择两个样本村，一个是离县城或乡镇很近的，另一个是较为偏僻的。每个样本村随机走访50余户，共完成210份问卷，其中有效样本182个。访问了林改办以及资源站的负责人、村支书或村长，获得相关数据。访问了4个行政村，1个国有企业，两个私人企业，以及市、县、乡三级林业管理部门。开展了深度访谈，对象有：4个村的村支书、村长、林业大户，3个企业的总经理，乡镇林业站站长、分管林业的乡镇领导，县林改办主任、资源站站长，市林业局相关科室负责人。

第一节 利益相关者

本章的利益相关者，是指能够影响森林采伐管理制度或者受森林采伐管理制度影响的人或者集团。森林采伐管理制度的利益相关者多而复杂，通过对三明市32位县级林业工作业务骨干分四组，每组分别以村民、国有林业企业、私有林业企业和林业政策制定者角色为中心运用文氏图法，得到相关利益者图14-1至图14-4。汇总整理得到森林采伐管理利益相关者关系图，如图14-5所示。

如图14-5中所示，内圈为核心利益相关者，外圈为次级利益相关者，最外圈为相关程度最低的利益相关者。据此，选择农户、村集体、国有林业企业、私有林业企业和林业政策制定者为重点分析的利益相关者。

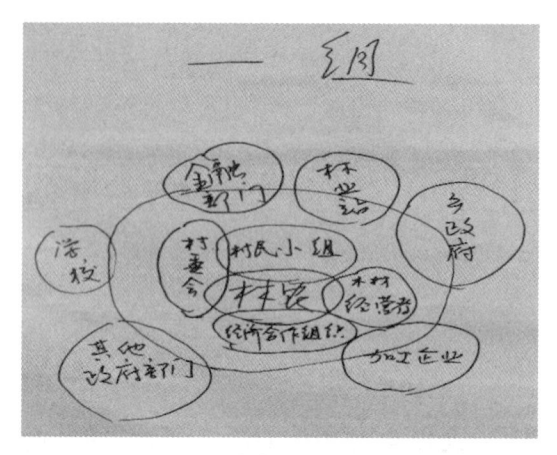

图 14-1 "农户"小组所画文氏图

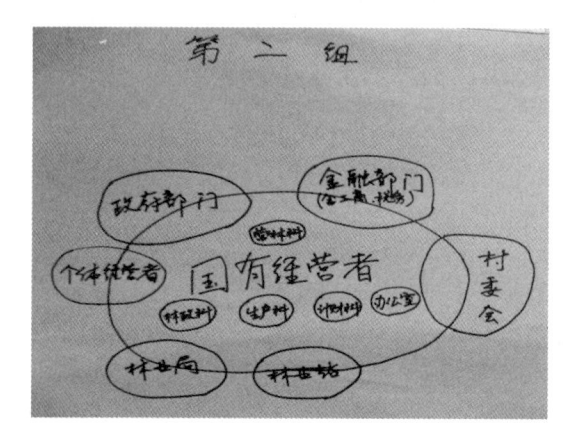

图 14-2 "国有林业企业"小组所画文氏图

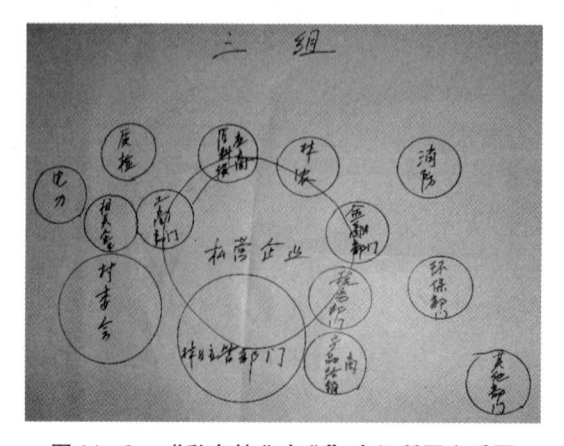

图 14-3 "私有林业企业"小组所画文氏图

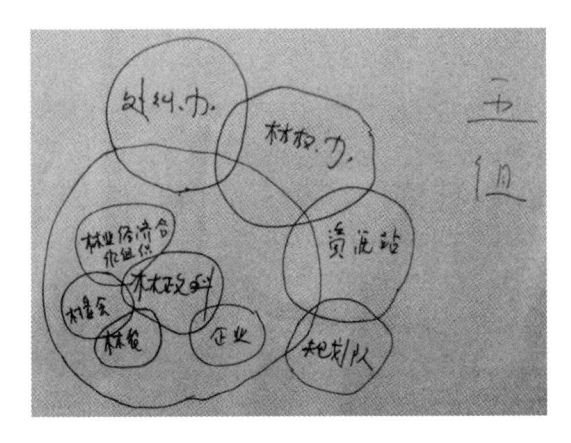

图 14-4 "政策制定者"小组所画文氏图

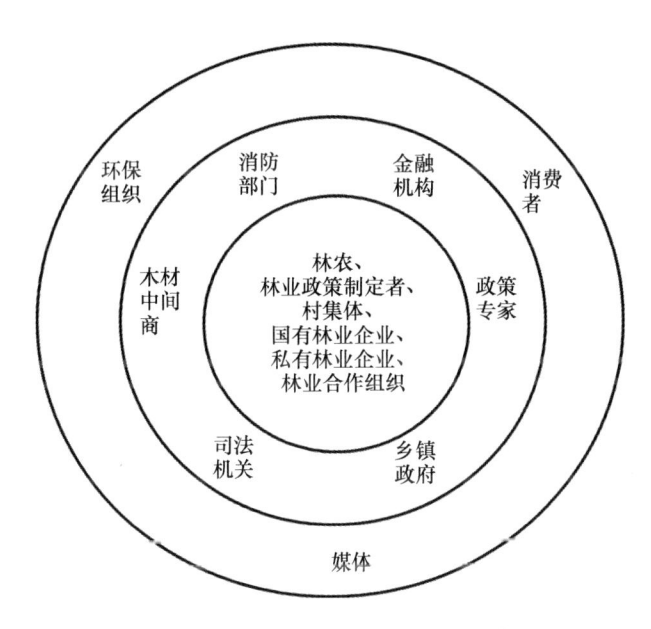

图 14-5 森林采伐管理制度的利益相关者关系图

一 农户

以调研 182 个有效农户样本分析,从表 14-1 看出,以林业为家庭收入主要来源所占比例只有 4.95%,且多为林业大户。大部分农户的收入主要来源是务工和种植业。同属明溪县的 SX 村和 CT 村,以林业作为收入主要来源的比例十分接近,且远不同于将乐县的 ZG 村和 ZJ 村。SX 村和 CT 村的集体林地主要流转到当地大户手中,而 ZG 村和 ZJ 村的集体林地基本还是以集体经营为主,并没有大规模地流转出去。

表 14-1　　　　　　　　　农户家庭收入主要来源

	频数				百分数			
	1	2	3	4	1	2	3	4
SX 村	6	32	4	5	12.77%	68.09%	8.51%	10.64%
CT 村	24	19	4	3	48.00%	38.00%	8.00%	6.00%
ZG 村	8	40	1	2	15.69%	78.43%	1.96%	3.92%
ZJ 村	13	19	0	2	38.24%	55.88%	0.00%	5.88%
全部样本	51	110	9	12	28.02%	60.44%	4.95%	6.59%

表中 1 = 种植业,2 = 打工,3 = 林业,4 = 其他。资料来源:2010 年 7 月问卷调查。

所调查的林地面积包括农户承包的林地。本书限定林地面积大于100亩的农户为林业大户,而在进行林地面积统计时,没有把大户放进去。在调查样本中,有8个大户。大户间拥有山场面积差别较大。大户平均年龄为51岁,多为村集体干部,对当地情况十分清楚,拥有很强的社会网络,具有一定的信息和政策优势。

二　村集体

调研的四个村相距不远,但情况各异。明溪县 SX 村有 6 个村民小组,306 户、1041 人,其中出国务工人员就达 500 多人,主要是去往意大利。该村土地总面积为 48448 亩,林业用地面积 44173 亩。集体林地 28788 亩,占村总林地面积的 65%,绝大部分在林改之前就流转到经营大户手里。生态公益林 7665 亩,国有林 3204 亩。而自留山的面积只占总面积的 10%,基本都是在 1981 年林业"三定"时划分的。在 2003 年林改时只有一个小组的林地发生变动,将自留山面积比重提高到小组集体林面积的 20%。

明溪县 CT 村耕地面积 2565 亩,山地面积 18636 亩,其中国有林 1845 亩,自留山总面积为 2461 亩,生态公益林 5219 亩;现有 7 个村民小组,255 户共 943 人。村集体收入达 9 万元;农民人均纯收入可达 4750元。集体林地 9111 亩,占总林地的 49%,同 SX 村一样,大部分在林改之前被流转出去。自留山 2461 亩,占总林地的 13%,比 SX 村略高。在集体林权制度改革中，该村森林权属基本未发生改变，只是将林权证发放到每家每户，集体林的林权证发放至村里。该村的国有林划转为公益林，补贴直接给农户，大约60元/亩。村集体的林地集中在2000年左右流转出去，主要是流转到公司和当地的大户。

将乐县ZG村辖4个村民小组，178户，776人。共有耕地940亩，林地10267亩，其中生态公益林3111亩，T公司林地841亩，J公司林地176亩，村集体经营林地709亩，村民小组管护818亩，自然人（含联合体）林地4612亩。其中3111亩生态公益林，是1990年划分的。在2003年的林改中，以户为单位，即单身户每户分5亩，2—5人每户10亩，6人以上每户20亩。将山场按照10亩一份划分成N份，标上1，2，3，4……，并根据山场的质量标明不同的价格，由各户派代表去抓阄来确定各户自留山的地理位置。相邻区域的几户农户联合经营这块山场，林权证也是这几户联合一本，户主是其中一家，其他人家以附注的形式标明。ZG村将林改后采伐返还的迹地进行农民股份合作造林，现共有726亩面积实行了合作造林，参加合股造林的有163户705人。合作造林筹款已经筹集了两次，2006年的时候250元/人，2009年200元/人。并于2009年3月成立了古镛镇ZG村林业专业合作社，成员为ZG村村民户代表。该村林业专业合作社股份合作造林模式以两年为一轮进行造林，以全村人口为基数测算股份，每个人两股，村民也可弃权不入股。合作组织独立账号，资金由4个村民小组负责管理，其中1人持存折，3人掌握密码，只有4人会同方可调用资金。合作组织日常收支在年度造林结束后，按户分发收支明细表，并进行公示。

在合股造林之前，由村两委、村民小组长、部分党员、村民代表上山实地评估、现场划定，落实第一轮合股造林迹地面积726亩。接着合股林事宜向全村村民公示，并由村两委干部、村民小组长挨家挨户宣传发动。造林资金筹集完毕后，村林业社长及4个村民小组负责运作，全过程力求做到"五个统一"，即"统一林地准备、统一造林、统一管护、统一采伐、统一分红"。ZG村党支部、村委会对合作组织仅起指导、协调、扶持作用，不直接介入合作组织日常运行。合作组织所造林木林权归全体股东所有，以负责人（社长）名义向林业部门申领所有股东联户的林权证。合作组织所造林木除砍伐后一次性向村委会缴清林地使用费外，所得利益全部按股均分到人。

2006年股份合作造林模式实行后，两年来造下的林木成为了全体入股村民的共同财产，并以全体入股村民联户林权证的形式确权。ZG村所有林木就会成为村民人人持有的股权，实现了民有其山，避免了农户与农户之间界限纠纷，维护了林区稳定。

将乐县ZJ村地处金溪河岸，辖3个自然村，9个村民小组，313户，总人口1294人。全村土地总面积18678亩，现有林地面积16491亩，可耕地面积1267亩，常年拥有稳定的苗木基地260亩，食用菌基地200亩。ZJ村工业小区内，有佳丰、湘荣、盛和商贸3家企业，年产值达3000多万元，吸纳本村富余劳动力126人，增加村集体收入2万元。2009年全村生产总值950万元，村集体收入40万元，农民人均纯收入6725元。该村公益林面积5000亩，外来公司拥有并经营用材林4773亩，占总林地面积的29%。村民与公司矛盾很深。在80年代，林业"三定"时期划分的自留山以及农户开垦的荒山，不参加2004年的林改。2004年开展林改，将生态林划分出去，将集体林转化为生产小队经营，没有分林到户，没有林权证。3个自然村采取的林改方案各异。其中1个自然村选择维持现状，把村集体分下来的林子没有再细分到农户。另两个自然村先把山场统一收到自然村里，然后先分成四份，两个小组（30户一组）各抽两份，之后小组内再依次分下去，直到他们不愿意再分为止，形成联户或个人经营的模式，由此建立档案备份。集体山场拍卖所得的利益分配是，65%归村民小组内农户，20%归村委会，15%归自然村收入。采伐更新后森林收益按下列比例分配，90%归村民，5%归村委会，5%归自然村。

这四个村采取的林改措施差异很大，且各有特点，不是简单的"分林到户"。何种形式改革可使村民得实惠，不是政府官员或专家说了就能得实惠，而是村集体自己才能决定。村集体很大程度上是由村干部决定的，一个优秀的村集体领导班子可以让整个村子团结起来，共同发展。

三 国有林业企业

国有林业企业包括国有资产控股的林业企业，福建J林业股份有限公司是其代表。该公司设立在将乐县，成立于1996年，前身是将乐县林业总公司，于2007年11月经股份改制改造变更设立，最大股东是将乐县政府，注册资本1.04亿元，下有5家全资子公司，分别是万森林业采育有限公司、清溪林业有限公司、J贸易有限公司、J林木种苗有限公司和J

木材检验有限公司和1家村民企合资公司即将乐县J上华林业有限公司,拥有森林经营面积42.6万亩,林木蓄积量340万立方米,其中生态公益林约4万亩,经营林地立地条件良好,平均出材量达到11立方米/亩。2009年度经营木材10.94万立方米,主营业务总收入8243.96万元,净利润总额3370.76万元。原木约50%深加工为滑梯,出口美国;余下一般销往江浙和安徽。该公司属于单独编制森林采伐限额单位,实行采伐指标单列。五年一次编制森林经营方案后报批。该公司是将乐县支柱企业之一,享受各种税费补贴,2009年纳税100多万元。

J林业以建设现代林业企业为发展目标,合理培育森林资源,加快推进木材基地建设,着力强化科技支撑体系,加快林业科技自主创新,着力调整经济效益增长方式,加快拓展城市林业、景观美化、珍贵种苗花卉等,着力创新经营模式,重点推进林业产权合作新模式,着力强化企业社会责任,实现国家得生态,企业得发展,农户得实惠的发展战略目标,努力打造成国内精品,福建一流的林业企业。

J公司与将乐县村集体的矛盾一直存在。1989年,在世行贷款项目中,乡镇林业站要求村集体贷款造林。村集体以集体林使用权作抵押,取得不同数额的贷款。因当时林价低,经营林场利润空间小,村集体没有按时还款能力,就只能把山场按当时的低价抵押给银行,面积大约15万亩,合同期限是50年。当时的投资公司即J公司前身就从银行买了这些山场。在2001年,J公司将其中的12万亩转让给将乐县的一家私有林业企业——T公司,合同期限也是50年。而这时的山场价值已远远超过1989年的水平。木材价格的大幅度增长,让农户觉得当时抵押出去的山场价格太低,不同意继续转让出去,造成了村集体和企业之间的矛盾。

四 私有林业企业

私有林业企业以明溪县的H公司和将乐县的T公司为案例。H公司的前身是由明溪县3个国有采育场和1个国有林管理站合并后剥离出不良资产后而形成,于2000年7月完成股份制改革,但企业性质还是国有。一直到2008年中福集团买入H公司86%的股权,剩下的14%股权由明溪县政府持有,企业性质发生改变。现有职工82人,年销售额平均为2000万。企业林权登记面积62万亩,实际经营面积32万亩,其余的30万亩包括10万亩生态林、3万亩保护区、1万亩竹林、2万亩经济林及其他,虽然是登记在 H 公司名下，但其真正所有者是明溪县政府。该公司主要提供初级产品（商品木材），客户主要是三明本地企业和浙江林产品加工企业。虽是私有企业，但因县政府有直接的经济利益关系，在某种程度上 H 公司享有国有林业企业的政策优惠。

T 公司坐落在将乐县，成立于 2001，注册资本 2000 多万元，是上海泰胜浆纸集团有限公司全资子公司。2009 年，利润 1200 万元，上交税收 170 万元。木材种类主要是杉木，平均出材量 7 立方米/亩，年采伐量在 8 万立方米左右。成立之初，公司专门为纸浆公司提供杉木作为生产原料，后来随着林木价格上升，公司对外销售杉木，杉木剩余料提供给纸浆公司作为生产原料。经营林地面积 18 万亩，全部为集体林，合同签订期限是 50 年，分布在 12 个乡镇，涉及 109 个行政村。

在 2002 和 2003 年，企业直接跟村集体签林地使用权转让合同，但当时并没有村集体三分之二村民的签名。在 2005 年开始集体林权制度改革后，暴露出许多历史遗留问题。以例为证，一村与 T 公司合同林地面积 80 亩，2005 年重新丈量实际面积为 100 亩。村集体要求以重新丈量面积支付租金，而企业要求按合同支付租金。最后企业同意了村集体的要求。某村 1989 年把 500 亩山场当成 300 亩抵押给投资公司，投资公司在 2001 年按照实际面积 500 亩转卖给 T 公司。当 T 要砍伐这 500 亩山场时，村集体只允许砍 300 亩。县林业局提出建议方案，由 J 公司和 T 公司各承担 200 亩山场 50% 的责任，补偿村集体。而类似情况涉及山场共 2000 亩，还有 1200 亩有待解决。二代林更新阻力大。T 公司完成一代林砍伐 5 万亩，二代林更新 4 万亩，仍有 1 万亩无法造林，存在农户抢种现象。个别案例司法机关已有介入。

五 林业政策制定者

林业政策制定者主要是指政府各级林业主管部门，包括国家林业局、省林业局、市林业局、县林业局、乡镇林业站。在政策的具体实施中，基层林业部门与森林经营者有直接的利益关系，所以本书主要分析的是县级林业主管部门，分别是调研地区明溪县和将乐县林业主管部门。

县级林木采伐计划分配和使用管理流程见图 14-6。县级采伐指标分配的过程基本上是公开的，只是对于非计划单列单位，主要是乡级计划指标分解以及农户申请指标，还是会存在信息不对称的问题。以至于样本农户中的大户都建议要增加采伐指标,而实际上县级采伐计划每年完成比例不到70%。

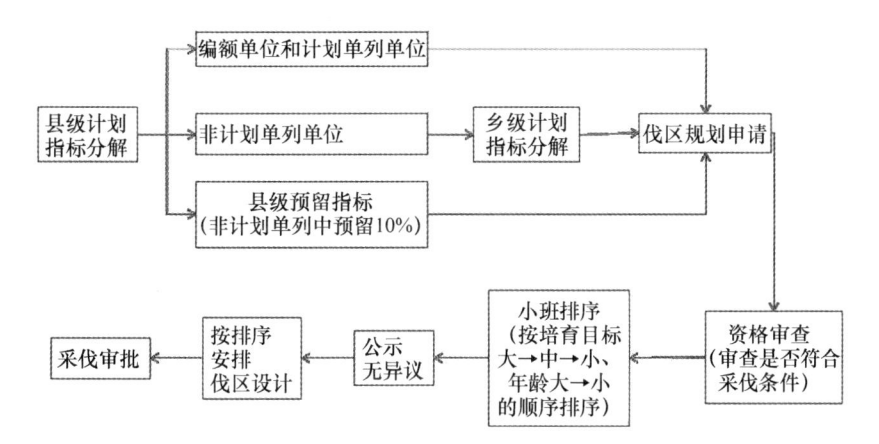

图14-6 县级林木采伐计划分配和使用管理流程

第二节 利益相关者的诉求

一 SWOT分析

在参与式林业政策过程试验中,采用SWOT法整理出森林采伐管理制度的5个利益相关者的优势、弱势、机会、威胁,如表14-2所示。

表14-2 利益相关者SWOT分析汇总表

	S(优势)	W(弱势)	O(机会)	T(威胁)
农户	经营管理便利;拥有一定规模的山场;产权明晰	获取市场信息能力弱;林业政策多变;处置权(采伐)难以落实;经营成本高,缺乏资金、技术;山场小而分散	国家日益重视林业发展,会进行进一步的改革;木材市场需求大,价格上涨	抵制自然灾害能力弱;森林保险制度不健全;与林业主管部门沟通难;难以把握市场方向
村集体	将农户组织起来的天然优势;拥有较大规模的山场;有与林业主管部门直接沟通的机会	林改后所拥有的山场减少;村集体收入减少;组织农户越来越难	国家重视基层政权的稳定;林改中,凸显村集体对全村发展方向的重大影响力;政府将进一步深化林改	优秀人力资本外流严重;缺乏对市场和政策方向的正确判断能力

续表

	S（优势）	W（弱势）	O（机会）	T（威胁）
国有企业	管理机制健全；资源、资金充裕；技术力量强；拥有信息优势	林地资源保护不足，盗伐频繁；人员及岗位设置过多	政府大力扶持，并给予许多优惠措施；市场需求稳健	森林资源保护要求很高；经营区稳定受到威胁
私有企业	财务健全，资金雄厚；人力资源充沛；经营管理效率高；市场信息畅通	原料供应缺乏保障；经营成本高，规模小，产品单一	政策鼓励并支持企业发展；市场需求量增加，社会发展林业的积极性高涨	社会对森林生态功能要求不断加强；政策频繁调整和改变；全球经济环境变化
政策制定者	林改之后，产权明晰，农户积极性提高；山场资源丰富；企业效益好	农户经营水平低，山场小而分散，对抗市场风险能力差；企业品牌意识弱；企业与村集体存在矛盾，并且没有得到解决	国家积极改革，促进林业发展；林产品市场活跃；林业新技术推广运用	自然灾害；市场价格波动

二 鱼缸辩论法分析

采用鱼缸辩论法收集资料并整理出森林采伐管理制度的 5 个利益相关者的相关论点及回应，具体结果如表 14-3 所示。

表 14-3　　　　　　　　　鱼缸辩论法结果

	论点	政策制定者回应
农户	1. 取消商品林的经营限制，真正达到自主经营。 2. 山场被划为生态公益林所造成的经济损失需要得到补偿。 3. 林木处置权和收益权没有落实。 4. 进一步简化林木采伐审批手续。 5. 目前，林业经济合作组织缺乏规范，并没有发挥应有的作用，大部分只是个牌子而已。 6. 建立和完善自然灾害救助和保险机制。 7. 进一步简化林权抵押贷款程序。 8. 大部分集体林的权属没有分到农户。	1. 承认商品林和生态公益林的收益差距过大。对于公益林的补偿，由过去的 2 元/亩，增加到 12 元/亩。虽然补偿依旧不能弥补收益差距，但是农户要想着为祖国作贡献，理解这需要一个长期的过程。 2. 政府鼓励农户成立林业经济合作组织，并出台了很多优惠措施。基层干部为了迎合这种趋势就注册了合作组织，但合作组织没有发挥功能，但是，也有很好发挥职能的合作社，规划运作有明确的章程，积极争取各方面的支持，拥有种苗和采伐指标的优势，和贷款、税费等等多方面的优惠，提高成员的经济收益。

第十四章 森林采伐管理利益相关者分析　213

续表

	论点	政策制定者回应
村集体	1. 集体林在林改之前，大部分已流转出去，无法进行分林到户。 2. 集体林转让给国有林场和私有企业，而村集体得到的利益不合理，太少。比如，国有林场在采伐时，偷梁换柱，审批和砍伐的山场不一致，或者通过间伐来逃避林价返还。	政府将积极协调村集体和农户与企业的各种矛盾，保护村集体的合法权益。
国有企业	1. 对农户盗砍国有林木，抢占国有经营区的行为，政府的打击力度不够，仅停留在口头和文件上。 2. 对农户拦车堵路干扰国有经营区正常生产秩序等现象，抱着"稳定压倒一切"的工作原则，对上述现象仅仅是协调，没有实质性举动。 4. 国有采育场的林木采伐后，农户出现抢种现象，法院也不能强制执行。面积很大，很难解决。 3. 地方政府对国有经营企业重采伐利益，轻资源培育，重索取，轻投入。	对于盗砍现象执法队伍人员不足，设备落后，要加大投入，提高待遇，加大打击力度。 （农户回应：拦车堵路现象之所以存在，是有原因的。首先山场的划界有问题，其次返还给农户的价格还是偏低，另外农户对村干部存在信任危机，怀疑其和企业串通，有暗箱操作的可能性。其次，国有林场对农户利益不够重视，误砍了周边农户的山场，虽然明知知道，却不及时通知农户并给予补偿）
私有企业	1. 降低企业的隐形成本，包括与村集体和农户的纠纷，各级主管部门防不胜防的检查。加强政府机关的自律，减轻企业负担。 2. 公开公平公正的市场机制，但目前与国有企业和合作组织以及外资企业，待遇是有差别的。比如国有林业经营主体有育林基金返还约70%，但是私有企业没有。 3. 从村集体转让过来的集体林，与农户纠纷不断，增加经营成本。	1. 有些检查是必须的，可能也存在一些不合理的检查，以后会得到改进。 2. 私营企业可以自主编制采伐政策，可以申请计划单列的指标。而国有林场比私营简便，是由于程序比较简单。 3. 整体来说经营政策是相同的。在市场经济的条件下，大家的待遇应该是一致的，但是这需要一个改进的过程。

从表14-3中可以看出，这5个利益相关者之间的冲突，更直观的结果可以用图14-7表示。箭头表示矛盾的方向。政府是处于被矛头指向最多的群体，农户和村集体与企业间的矛盾是相互的，农户对村集体存在一定的不满。

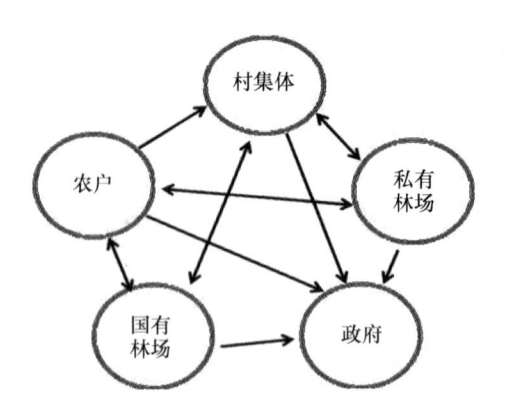

图 14-7 利益相关者冲突示意图

政府的回应多数看来是无力的，很多只是空头支票。例如政府对村集体的回应是"政府将积极协调村集体和农户与企业的各种矛盾，保护村集体的合法权益。"造成这种现象的原因有以下几点：第一，县级林业主管部门没有权限直接决定，只能向上反映相关情况；第二，某些问题的改进，将直接有损自身的利益；第三，主管人员奉行不健康的少做少错的行政态度；第四，主管人员能力有限，不知道如何采取措施解决问题。

三 问卷与访谈法分析

1. 农户

通过对农户 182 个有效样本进行统计分析：（1）在 2000 年以来，有卖活立木行为的农户有 18 户，占农户的比例不足 10%，山场交易不活跃。（2）农户对申请采伐过程非常了解、比较了解、不了解的比例分别为 12.64%、39.01% 和 48.35%。而在 8 个大户中，7 个对申请林木采伐过程非常了解。（3）没有申请过采伐的农户占到了 82.97%，申请商品材采伐的农户占 5.49%，申请自用材采伐的农户占 11.54%。（4）超过 67% 的农户不关心采伐管理，只有 17.03% 的农户要求分配更多的采伐指标，只有 7.14% 的农户希望取消自用材的育林金收费，以及自留山的一切采伐限制，真正实现其自主经营，6.04% 的农户建议简化申请过程，2.20% 的农户建议提供技术支持。居然没有农户选择要求采伐指标分配公开，一方面可能三明市实现了森林采伐指标的公开分配，也可能农户对采伐管理指标分配并不关心。

2. 村集体

每个样本村采取的集体林权制度改革措施差异很大。SX 村集体林主要流转到大户,ZG 村集体林由全体村民共同经营,ZJ 村集体林由村民小组和联户经营。(1) 农户对村集体的认同感,对村干部的信任度。村集体决策在很大程度上由村里的精英分子,比如书记、主任等决定。而村干部往往又是林业大户,农户怀疑村干部可能以权谋私。(2) 集体林不规范流转。在 2000 年左右,具有信息和资金优势的一些企业和大户动起了集体林的心思,大部分集体林快速地被流转出去。流转的决议往往由村干部决定,没有多数农户的签字,收入基本都作为村集体收入,农户没有从中获得合理的利益。以至于在近年来林木价格持续上升的情况下,农户对此意见很大。(3) 村集体与企业间的利益纷争。在 20 世纪 80 年代,各村集体林很大面积的山场被划拨给国有林场,协议规定国有林场采伐时应按林价的 30% 返还给村集体。目前,国有林场有时会通过间伐或者采伐其他山场来代替原来采伐审批的山场以逃避林价返还。集体林的采伐指标中相当大比例被企业占用了,增加了林业大户、村民小组和联户申请采伐指标的难度。

3. 国有林业企业

以将乐县 J 公司为案例代表国有林业企业。将乐县政府是 J 公司绝对大股东,J 公司享有采伐指标单列、税费减免、森林保险补贴等优惠政策,比其他经营主体拥有更多的行政资源和信息优势。

J 公司期望放活森林采伐管理的限制。第一,用面积代替蓄积量作为采伐限额指标,鼓励林权所有者提高单位面积出材量和木材利用率,比如砍伐位置更低,强化枝权利用等。该公司的山场立地条件良好,平均出材量远高于一般平均水平,改用面积作指标,可以提高企业的实际采伐量。第二,简化育林金收费要求。做伐区设计时,要求分类设计采伐量,并据此缴纳育林金。但在实际采伐中,不同树种的采伐量跟设计会有差距。这种情况下,业主需要打报告,重新补齐育林金,给业主带来许多不便。第三,增加政策的灵活度。《福建省森林采伐技术规范》中规定坡度 26—35 度时皆伐面积不大于 5 公顷即 75 亩,3 年之后才能再申请采伐。而如果这片需要采伐山场的面积是 80 亩,那余下的 5 亩如果放在三年后采伐,这 5 亩林木的收入都不能弥补企业投入的成本。所以期望政策是一个范围,有缓冲的幅度。第四,在企业完成培育一定数额的大径材之外,政府可以放开采伐树龄限制,充分体现林木经营自主权,使企业可以根据市场变化和自身经营目标的变化来安排采伐。

与村集体和社区群众的矛盾是企业面临的一个重要困难。矛盾的存在不仅给企业带来了更多的经营成本,并且影响了林区的稳定。企业期望在政府积极协调下,与村集体进行有效沟通,签订具有法律效力的协议,按章办事,让利于民,共同发展。

4. 私有林业企业

以明溪县的 H 公司和将乐县的 T 公司为案例代表私有林业企业。H 公司 14% 的股份归明溪县政府所有,会享有类似国有企业所具有的信息优势和优惠政策。这两家企业,除与国有企业上述诉求外,还有以下三个方面的诉求。

第一,酌情解决生态公益林补偿问题。企业的山场被划为生态公益林之后,地租依旧要交,但是山场不能采伐,没有合理收益。这种情况下,政府应该要给企业一定的补偿。例如 T 公司在 2001 年转入山场时,并没有生态公益林。在 2004 之后,共有 7000 亩山场被划为生态公益林,其中金溪沙河两岸规划划入的 4000 亩是人工杉木林。山场地租照常支付,同时村民偷砍现象严重。

第二,放宽资源档案的访问权限。国有企业 J 公司有档案访问权限,而 T 公司没有。企业经营的小班情况,必须到县林业局资源站查询才能得知是否符合采伐条件,不能直接访问县林业资源档案系统。并且随着二类调查对林业资源档案的更新,造成了公司原本存有的内部资料失去参考价值。

第三,解决与村集体之间的矛盾。其一,一些村集体强加林地使用费。通常企业与村集体协调林地使用费,原则为林价的 30% 左右,或者每年按面积支付林地使用费。林地使用费根据林地的立地条件、地理位置、交通条件、经济状况等应该有所差别,但是村集体不考虑这些,林地使用费必须不能比其他村少。其二,"飞地"问题增加经营成本。"飞地"是指在村集体的山场中,有较小比例的山场属于企业,且地处偏僻。森林管护成本高,盗砍乱伐问题严重。森林公安执法力度不够,而通过法律诉讼时,法院将所有涉林案件都判缓刑,没有有效的惩罚措施。由此 T 公司将旗下山场分为四个等级:一级频繁被偷砍 3 万多亩,属于盗砍乱伐高危面积;二级普通 6 万多亩;三级较少被偷砍 3 万多亩;四级基本不被偷砍 3 万多亩。公司每年的看护成本高达 200 万元。"飞地"的采伐常受到村民的阻碍，主要靠乡镇政府协调解决，由此产生了较高的谈判成本。

5. 林业政策制定者

县级林业主管部门负责制定林木生产计划，制定森林采伐限额，控制森林采伐限额总量、木材生产计划及其他各项指标不能突破，严格执行森林采伐限额制度，强化森林资源管理。县林业局面临以下三个压力。

第一，林改之后，林区暴露的很多历史遗留问题没有解决。主要体现在两个方面，（1）集体林的不规范流转。在 2000 年前后，大规模集体林流转没有村集体多数成员的签名，与《村民委员会组织法》要求不符。很多村民深感自己的利益受到损害，想把流转出去的山场要回来。（2）林权证的发放存在很多问题。每个村集体的林改都有其独特的内容，集体林的去向也千差万别，林权证到底应该发到谁的手里，是一个很难简单回答的问题。有的乡镇为了避免一些问题，直接将林权证放到乡镇林业站。但是，当业主申请采伐，去林业站索取林权证时，却要向乡镇政府缴纳一定的采伐费。这给基层政府造成了寻租的机会，增加了经营者的成本。

第二，资源管理与保护需要与时俱进。需要加大盗伐的打击力度。不同利益群体都提出了对盗砍乱伐现象的憎恶，要求加大打击力度。及时调整林业资源档案。因为资源数据与现状不符，会影响到林木采伐申请，从而影响经营者的合法权益。主管人员应当本着实事求是的原则，通过调查及时调整纠错。生态公益林的补偿问题亟须解决，需要研究针对企业、村集体等不同经营主体的补偿方法。

第三，集体林的木材采伐计划分配应更加合理。调研县的木材采伐计划从未突破，完成情况在 70% 左右，还有 30% 的计划没有用完。然而，基层大户和农户却反映指标偏少，这说明计划的具体分配，尤其是集体林属于统筹规划分配，与实际情况还不能很好地配合。

第三节 利益相关者分析

一 影响力/活力矩阵分析

从图 14 - 8 中可以看出，处于矩阵低影响力低活力的村集体和低影响力高活力的农户，对政策制定者来说，是十分容易被忽视的群体。

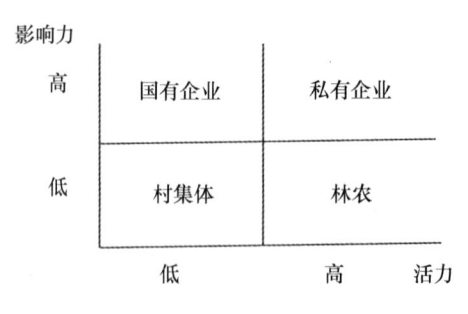

```
影响力
高    │ 国有企业  │ 私有企业
      │          │
──────┼──────────┼──────────
低    │ 村集体   │ 林农
      │          │
         低         高      活力
```

图 14-8 影响力/活力矩阵

对于村集体来说,第一,村集体的利益代表是村干部,他们争取集体利益的动力没有企业强;第二,村干部与林业主管部门有工作上的沟通,他们的行为态势和利益需求是可以预见的,不会给政策制定者带来很大的困扰;第三,村干部与大户身份的高度重合,使村集体的部分利益被转嫁给了大户,一定程度上削弱了村集体的话语权。

对于农户群体来说,第一,这个群体庞大而分散,没有明确的利益代表,与政策制定者很难形成有效的沟通;第二,农户的异质性强,其利益需求是不同的,所以政策制定者不可能形成令整个群体满意的措施;第三,单户农户的经营面积小,基本上都不是家庭收入的主要来源,所以政策的调整对单户的影响较小。

但是,当这两个群体形成统一的声音时,他们就处于矩阵中的高影响力高活力区域,就需要引起政策制定者高度的关注,例如在将乐县,村集体与企业之间的矛盾已经严重影响了当地林区正常的经营活动和社会稳定,政策制定者必须积极协调,妥善解决。

处于高影响力低活力区域的国有企业,主要指国有林场和林业总公司。处于高影响力高活力区域的私有企业,以 H 公司和 T 公司为代表。这两个群体具有相当的话语权和力量,对政策制定者而言,是政策考虑的重点对象。主要原因是:第一,国有林业企业具有数量单一的特点即一个县只有一个国有林业企业,并且是当地政府的重要财政来源,对政策制定者有很高的影响力,甚至直接影响政策的走向,他们与政策制定者的高度互动使得这个群体的利益需求对于政策制定者来说是可以预见的。第二,私有林业企业作为当地的纳税大户,对政策制定者也具有较大的影响力;另外企业异质性高,其利益需求多样化,政策制定者对其一直保持高度的关注。县林业局人员与当地林业企业领导十分的熟稔。政策的制定充分考虑企业的诉求，例如其采伐计划单列、税收减免等优惠政策。

各个利益相关者群体在矩阵中的区域是动态可变的，政策制定者必须根据现实的发展来确定政策的实施。

二 影响力/利益矩阵分析

通过图 14-8 与图 14-9 的对比可以看出，国有林业企业被调整到矩阵的高影响力高利益区域，主要是因为国有林业企业与政策制定者之间的高度利益相关是其他群体所不能比拟的。处于矩阵不同区域的利益相关者，使政策制定者对其给予不同程度的关注。

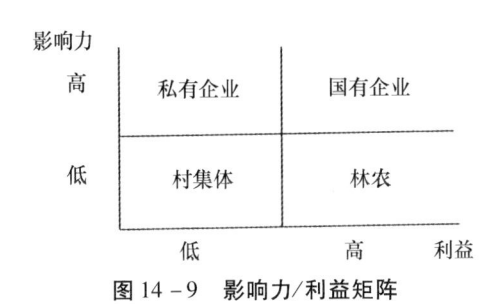

	低	高
影响力 高	私有企业	国有企业
低	村集体	林农

图 14-9 影响力/利益矩阵

政策制定者进行政策调整或出台新的政策之前，第一，要考虑国有林业企业会不会接受；第二，通过满足私有林业企业的部分相关利益诉求，从而促使私有林业企业拥护新政策；第三，对于村集体和农户的群体统一利益诉求给予一定的关注外，对于其单个个体只需最低限度的关注。例如对于将乐县村集体和企业之间因不规范流转造成的矛盾，政策制定者就应该充分考虑村集体的诉求，按照《村民委员会组织法》的规定，尊重农民发言权，对于存在争议的林地按程序办事，重新收回，进行资产评估作价后重新分配。

第四节 关于完善森林采伐管理制度的政策建议

一 森林采伐管理面临的主要问题

第一，森林采伐管理制度的滞后性与利益相关者诉求不断更新的矛盾。森林采伐管理制度是一个系统的复杂的管理体系，其形成经历了很长的提出、论证、试点、修改、实施的过程。而市场是不断变化的,利益相关者的政策诉求也在根据市场的变化而不断更新。这对森林采伐管理制度的与时俱进提出很高的要求,并与政策自身的稳定性特征,形成了矛盾。

第二,政策制定者在利益相关者理论和参与式林业理论下不同决策选择的矛盾。在对利益相关者进行利益相关者分析时,政策制定者作为决策者,会根据不同利益相关者的影响力、活力和利益的差别,而选择更加关注强势群体,忽略弱势群体如村集体和农户的诉求。但是在参与式林业政策的框架下,政策制定者应赋权于利益相关者,尤其要保护弱势群体的声音,避免强势群体绝对主导权,给予村集体和农户平等的权利,让其参与到政策的制定中。这二者之间的决策矛盾,对基层林业主管部门在行政能力和态度上都将是一个巨大的挑战。如果要平衡好这样的矛盾,必须从制度设计上考虑,如何确保弱势群体的诉求得到合理的关注。

第三,森林的外部性与政策决策者作为理性人的矛盾。森林具有公共物品的性质,在市场失灵的情况下,要求政策制定者必须从大局出发,充分考虑森林的生态效益和社会效益,而不能作为一个追求经济效益最大化的理性人进行决策。而调研中发现,基层林业主管部门基本上都会选择对其经济效益最大化的政策决策。这对基层的林业主管部门提出很高的要求,不仅要求主管人员对国家负责任,对农户要有怜悯之心,更要从制度设计上保障基层政策决策者所作的是对人民负责任的决策。

二 完善森林采伐管理制度的建议

首先,要尊重各利益相关者诉求。第一,创造各利益相关者表达诉求的条件,尤其是创造弱势群体农户充分表达诉求的条件。具体包括政策制定者深入到各利益相关者内,进行调研和沟通,如果由于角色的特殊性不便直接与相关利益者沟通,可以将调研任务通过研究课题的形式委托给高校或者研究机构等第三方,以保障调研的客观性和真实性。第二,创造各利益相关者互动的机会。"真理越辩越明",通过参与式的方法如鱼缸辩论法使各利益相关者进行沟通,并在沟通过程中,发现他们的共识和冲突。这种机会不仅可以为政策制定者提供素材依据和启发,提高政策的可操作性和执行力,同时也增进了不同利益相关者之间的理解和沟通,减弱彼此间的矛盾。

其次,调整林业管理部门定位。第一,基层林业主管部门要有大局观，不能只局限于自身部门的利益，只关注企业这种与自身利益直接相关的群体，而忽略弱势群体如村集体和农户的政策诉求。第二，计划经济体制形成的传统"命令服从型"管理模式，已不适应林业形势发展的变化，需要向"引导服务型"管理模式发展。第三，明确自身的权限，依法行政，不能擅自提高上级对林业的相关要求，从而给基层的林业经营者增加压力和经营成本。

最后，改进森林采伐管理制度。第一，简化林木采伐审批环节。一是针对不同的森林经营者应有不同的办证要求，对于采伐量小的农户应适当简化程序，直接向乡镇林业站提出申请和解决；二是整合内部审核程序，统一受理申请，实行采伐指标分配、伐区调查设计、采伐许可证审批"一条龙"服务，同时取消各类不合理的中间审批环节。第二，放开商品林采伐的各种限制。一是适当放开采伐年限，由企业和大户根据市场变化和自身经营目标的变化来自行决定商品林的采伐年龄；二是增加政策的灵活度，将一定数值改为一定的幅度；三是逐步取消农户自留山和自用材采伐的税费，让利于民。第三，平衡生态公益林给经营者造成的损失。针对不同类型不同权属的生态公益林，要有适当的补偿措施。生态补偿问题一直没有很好解决，一定程度上也加剧了生态林的乱砍盗伐现象。由于被划为生态公益林而造成的损失，不能让经营者单方面承担，通过补偿措施来平衡国家和社会需要的生态保护与经营者追求经济效益的矛盾是非常必要的。

第十五章 听证会

行政听证会在当前被越来越普遍地应用到政策制定过程中，它是行政机关直接听取不同利益者，特别是社会大众意见的一种有用渠道。其特点是公开、透明、公正、客观、程序性强、注重实证和为行政决策提供参考。听证会是目前国际上通用的一种参与方法，有利于政府决策的科学化与民主化。在当今中国由计划经济转向市场经济的过程中，公开举办听证会，尊重不同利益群体的知情权和话语权，提高公众政策制定的参与程度，无疑是决策过程的一种进步，这种进步也许是有限的，但对提高决策科学性、适用性和政策的执行力将十分有益。虽然听证会不是决策会，听证代表的意见仅仅是为决策提供参考而已，听证会对决策也没有法律上的约束作用，但是，听证代表的意见将受到充分尊重，并对决策产生不可忽视的影响。

第一节 听证目的与听证内容

为解决林权制度改革后因产权主体多元化带来的采伐指标分配问题，从2005年起，三明市林业局开始组织调研，前两年用传统的方法进行调研，分别提出了初步和改进的方案，但总感觉到有一些表达不出或不尽如人意的地方。2007年借助参与式工具，市林业局和监察局联合在泰宁县下渠乡下渠村运用问题排序和问题树分析工具，在泰宁县林业局运用鱼缸辩论法进行调研。经过调研，发现了前两年调研的不足和新的问题，修改完善了原先起草的采伐指标分配规范。由于调研受到时间和范围的局限，为进一步集思广益，征求社会各界和广大林农的意见，三明市林业局决定举办听证会，进一步公开、广泛地听取广大林农和社会各界对于采伐指标分配的不同意见，充分体现政府决策的合理性、公开性、民主性和科学性。

通过举办林木采伐指标分配听证会，试图达到以下目的：一是尝试建立参与式重大公共事项的决策机制，树立林业部门科学、民主决策形象；二是突出解决林权制度改革热点、难点，扩大社会影响和宣传效果；三是规范采伐指标分配意见出台程序，提高政府公信力和执行力。

听证内容是由三明市林业局和三明市监察局联合起草的《关于规范林木采伐计划分配和使用管理的意见》，包括适用范围、遵循原则、时间安排、分配方法、预留指标、指标调剂、指标结转、监督管理八个部分。

第二节　听证组织

发布听证通告。通过电视台、报纸、互联网公开发布举行听证会通告，考虑到听证对象主要面向基层农村，我们通过基层林业站，在赶墟场所张贴听证会通告，务求做到"广而告之"，让有采伐指标分配诉求的广大林农可以通过听证会这个平台，根据自身利益畅所欲言地表达愿望。

林木采伐指标分配与管理听证会报名表

姓名		性别		年龄	
文化程度		身份证明			
工作单位				职业	
通讯地址				邮编	
固定电话		移动电话			
本人签名： 　　　　　　　　　　　　年　　月　　日					
陈述意见					

图 15-1　听证会报名表

确定听证代表。1. 代表名额。参考国内举办听证会的规模,根据听证场所实际情况,确定正式代表 45 名,其中发言代表 15 名、旁听代表 30 名。2. 报名方式。代表由报名和推荐的方式产生。会务组为听证代表提供灵活的报名方式,既可直接向会务组报名,也可到所在地县(市、区)林业局报名,上门报名、传真报名、邮件报名均可(报名表见图 15-1)。推荐代表委托三明市人大和政协,从基层人大代表和政协委员中推荐产生(人大、政协各安排 9 个推荐名额)。3. 代表确认。报名人数 95 人,其中报名 78 人,推荐 17 人(政协推荐 1 人落空)。由三明市林业局和三明市监察局共同确认参会代表,确认原则:一是考虑各种利益群体的代表性;二是兼顾 12 个县(市、区)代表的基本面(代表产生流程详见图 15-2)。4. 代表结构。确定正式代表 45 名,从人大、政协推荐代表中确定发言代表 6 名、旁听代表 11 名;从报名的 78 人中筛选出发言代表 9 名、旁听代表 19 名。代表组成结构如图 13-3 所示。5. 代表通知。市林业局向 45 名正式代表邮寄听证会代表通知书(详见图 15-4),并在每份通知书中附《规范林木采伐指标分配与管理意见》(征求意见稿)。对未能入选的报名人员,市林业局向他们逐一邮寄了《感谢信》,感谢他们的热心参与。

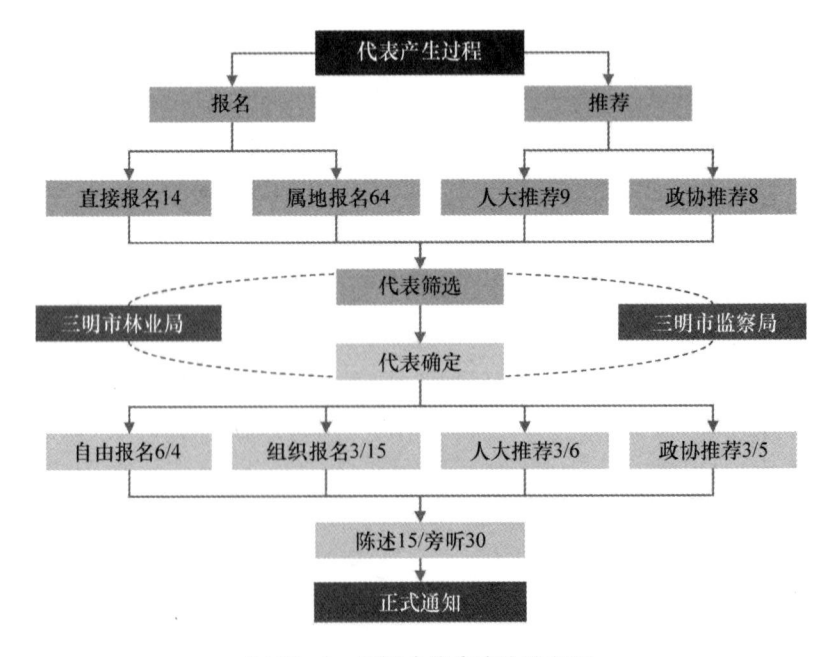

图 15-2　听证会代表产生流程图

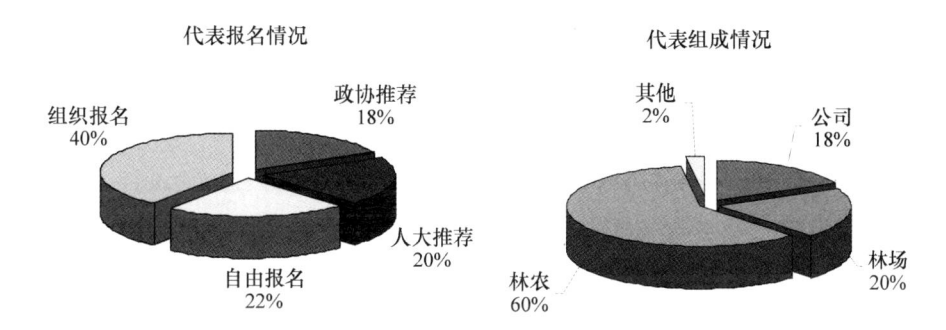

图15-3 听证会代表构成

```
代表：

　　经审查，你（单位）符合我局听证会公告规定的条件，决定同意你（单位）作为听证会代表参加听证。现将有关事项通知如下：

　　一、听证内容：《关于林木采伐指标分配与管理的意见》（征求意见稿）。

　　二、时间、地点：2007年9月17日上午8:00,在三明市林业局七楼大会议室。

　　三、权利和义务：表达符合代表利益主体的意见和建议，准时到会，遵守听证会纪律。

　　四、注意事项：可（否）享受（三明市区本埠50元/人，外埠100元/人）差旅补贴。

　　五、请准时到会，逾期不到场的，视为放弃听证会代表资格。

　　特此通知。

　　　　　　　　　　　　　　　　　　　　　　二〇〇七年九月十日
```

图15-4 听证代表确认书

组织听证机构。听证会主持人由三明市林业局分管林政资源的副局长担任，听证员由三明市监察局、三明市林业局和三明市政府法制办的人员组成，记录员由三明市纪委驻林业局纪检组和林业局人员组成。

邀请观摩嘉宾。福建省林业厅林政资源管理处、三明市人大农经委、三明市政协社法办、三明市政府办和协调员代表，应邀参加了听证会。

布置听证会场。会场不设主席台，采用温馨、宽松、和谐的非常规布局，突出听证方、嘉宾和听证代表的平等关系（详见下图15-5）。为营造氛围，听证会还设计与听证内容相关的10条标语（详见框图15-1），在会场内外张贴，并在多媒体中播放。

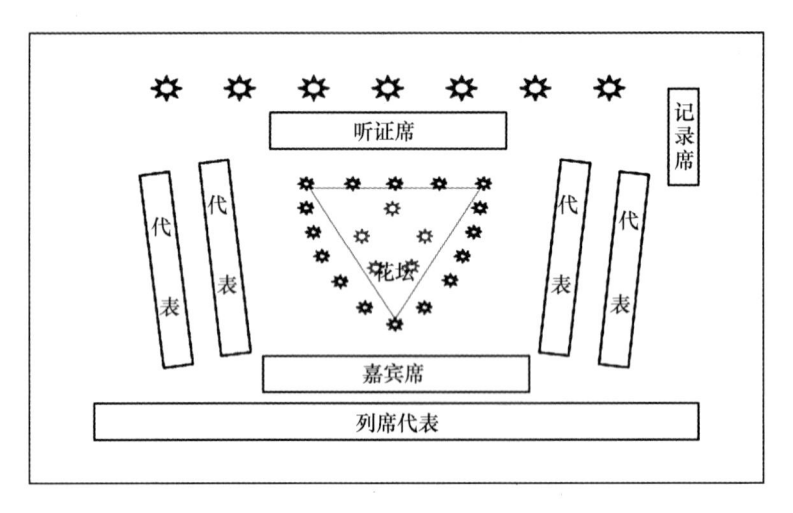

图15-5 听证会会场布置

```
框图15-1  听证会宣传标语
(1) 巩固林权制度改革成果、切实维护广大林农利益；
(2) 积极引入听证制度、推进民主决策进程；
(3) 公众参与、献计献策；
(4) 加强监督、规范权利、依法行政；
(5) 充分尊重广大林农的知情权、参与权和决策权；
(6) 创新思维、创新方法、创新机制；
(7) 听证于民、决策于民、取信于民；
(8) 坚持"科学、公平、公正、公开"原则；
(9) 提倡公众参与民主决策、规范采伐指标分配管理；
(10) 积极探索民主决策方式、努力构建林区和谐环境。
```

大会议程。领导致辞→介绍嘉宾→宣布纪律→听证会组织情况和《规范林木采伐指标分配与管理意见》起草说明→代表发言→嘉宾发言→主持人小结→听证代表审阅记录。

会议保障措施。为避免"走过场",保证听证会达到预期目的,会务组借鉴了美国举行听证会的消息发布和听证过程公开化、透明化的做法,以及《深圳市行政听证办法》,在总结国内听证会经验教训基础上,针对会前、会中、会后不同环节,分别采取了相应措施。

1. 会前措施

(1)提前18天发出通告,保证公众提前知道召开听证会的消息。

(2)通过大众媒体发布举办听证会的信息。分别在三明电视台、三明日报、三明政务网发布听证会通告,并通过全市136个基层林业站在乡镇赶墟场所张贴通告。

(3)提供直接、传真、邮件和电话等多种形式的报名方式,方便基层代表。

(4)为来自基层的林农代表提供本埠50元、埠外100元的差旅补贴。

(5)在三明政务网公布听证代表名额及产生办法。

2. 会中措施

(1)向代表、媒体和公众公开听证会代表情况、听证方人员组成情况和听证会的全过程。

(2)在听证会上发放调查卡片,接受听证会正式代表对举办听证会的现场评估。

(3)推荐3名代表审阅听证会记录,并签字认可。同时,允许代表查阅和修改陈述内容。

3. 会后措施

(1)撰写听证报告,并在互联网上公布。

(2)认真研究代表所提意见,并将意见采纳和相关说明,通过互联网公开反馈。

(3)三明市林业局与三明市监察局联合讨论修改《关于规范林木采伐计划分配和使用管理的意见》,提交市政府发布实施。

收集意见。听证代表提出了25条意见(经归纳整理),其中,关于林木采伐指标分配的意见18条,关于森林经营管理的意见5条,关于林业税费的意见2条。采纳林木采伐指标分配意见5条,其余意见逐一进行了说明,并在互联网公开反馈。

出台规范。三明市人民政府以明政文〔2007〕144号颁发了《三明市人民政府关于规范林木采伐计划分配和使用管理意见》,这是福建省首个经过听证程序，并由市政府发文的林木采伐计划分配和使用管理规范。

第三节 听证效果评估

1. 代表参会情况。应到正式代表 45 人，实到 43 人，到会率 95.6%。其中，应到陈述代表 15 人，实到 15 人，到会率 100%；应到旁听代表 30 人，实到 28 人，到会率 93.3%。

2. 代表发言情况。根据会议安排，15 名正式发言代表全部发言，在自由发言时，有 5 名正式旁听代表发言，邀请嘉宾全部发言。

3. 现场调查评估。

（1）问题设计。问题调查分两个部分，一是对听证会组织情况评价，设计了：①代表产生方式认可程度；②代表广泛性认可程度；③听证会安排认可程度；④听证会对决策影响程度；⑤今后举办听证会希望程度；⑥希望如何反馈意见；⑦对本次听证会评价七个问题；二是听证会相关情况调查，设计了：①获得听证消息方式；②指标分配最大问题；③规范指标分配必要性三个问题。

（2）问题调查。听证会发放 43 份调查卡片，收回 37 份。其中，对代表产生方式的满意度达 70.3%，代表广泛性认可程度达 100%，对听证会组织安排满意度达 83.8%，对听证会总体评价满意度达 81.1%。另外，听证会的受欢迎程度达 97.3%。在所有涉及满意度调查的项目中，没有一项是不满意的（听证会意见调查表见图 15-6）。

代表产生方式认可程度	代表广泛性认可程度	听证会安排认可程度	听证会对决策影响程度	今后举办听证会希望程度
满意	有代表性	满意	很有影响	很希望
基本满意	一定代表性	基本满意	有一定影响	较希望
不满意	没代表性	不满意	没有影响	不一定

反馈意见方式	对听证会评价	获取听证会消息方式	指标分配最大问题	规范指标分配必要性
公开反馈	满意	三明电视台	不公平	很有必要
		三明日报	不公正	
个别反馈	基本满意	三明政务网	不透明	没必要
		人大政协提案	不科学	
不一定	不满意	张贴公告	都存在	无所谓
		其他		

图 15-6 听证会意见调查表

第四节 社会媒体反应

1. 媒体关注。三明电视台9月17日当天晚上，在三明新闻中进行了报道，《三明日报》9月19日头版、《福建日报》9月20日第4版要闻栏目、《中国绿色时报》9月27日A2综合新闻版的时讯快递栏目、福建东南新闻网、福建热线新闻网、新华网福建频道、新华网三明在线、三明网等多家新闻媒体，分别以《我市首次召开林业系统重大决策听证会》为题进行了报道。

2. 公众关注。截至听证会召开后的一个月内，互联网《林木采伐指标分配与管理听证会代表名额、产生办法及名单》点击人数达426人，《关于举行〈林木采伐指标分配与管理意见〉（征求意见稿）听证会的通告》点击人数达654人，《关于规范林木采伐计划分配和使用管理意见》（明政文〔2007〕144号）点击人数达122人，《规范采伐指标分配听证会报告》点击人数达135人，《规范采伐指标分配听证会代表意见反馈》点击人数达113人，《规范采伐指标分配听证会报告》点击人数达136人，《规范采伐指标分配听证会现场调查评估情况》点击人数达91人。共有1677人次点击了相关信息。

第十六章 采伐管理制度的出台和效果

经过培训、调研、分析、听证会和公示程序，激发不同利益群体的参与意识，为科学制定林业政策提供了经验，为三明市林木采伐管理制度的出台奠定了基础。

第一节 采伐管理制度的出台

经过完整的参与式林业政策过程后，三明市重新确定以"采伐指标和森林资源相挂钩、采伐指标分别类型排序分配和采伐指标分配'阳光操作'"的基本构架，创新出采伐指标分配的三种模式：（1）限额单列：国有林场、国有采育场；（2）计划单列：企业；（3）统筹安排：乡村集体、小经营体、个人。而废弃了先前的采伐指标分配方法。这些指标分配方式形式多种多样，共有8种，俗称八仙过海，各显神通，分别为森林资源、平均分配、抽签分配、采伐数量、可伐资源、重点倾斜、申请时间、工作挂钩。这些复杂多样的分配方式造成工作效率低下，给工作人员寻租行为创造条件等。新的方法在一定程度上缓解了蓄积限额林木采伐制度框架内的指标分配矛盾和公开、公平、公正问题，但也只是治标不治本的过渡办法，没有取得实质的突破。

三明市关于规范林木采伐计划分配和使用管理意见

明政文〔2007〕144号

各县（市、区）人民政府，市直有关单位：

随着林业改革的不断深入，森林经营主体的多元化使原有的林木采伐计划分配格局发生了显著变化，研究改革传统的林木采伐计划分配方法，增强采伐计划分配的科学性和透明度，既是规范行政权力的需要，又是当前林业配套改革的需要，也是林业长远发展的需要。为进一步规范林木采伐计划分配，根据国家林业局、福建省林业厅关于采伐限额管理的有关要求及精神，结合我市林改主体任务完成后的实际，特制定如下意见。

一、适用范围

三明市辖区内各森林经营单位、团体和个人，采伐属于森林采伐限额控制范围的林木，均适用本意见。

二、遵循原则

（一）持续发展原则。根据森林资源状况和森林经营水平，以林业可持续发展为指导，既考虑经济发展的需求，又注重森林资源总量、质量的提高和森林结构优化，充分协调保护与利用的关系，努力实现森林资源持续、稳定、科学发展及生态、社会与经济关系的协调统一。

（二）科学经营原则。按照国家林业局提出的"东扩、西治、南用、北休"发展思路，坚持保护和利用并重，实行分类经营，分类指导。科学编制森林经营方案，根据不同经营主体类型，分别编制详细、简明、简易的森林经营方案，推行"小班经营法"，引导林农走规模化、集约化、科学化经营之路。

（三）规范操作原则。制定科学规范的林木采伐计划分配方法，建立监督机制，坚持公开、公平、公正原则，充分赋予广大利益群体的知情权、参与权和监督权，把采伐指标分配数量、方法摆在明处，实行"阳光"操作。

（四）分类指导原则。对不同森林资源特点和不同森林经营水平的区域或单位，以及村集体、联合体、规模经营企业、个私林区别对待，做到因地制宜，分类指导，避免采取单一模式的简单做法。创新市场经济条件下资源配置和利用机制，制定具有科学性、实用性和可操作性的林木采伐计划分配方案。

（五）优先安排原则。对符合政策鼓励扶持的对象应给予优先安排林木采伐计划。特别是对已纳入编限单位的，根据编制的采伐限额安排林木采伐计划；对符合编制详细、简明森林经营方案且尚未纳入编限单位的，参考经营方案测算的年合理采伐量，实行林木采伐计划单列；对编制简易森林经营方案的，实行统筹安排，根据森林经营类型和林分年龄安排林木采伐计划。

（六）分级管理原则。县级林业主管部门根据森林可采伐资源状况，将采伐计划分解落实到各单列单位和乡镇；基层林业站根据上级分配的非计划单列采伐计划，组织各行政村统一申报安排采伐申请，对符合条件的申请采伐伐区进行采伐计划预安排。

（七）资源挂钩原则。采伐指标必须根据森林资源数量、结构状况进行分配，对不具备森林资源产权主体资格的经营体和木材加工企业，不得安排采伐指标。

（八）采育结合原则。将采伐权利与更新义务相挂钩，在落实采伐指标的同时，落实采伐迹地更新责任主体，对上一年度采伐迹地更新不到位或不符合要求的经营主体，予以核减或停止分配采伐指标。

三、时间安排

（一）预下计划。县（市、区）林业局在收到省林业厅预下计划的一个月内，应将预下计划分解落实到各乡（镇）、编限和单列经营主体。

（二）结转计划。经省林业厅批准上年度结转采伐计划的，县（市、区）林业局应在收到批准结转文件的一个月内，对结转计划进行分解落实。

（三）正式计划。县（市、区）林业局应在收到正式计划文件的20日内，将正式计划扣除预下达指标后，进行分解落实。

四、分配方法

（一）县级分配

1. 单列条件。单独编制森林采伐限额的单位，实行采伐指标单列。森林经营面积在5000亩以上、森林资源单独统计建档且已编制森林经营方案的经营主体，可申请实行采伐指标单列。各经营主体通过招标受让近、成、过熟林采伐权，未取得下一轮林地经营权的山场，不得纳入单列范围。

2. 特殊单列。为落实自留山政策，鼓励林农通过自留山经营获得收益，以乡镇为总体，根据自留山资源数量和结构，对自留山采伐指标实行单列。特别是对生态区位重要、生态公益林占森林面积比重超过全县平均水平的乡镇及森林经营主体，采伐计划可以适当倾斜。

（二）乡级分配。扣除单位单列计划外，其余均纳入乡级统筹，由林业工作站分配。农民自留山由乡级统筹分配或按自留山可采面积（或蓄积）比例分解到行政村安排。具体分配流程如下：

1. 小班排序。县林业局和乡级林业工作站应于采伐上年度的7月1

日前，根据资源建档数据，参照前一年度采伐计划，将可伐资源排序小班一览表在县、乡、村三级同时进行公示，并报送县（市、区）监察局及乡（镇）监察室备案。森林资源建档与实际出入较大的，经营主体应提前一年向当地林业局或林业工作站申请补充调查，当地林业局或林业工作站应及时做好资源建档更新，并根据补充调查结果参加排序。

2. 计划申请。森林经营者需要采伐林木的，应在上年度的8月1日至31日，根据可伐资源排序小班一览表，向所在乡镇林业工作站提出书面申请。

3. 资格审查。

①计划申请资格审查。资格审查由林木采伐管理领导小组负责，审查内容包括使用计划类型（限额单列、计划单列、统筹安排）。实行限额单列和计划单列的，按单列的单位，审查迹地更新完成情况、重大滥伐案件、森林火灾或大面积森林病虫害查处及采取措施情况等。对未及时完成上年度采伐迹地更新的单位，应视情节轻重采取暂缓、核减或取消其计划分配资格，对抚育间伐未完成任务的单位，相应核减其主伐计划；实行统筹安排的，以行政村为单位，对上述内容进行审查（建立采伐迹地更新履约金制度的，不再对行政村审查该项内容）。

②伐区申请资格审查。申请采伐伐区资格审查对象为实行指标统筹安排的单位（即不含单独编限和计划单列的单位），申请人提交采伐申请报告和合法的林木权属证明后，由基层林业站根据上年度森林资源建档数据，进行现场初步踏查，并核对林权证明和小班因子（林班、大班、小班、地名、树种、面积、蓄积、经营类型、年龄等），对符合采伐条件小班进行初步规划。

③采伐数量控制审查。在推行小班经营的同时，实行采伐小班面积控制。同一林权人，一次申请的数量原则上以小班进行控制，申请采伐小班面积大于75亩的，如符合小班区划条件的，建议区划为两个或两个以上小班，按重新区划后的小班申请；如小班面积大于75亩，但实地无法再进行小班区分的，则可按小班实际面积申请。

4. 落实伐区。

①主伐。达到主伐年龄的伐区，属于不同森林经营类型的，按照培育目标大→中→小的顺序安排；属于相同森林经营类型的，按照林分年龄由大到小的顺序安排。

②抚育间伐。按照卫生伐→透光伐→疏伐→生长伐确定优先级。生长伐的伐区,按照培育目标大→中→小的顺序和林分年龄由大→小的顺序安排;透光伐和疏伐的伐区,按照林分年龄由小→大、郁闭度由大→小的顺序安排;卫生伐根据相关职能部门的证明优先安排,不受森林经营类型和林分年龄条件限制。

③低产林改造。低产林的伐区,按照林分年龄由小到大的顺序安排。

④低效林改造。根据生态公益林的林分年龄,按照由大到小的顺序安排。

⑤征占林地采伐。根据项目批准时间,按照先后顺序安排采伐指标。

⑥灾害性清理采伐。根据灾害发生时间,按照先后顺序安排采伐指标。

抚育间伐和低产林改造林木胸径小于10厘米(含10厘米)的,可以不纳入木材生产计划管理,但其消耗蓄积量必须纳入森林采伐限额管理。

条件相同的林分,可按照申请时间先后、业主协商或采取抽签的办法决定排序。

落实伐区的采伐数量为预安排采伐指标,实际采伐指标以伐区调查设计数量为准。

农民自留山采伐指标可参照上述方法以乡镇为总体进行安排,也可以行政村为总体进行抽签或按照自留山户进行平均分配。自留山采伐指标有结余的,经村民代表会议通过,其结余部分可以转给非自留山的商品林使用,由乡级林业工作站按照上述排序方法安排。平均分配到农户的自留山采伐指标,允许在自留山范围内自由协议流转。

5. 伐区设计。伐区调查设计按落实伐区的顺序安排,伐区设计结果与分配采伐计划不一致的,伐区设计结果即为实际计划分配数,直到计划全部用完为止。当年已安排采伐顺序,并进行伐区调查设计,由于超过控制计划无法进行审批采伐的伐区,其采伐资格和伐区调查设计成果均可转入下年度使用;当年已安排采伐顺序,尚未进行伐区调查设计的伐区,可申请将其采伐资格转入下年度优先安排,不再参与下年度申请伐区的排序。

申请人在取得林木采伐计划后,无正当理由不申请采伐,或已批准采伐而没有按规定采伐的,其林木采伐计划不得结转,同时取消该采伐申请人三年内林木采伐计划申请资格。属于特殊原因无法采伐，正当理由的，应提供有关部门证明，通过林业局局务会审查，允许下年度重新申请采伐计划。

6. 计划核销。凡在批准采伐四至范围内采伐，实际出材低于批准数量的，按批准数量核销。实际出材多出批准数量的，经林业站现场认定，无超越四至范围或套用伐区的，允许凭证明继续调运。伐区按实际生产数量核销采伐计划。

五、预留指标

（一）预留数量。计划单列经营主体自行预留不低于10%的采伐计划；非计划单列经营主体，由县级统一预留不低于10%的采伐计划。

（二）使用范围。预留指标主要用于突发性森林火灾、森林病虫害等自然灾害、计划外建设项目征占林地、海峡两岸现代林业合作实验区重点项目建设，以及平衡其他不可预见的采伐消耗。

（三）分配程序。申请预留采伐指标，必须提交相关业务职能部门证明，经县（市、区）林业局局务会研究同意，方可安排采伐指标。预留采伐指标在当年10月底尚有结余的，各限额单编和计划单列经营主体可自行安排，其他应根据各乡镇采伐情况，经局务会研究后进行分配，并将分配文件报送县监察局备案。

六、指标调剂

（一）单位调剂。除采伐限额单列经营主体外，其他经营主体采伐指标有结余的，可在当年内进行调剂。

（二）类型调剂。除抚育采伐可以占用主伐、人工林采伐可以占用天然林、工业原料林采伐可以占用一般用材林、其他采伐中征占林地的采伐占用主伐的采伐限额或年度采伐计划外，其他各分项限额指标不得相互挪用、挤占。

（三）追加调剂。编限单位因特殊情况采伐林木，所需的采伐指标在年森林采伐限额或年度木材生产计划内无法解决的，可根据《国家林业局关于规范申请临时增加采伐限额或年度木材生产计划有关事项的通知》（林资发〔2004〕218号）文件要求，申请临时增加年森林采伐限额或年度木材生产计划。

七、指标结转

（一）伐区核销。年度采伐计划实施结束后，县级林业主管部门应组织对各采伐计划实施主体的计划执行情况进行统计、汇总。

（二）消耗分析。县（市、区）林业局应对各采伐计划实施主体的资源消耗情况进行分析，测算未纳入消耗统计的"隐形消耗"，确定森林资源实际消耗数量，编写采伐限额执行情况报告。

（三）申请结转。允许一般人工用材林采伐限额或生产计划有结余的，结转下年度使用；经省林业厅认定后，可以允许工业原料林采伐限额或生产计划有结余的，结转以后各年度使用。对采伐计划结余，并需要结转下年度使用的，应按照《福建省林业厅转发国家林业局关于"十一五"期间临时性增加采伐限额等审批管理有关问题的通知》（闽林政〔2006〕80号）要求，逐级申报批准结转。

八、监督管理

采伐计划安排应自觉接受社会、监察和上级主管部门监督，严禁"暗箱操作"和擅自截留采伐计划，发现上述情况应严肃处理，并追究相关责任人。

（一）社会监督。县级采伐计划安排情况应通过电视、报纸、网络或告示栏等形式，进行公告；乡级采伐计划安排情况，应在乡、村两级通过公示的形式，进行公告，接受社会监督。森林经营单位或个人对采伐计划有疑问的，可向林业或监察部门提出书面质疑，接受质疑的部门应作出书面答复。

（二）纪律监督。县（市、区）林业局召开研究林木采伐计划分配局务会应请监察室派人参加，县、乡级采伐计划安排情况应报送同级监察部门审查并备案，接受监察部门监督。县、乡监察部门分别设立举报箱和举报电话，对群众投诉问题进行调查处理，并将调查处理情况张榜公示。

（三）部门监督。县级采伐计划分配应报市林业局备案，乡级采伐计划分配应报县级林业局审核。市县林业主管部门应加强采伐计划分配的业务指导和监督，定期开展检查，对违反规定、"暗箱操作"、以权谋私的相关责任人，应依照规定严肃处理，对涉嫌违法的，移送司法机关查处。

三明市人民政府办公室　　　　2007年10月26日印发

第二节 政策出台后的反响

三明市林木采伐管理规定出台后，起初的反响是非常正面的，这主要体现在以下几个方面。

一 广大林农乐于接受

在调研过程中，人们对这种新的调研方式经常表现出"疑惑、茫然、尝试、兴奋"的过程，几乎在每次调研结束后都看得出，调查对象非常乐意参与其中。听证会就是一个典型的例子。一位清流县的林农代表因送孩子上大学，提出委托他人参加，当被告知不得委托，否则视为放弃代表资格后，特地连夜从福州赶回三明参加听证会。听证会中我们发放了调查卡片，结果出乎意料，调查对象对代表产生方式的满意度达70.3%，对代表广泛性认可程度达100%，对听证会组织安排满意度达83.8%，对听证会总体评价满意度达81.1%，在所有调查的项目中，没有一项是不满意的。另外，听证会的受欢迎程度达97.3%。

二 增进部门间相互合作

在参与式限额采伐管理制度改革调研中，三明市监察局多次与市林业局商讨，并共同到基层开展调研活动。三明市人大和政协积极协助听证会推荐代表，三明市政府办、法制办为听证会提供了帮助和指导。多部门的合作，使得工作能够有序、高效地开展，并取得圆满效果。

三 上级和媒体反响强烈

听证会后，福建省纪委和省林业厅认为这是三明在解决林权制度改革后的热点、难点的一项重大举措，立即要求三明市汇报通过听证会公开征求采伐指标分配意见，规范行政权力运用的情况。《中国绿色时报》、《福建日报》、《三明日报》、三明电视台、三明政务网以及多家新闻媒体对此进行了报道，认为这种作为林业抽象行政行为的重大决策听证会，不仅在三明，在福建亦属首次。

四　采伐指标分配得到规范

在 2005—2007 年，我们用了三年时间调研林权制度改革后的采伐指标分配问题，前两年是用传统的方法进行调研。2007 年我们又借助参与式方法进行了深入调研，对前两年的采伐指标分配规范作了修改和完善。为克服调研受到时间、范围等方面的局限，又安排了听证程序，进一步集思广益，征求社会各界和广大林农的意见，制定出了《关于规范林木采伐计划分配和使用管理的意见》。

五　引起联合国粮农组织关注

2008 年秋，"参与式国家林业进程国际研讨会"在北京召开，联合国粮农组织是会议主办方，中国、菲律宾、乌兹别克斯坦、吉尔吉斯斯坦四个国家的代表参加了交流。在这四个国家当中，来自三明市的代表是唯一的基层代表，他们还获得了在大会上发言的机会，以参与式森林采伐管理制度为主题，基于其项目的面积限额试点经验和改革方式，向其他与会者进行了介绍。联合国粮农组织对三明正在进行的林业改革很有兴趣，详细询问了我市召开林木采伐指标分配与管理听证会的具体细节，对三明市运用参与式方法，在推进森林采伐管理制度改革试点中所作的努力给予了很高评价。

然而，这个管理规定存在着很多致命的不足。首先，它无法突破上位政策和法律的框架。上位政策和法律框架在林木采伐管理机制上存在不少问题。主要表现在，木材生产计划滞后、天然商品林管理过严、技术标准上升为管理限制、现行的集体林采伐管理机制与林业发展不相适应、林木采伐管理机制创新难度大。其次，它能够中肯地反映当时社会经济条件下，相关利益者的共识。仅十多年来，我国森林管理的重心逐渐从林业产业漂移到向美丽中国建设、生态文明建设和山水林田湖生命共同体方向上来。在参与式林业政策过程中，相关利益者就森林经营远景的讨论不充分不全面，这份政策文件体现了时效性，但缺乏长期适应性。第三，参与式林业政策过程很难突破林业部门的利益局限。部门利益的局限难以通过一个政策过程来突破，加上部门尚缺乏积累起足够的知识和共识，中央和各级人民政府也缺乏足够的政治支持，社会环境也难以支持颠覆性的制度创新。

我国采伐管理规定需要继续改革，以充分发挥森林多种效益，促进森林资源科学经营；简化伐区调查设计，降低森林采伐管理成本；简化采伐审批程序，为森林经营者提供便捷服务；健全各项公开制度，接受媒体和社会公众监督；加快森林经营方案编制，落实森林经营管理措施。

参考文献

柏方敏：《农户参与造林因素分析》，硕士学位论文，中国农业大学，2005年。

陈宏：《国内外利益相关者理论研究进展》，《经济研究导刊》2011年第14期。

陈耀邦：《世纪之交，世界林业的定位与走向》，第十一届世界林业大会文献选编，中国林业出版社1998年版。

《国务院关于加强国民经济和社会发展规划编制工作的若干意见》，《中华人民共和国国务院公报》2005年第34期。

龚益：《公众参与在可持续发展中的表现形式》，《数量经济技术经济研究》2001年第4期。

官秀玲、王仲成、赵萱：《中国林业NGO对外交流面临的机遇和挑战》，《林业经济》2008年第8期。

韩志明：《网络时代行政话语模式从独白走向对话》，《东南学术》2012年第5期。

贺东航、孔繁斌：《公共政策执行的中国经验》，《中国社会科学》2011年第5期。

侯外庐：《中国近代哲学史》，人民出版社1978年版。

黄承伟：《扶贫自愿移民搬迁效果与影响的参与式评价方法》，《江西行政学院学报》2004年第1期。

黄海艳：《发展项目的公众参与研究》，河海大学，2004年。

回良玉：《推进集体林权制度改革确保农民得实惠生态受保护》，《林业经济》2006年第10期。

江泽慧等：《中国现代林业》，中国林业出版社2008年版。

金婷萍：《BOT利益相关者及其共同参与机制》，西南交通大学，2007年。

李海峰：《论加拿大政府部门间协作的经验及其启示》，《经济与社会发展》2011年第2期。

李俊、项继权：《政治沟通：价值、模式及其效度》，《求实》2008年第9期。

李康：《农村基层组织建设，社会研究和发展》，天津人民出版社1996年版。

李科：《林业合作经济组织的组织模式研究——以福建三明为例》，硕士学位论文，中国人民大学，2011年。

李维安、王世权：《利益相关者治理理论研究脉络及其进展探析》，《外国经济与管理》2007年第4期。

李小云等：《农村社区发展规划导论》，人民出版社1995年版。

李小云等编：《谁是发展的主体》，中国农业出版社1999年版。

李小云主编：《参与式发展概论》，中国农业大学出版社2001年版。

李银平：《高效工程项目管理团队建设与管理研究》，山东大学出版社2009年版。

零慧：《中国非营利组织参与式培训研究》，对外经济贸易大学，2007年。

刘金龙、孟平、侯燕南：《村级森林管理规划》，中国林业出版社2006年版。

刘金龙、孙程艳、庞闽志：《参与式林业政策过程方法的运用——以福建三明市制定林木采伐管理规定为例》，《林业经济》2010年第12期。

刘金龙、孙程艳、徐飞：《参与式林业政策过程方法——一个新的林业政策形成路径》，《林业经济》2011年第2期。

刘金龙、叶敬忠、郑宝华：《影响农民参与森林经营的因素》，《世界林业研究》2000年第6期。

刘金龙、袁涓文：《关于森林健康评价的一些看法》，《中美合作森林健康评价因子研讨会论文集》，国家林业局造林司，2007年。

刘金龙、张大华、张敏新：《社区参与森林管理》，中国林业出版社2007年版。

刘金龙、张译文、梁茗等：《基于集体林权制度改革的林业政策协调与合作研究》，《中国人口·资源与环境》2014年第3期。

刘金龙、张译文、孟园：《政府管理中伙伴关系的构建——以森林可持续经营为例》，《西北农林科技大学学报》（社会科学版）2013年第6期。

刘金龙等：《参与式林业——参与式发展在森林管理中的实践》，《世界林业研究》1999年第12卷第5期。

刘英茹：《论政策执行中的沟通与协调》，《行政论坛》2002年第2期。

吕星、许建初等主编：《中国云南村社林业管理现状》，云南大学出版社1996年版。

骆耀峰、刘金龙、张大红：《集体林权改革的基层解构实践逻辑研究——基于江西婺源的观察》，《中国农业大学学报》（社会科学版）2012年第3期。

骆耀峰、刘金龙、张大红：《集体林权制度改革：从单一的产权界定到综合农村发展政策》，《农业经济问题》2009年第6期。

马爱国：《论多主体林业政策过程的构建》，《林业经济》2003年第4期。

马凯：《深化认识、突出重点、进一步加强中央国家机关政务公开工作》，《中国行政管理》2010年第3期。

秦晖、苏文：《田园诗与妄想曲》，中央编译出版社1996年版。

荣尊堂：《参与式发展：一个建设社会主义新农村的典型方法》，人民出版社2006年版。

石磊：《公共政策视角下内蒙古牧民增收问题的实证研究》，内蒙古大学，2011年。

孙程艳：《森林采伐管理制度的利益相关者分析——以福建三明市为例》，硕士学位论文，中国人民大学，2011年。

唐德龙：《政府与第三部门的伙伴关系：基于本土个案的理论分析——以SQ社会工作服务社运作模式为例》，《北京科技大学学报》（社会科学版）2008年第24卷第4期。

陶东明、陈明明：《当代中国政治参与》，浙江人民出版社1998年版。

王成祖：《林业的根本问题是政府行为和群众利益问题——从山西运城经验看如何加快林业发展》，《林业经济》1999年第5期。

王华：《治理中的伙伴关系：政府与非政府组织间的合作》，《云南社会科学》2003年第3期。

王莉花、张善喜：《浅析行政问责制的内涵及其价值理念》，《宜宾学院学报》2006年第4期。

王乃圣：《公民社会：现代民主政治制度的社会基础》，《中国特色社会主义研究》2008年第1期。

王献溥、于顺利、陈宏伟：《保护区与本地社区建立伙伴关系的意义和途径》，《野生动物杂志》2007年第28卷第4期。

王晓鸣、王旭：《低碳建设伙伴关系模式初探》，《华中科技大学学报》（社会科学版）2012年第26卷第2期。

徐湘林：《公共政策研究基本问题与方法探讨》，《新视野》2003年第6期。

徐湘林：《评论"公共政策分析：现状与展望"》，载《行政现代化两岸学术研讨会论文集》，台大政治学系，1999年。

杨建洲、张建国：《我国森林限额采伐管理政策失灵分析》，《生态经济》2001年第10期。

姚昌恬主编：《WTO与中国林业》，中国林业出版社2002年版。

姚俭建、杨志明：《当代发展战略的理论与实践》，上海三联书店1997年版。

叶敬忠、刘金龙等：《参与、组织、发展》，中国林业出版社2001年版。

叶敬忠、陆继霞：《论农村发展中的公众参与》，《中国农村观察》2002年第2期。

于合军：《基于自然条件和社会经济评价的中国西部山地生态治理模式与技术研究》，博士学位论文，北京林业大学，2009年。

俞可平、王颖：《公民社会的兴起与政府善治》，《中国改革》2006年第6期。

张大华、刘金龙、彭世揆：《中国和加拿大在发展中社区参与的比较》，《南京林业大学学报》（人文版）2002年第2卷第1期。

张大华、刘金龙、张敏新：《社区参与森林管理及对天然林保护工程的启示》，《南京林业大学学报》（人文版）2002年第2卷第3期。

张红霄、张敏新、刘金龙：《集体林权制度改革中均山制的制度机理与效应分析——基于上坪村的案例研究》，《林业经济问题》2007年第27期。

张金马主编：《政策科学导论》，中国人民大学出版社1992年版。

张康之等：《公共行政学》，经济科学出版社2002年版。

张明军、汪伟全：《论和谐地方政府间关系的构建：基于府际治理的新视角》，《中国行政管理》2007年第11期。

张琪琪、卢睿：《龙虎山自然保护区开发与周边社区利益协调研究》，《大众科技》2011年第10期。

张守攻、朱春全、肖文发等:《森林可持续经营导论》,中国林业出版社2001年版。

张小云:《梦想城市新桃源》,《绿色中国》2011年第2期。

张雄等主编:《新编现代西方社会思潮》,上海社会科学院出版社1999年版。

赵静怡:《我国政府管理团队建设存在的问题与对策探讨》,山东大学出版社2008年版。

赵鸭桥等:《村级森林持续经营的理论和方法》,云南科技出版社2007年版。

中国可持续发展林业战略研究项目组:《中国可持续发展林业战略研究总论》,中国林业出版社2002年版。

朱磊、李永岩、马国青:《南方集体林区按面积限额进行采伐管理的试点探索》,《林业资源管理》2008年第2期。

[美] 埃莉诺·奥斯特罗姆:《公共事物的治理之道——集体行动制度的演进》,余逊达、陈旭东译,上海三联书店2000年版。

[美] 查尔斯·沃尔夫:《市场或政府——权衡两种不完善的选择/兰德公司的一项研究》,中国发展出版社1994年版。

Alchain, Armen A. , "The Basis of Some Recent Advances in the Theory of Management of the Firm", *Journal of Industrial Economics*, Nov 14, 1965.

Anderson J. E. , *Public Policy Making*, New York: 3rd ed. , Holt, Rinehort and Winston, 1984.

Blair, Margaret, *Ownership and Control-Rethinking Corporate Governance for the Twenty First Century*, Washington D. C: The Brookings Institution, 1995.

Bregha Francis J. , *Community Development in Canada: Problems and Strategies, in Citizen Participation*, Canada, Oxford: CAB, 1971.

Bregha Francis J. , "Public Participation in Planning Policy and Programme", *Ontario Ministry of Community and Social Services*, 1973.

Bromley D. & Hodge I. , "Private Property Rights and Presumptive Policy Entitlements: Reconsidering the Premises of Rural Policy European", *Review of Agricultural Economic* (17), 1990.

Bunting, A. H. , *What Is This Thing Called Development?*, Variations and

Fugue on ICRA: ICRA, 1990.

Burkey S., *People First: A Guide to Self-reliant Participatory Development*, London: Zed Books, 1993.

Cahn Edgar S. and Passett, Barry A., *Citizen Participation: Effecting Community Change*, New York, Washington, London, 1971.

Carol J., Doris C., *The Politics of Decentralization-Forests, Power, and People*, Earthscan, London, 2005.

Chamber R., Conway G., *Substantial Rural Livelihoods: Practical Concepts for the 21st Century*, Discussion Paper 296, Sussex: Institute of Development Studies, 1995.

Chambers R., Participatory Rural Appraisal, In: Hudson N. and R. J. Cheatle, Part 1: "Transfer-of-technology and Farming Systems Research", *Agriculture Administration and Extension*, 27, 1993.

Chambers R., *Whose Reality Counts? Putting the First Last. Intermediate Technology Publications*, Southampton Row, London Wc1B 4HH, UK, 1997.

Cinq-Mars J., "Internet Consultations In Support of National Forest Programmes", *Unasylva* 225, Vol. 57, No. 3, 2006.

Cortne, H., Jense, M. & Bright-Smith, D., *Evaluating Forest Policies In the United States: Components of the Process and a Case Example*, In Forest Policy Analysis (eds. Birger Solberg and Paivi Pelli), Joensuu, EFI, 1995.

Crabtree B., *Policy Instruments Design for Multi-objective Environmental Forestry: The Case of Carbon Retention by Farm Woodlands*, Workshop on Instruments for Global Warming Mitigation: The Role of Agriculture and Forestry, Centro di Ecologia Alpina, Monte Bondone (TN) Italy, May 1996, Cullingworth J. Barry, Canadian Planning and Public Participation, University of Toronto, 1984.

Deville B. Kinsley B. L., *Community Infrastructure and Participation in Culture*, Minister of Supper and Services Canada, 1980.

Egger P. Majeres J., *Local Resource Management: Strategic Dimensions of People's Participation*, in the Reader of Participation by SPRING, University of Dortmund: Germany, 1993.

FAO, *Developing Effective Forest Policy-A Guide*. FAO, ROME, 2010.

FAO., *Guidelines for Forest Policy Formulation* (By Bertram Hush), Rome, 1987, Forestry Paper 81.

FAO., *National Forestry Action Programmes-Operational Principles* (draft paper), Forestry Department, Rome, 1994.

FAO., *The Community's Toolbox, The Idea, Methods and Tools for Participatory Assessment, Monitoring and Evaluation in Community Forestry*, Rome, 1990.

Franz S., Kurt B., Williz, *Cross-Sectoral Linkages in Forestry: Review of Available Information and Considerations for Further Research*, Rome: FAO, 2001.

Freeman and Redd, "Stockholders and Stakehoders: A New Perspective on Corporate Governance", *California Management Review*, Vol. 25, 1983.

GARDNER, James R. Robert Rachlin and H. W., *Allensweeny, Handbook for Strategic Planning* (Ed.), New York: John-Willey-Sons, 1994.

Ghai Dharam, *Concept and Practice of Participation: Some Theoretical Considerations*, International Conference on Popular Participation in The Recovery and Development Process in Africa, 1990.

Glück, P., *Evolution of Forest Policy Science in Austria. In Forest Policy Analysis*, (eds B. Solberg and P. Pelli), Joensuu: EFI, 1995.

Grimble R. et al., *Trees and Trade-offs: A Stakeholder Approach to Natural Resource Management*, IIED, London: UK, 1995, Gatekeeper Series No. 52.

Hardin, G., "The Tragedy of Commons", *Science*, 162, 1968.

Hussein K. and Nelson J., *Sustainable Livelihoods and Livelihood Diversification*, Brighton: Institute of Development Studies, 1998, Working Paper No. 69.

Jessen, B., *Planning as a Dialogue*, University of Dortmund, Germany, 1992.

Jodha, N. S., *Common Property Resources: A Missing Dimension of Development Strategies*, Washington, DC: The World Bank, 1992, Discussion Paper No. 169.

Jodha, N. S., "Common Property Resources and Rural Poor in Dry Regions of India", *Economic and Political Weekly*, 21, 1986.

Joel. L. Fleishman., "A New Framework for Integration: Policy Analysis and Public Management", in David Easton and Corinne S. Schelling, ed., *Di-*

vided Knowledge. Across Disciplines, *Across Cultures*, Sage Publication, 1991.

John Parrotta, Liu Jinlong, Sim Heok-Chok., *Sustainable Forest Management and Poverty Alleviation: Roles of Traditional Forest-Related Knowledge*, IUFRO Series Volume 21. Austria, 2007.

Johnson C., *Rules, Norms and the Pursuit of Sustainable Livelihood*, Brighton: Institute of Development Studies, 1998, Working Paper No 52.

Kani Isik, Faik Yaltirik, Aytug Akesen, *Forests, Biological Diversity and Maintence of The Natural Heritage*, Vol 2: 3 – 22; Proceedings of the XI World Forestry Congress, 13 – 22 October 1997, Antalya Turkey.

Keeley J. and Scoones I., *Global Science, Global Policy: Local to Global Policy Processes for Soils Management in Africa*, Brighton: Institute of Development Studies, 2000, Working Paper No 115.

Kidd V. Charles and Pimental D. (ed.), *Integrated Resource Management, Agroforestry for Development*, Academic Press, INC. USA, 1992.

Klooster, Daniel James, *Conflict in The Commons: Commercial Forestry and Conservation in Mexican Indigenous Communities*, Ph. D, Disertation. University of Califonia-Los Angeles, 1997.

Kumar, K., *An Overview of Rapid Rural Appraisal Methods in Development Settings*, In: Kumar. K. (ed) Rapid Appraisal Methods, World Bank, Washington D. C: 1993.

Kumar S., "Does 'Participation' in Common Pool Resource Management Help the Poor? A Social Cost-Benefit Analysis of Joint Forest Management in Jharkhand", India: 2002, *World Development*, Vol. 30 (5).

Lasswell H. D., *A Pre-view of Policy Sciences*, American Elsevier, 1971.

Lasswell H. D., "The Policy Orientation", in Lerner and Lasswell, ed., *Policy Science: Recent Developments in Scope and Method*, Stanford University Press, 1951.

Lichfield N., Kettle, P. & Withbread M., *Evaluation in the Planning Process*, Oxford: Pergamon Press, 1975.

Lipton M. and R. Longhurst, "Modern Varieties and The Poor", In: *New Seeds and Poor People*, Unwin Hyman, London, 1989.

Liu Jinlong., "Contextualizing Forestry Discourse and Normative Framework of

Sustainable Forest Management in Contemporary China", *International Forestry Review*, 9 (2), 2007.

Liu Jinlong, etc., "Enhancing Community Participation: Participatory Forestry Management in China", in Plummer, J. and Taylor, J. (eds) *Community Participation in China-Issues and Processes for Capacity Building*, Earthscan, London, 2004.

Liu Jinlong, "Farmer's Decision Is Best-at Least Second Best-Participatory Development in China: Review and Prospects, Forests, Trees and People", *NEWSLETTER*, Vol. 38, 1999.

Liu Jinlong., *Forests in the Mist*, Wageningen University and Research, Wageningen, 2006.

Liu Jinlong, Yuan Juanwen, "China's Boom in Household Management of Forests", *Unasylva*, Vol. 58, 212, 2007.

Long N., *Rural Development Sociology-actor Perspectives*, London: Routledge, 2001.

Luo Yaofeng, Liu Jinlong., *Traditional Forest Management of Baima Ethnic People*, Forest Ecology and Management, Special Issue-Asia TFRK, 2009.

Mahanty S., "Conservation and Development Interventions as Networks: The Case of the India Ecodevelopment Project, Karnataka", *World Development*, Vol. 30 (8), 2002.

McCay, Bonnie J. and Svein Jentoft, "Market or Community Failure? Critical Perspectives on Common Property Research", *Human Organization*, 57 (1), 1998.

Meredith B. *Changing the Way We Work.*, Oxord: Butterworth-Heinemann, 1997.

Meredith B., *Team Roles at Work.*, Oxford: Butterworth-Heinemann, 1993.

Ministry of Community and Social Services, *Analysis and Design of Public Participation Programme Evaluation in Ontaria*, 1974.

Mitchell, R. K., Agle, B. R., Sonnenfeld, J. A., "Who Matters to CEOs? An Investigation of Stakeholders Attributes and Salience, Corporate Performance and CEO Values", *Academy of Management Jounal*, Vol. 42, No. 5, 1999.

Mitchill, R. K., Agle, B. R., & Wood, D. S., "Toward a Theory of Stakeholder Identification and Salience: Defining the Principle of Who and What Really Counts", *Academy of Management Review*, 22 (4), 1997.

O'Hara P. , Pulhin J. , "Taking Participation of Villagers Beyond the Villages to National Forest Policy Processes in The Philippines", *Unasylva* 225, Vol. 57 (3), 2006.

Ostrom E. , *Governing the Commons: The Evolution of Institutions for Collective Action*, *Political Economy of Institutions and Decisions*, Cambridge University Press, Printed in USA, 1994.

Ozbekhan, H. , *The Emerging Methodology of Planning*, *Fields Within Fields*, No. 10, 1973.

Paul S. *Community Participation in Developing Projects*, Washington, DC: World Bank, 1987.

Peters B G. , "Managing Horizontal Government: The Politics of Co-ordination", *Public Administration*, 76 (2), 1998.

Pinkerton, Evelyn W. , "Translating Legal Rights into Management Practice: Overcoming Barriers to The Exercise of Co-management", *Human Organization*, Vol. 51 (4), 1992.

Policity. com, *Glossary of Selected Citizen Participation Techniques*, http: / www. policity. com/cp/public%20Library/glossary. htm.

Repetto, R. , Overview, *In Public Policies and the Misuse of Forest Resources*, Eds R. Repetto and M. Gillis, Cambridge University Press, Cambridge, 1988.

Schmithusen, F. , "Current Trends in Forest Policy and Law: Their Impact on Forestry Education", In *International Conference on Forestry Education Vol*, I. University of Tuscia. Viterbo, 1990.

Sepp C. , Mansur E. , "National Forest Programmes a Comprehensive Framework for Participatory Planning", *Unasylva* 225, Vol. 57, No. 3, 2006.

Sewell Derrick and Coppock J. T. *Public Participation in Planning*, London, 1997, New York, Sydney.

Smith L. Graham. , "Mechanisms for Public Participation At a Normative Planning Level in Canada", *Canadian Public Policy*, No: 4, 1982.

Worrel, A. C. , *Principles of Forest Policy*, McGraw-Hill C. , New York: 1970.

Yuan, J. , Liu, J. , "Fengshui Forest Management By The Buyi Ethnic Minority in China", *Forest Ecology and Management*, 257, 2009.

Zingerli C. , Bisang K. , Willi Z. , *Towards Policy Integration*: *Experiences with Intersectoral Coordination in International and National Forest Policy*, Userpage, Fu-berlin. de, Berlin, 2004.

后　　记

这本书第一稿完成于 2007 年，本不想出版了。林家铺子里的好兄弟、好姐妹时常敦促，应当把这本书交付出版社，不是不想，是怕伤害到林业战线上辛勤耕耘的广大同事们。中国人民大学同事谷莘老师自愿成为本书的第一读者，她通审了全书，转化了书中许多刺目的句子，梳理了文字。福建省三明市林业局副局长庞闵志高级工程师不断在鼓励和催促我。在过去 12 年中，我又三次对文稿进行了大修。我无须表白打心里对林业的热爱，更无须表白对林业战线同志们的情谊，正因为这份"爱"和"情"，促使我下决心接受同志们的期盼，把这本书稿交给了出版社。

一　森林管理政策制定的客观需求

1. 林业部门的改革需要新思想

参与式林业思想是我学术生涯中诞生出最重要的孩子，自然会百倍呵护。正如一再表达的，我无意推动参与式林业作为中国林业发展的主流话语。参与式林业给了我们一个全新的视角，让所有相关利益者一起观察林业、观察社会、观察这个世界。在越来越多元化的时代，不认同参与式林业政策过程可以万能，不抱这样的幻想。我也不认为，只要接受了参与式林业政策过程的思想，中国林业政策就能从此走向通途。参与式林业只是推动社会多元化、政策多维度工具和思想之一。

政府官员和村民对于不同参与式工具的有效性有着正好相反的选择。政府官员更喜欢快速、结构化、便于分析的问卷，而村民更喜欢虽然耗时但可以有效确认问题根源和敏感关系的问题分析和文氏图。林业部门工作的对象应该是人，而不是树，因此引进参与式政策过程的概念和方法的目的是为未来开展林业工作提供了一个全新的视角，导入一个新的方法和工具，通过我们和村民一起工作来强调过程，进而实现森林可持续经营的目标。

任何国家层面上成功的林业改革往往是林业改革作为一项综合改革的重要配套改革。综合改革是一系列政策措施的组合，涉及众多部门和复杂的相关利益者，通常可以分解成若干个步骤、分阶段、循序渐进的政策举措来推动。林业改革需要顺大势而为，而部门自身单项突进的改革鲜有成功的案例。过去的30年，在我国开展林业政策，作为一项重要的综合配套改革内容，出现许多的机会窗口。借助于2003年国家取消农业税的机会，林业部门可彻底告别"以林养林"的时代，而推动林业管理从管制型向服务型转变。借助于集体林权制度改革，彻底推动林业部门向服务型政府方向改革。然而，我们错失了这些机会。当下我们国有森工局的包袱越来越重，改革成本越来越高。集体林和私有林管制性管理未见有松动的迹象，在相当长时期内少数地方政府和林业部门在一定程度上依赖林业的税费来维持。税费停征后，林业部门依靠赋予的权力维持着部门存在的意义，依然难以看到向服务型部门转变的质的变化。集体林权制度改革，作为部门单项突进的改革，只是借用地方党政一把手来推动，行政治运动之势短期内完成了数以千万本林权证的发放工作。有些林区基层林业站和县级林业局高负债运行，靠收费弥补经费的不足，靠中央政府的林业发展项目资金来维持作为政府机关存在的价值。

林业部门应当能够敞开心扉，接受公众和其他相关利益者的意见，需要让公众和其他相关利益者相信，我们愿意改革，我们能够把握任何新的机会，与所有相关利益者一道共同建设祖国美丽的河山，建设中国的生态文明，为实现中国梦贡献力量。

新的一轮政府机构改革，林业部门终于实现了从一个部到一个部属局质的突破，从而丧失了独立制定林业政策和法律的权力。在人类越来越面临资源和环境矛盾加深的今天，在我国生态文明建设提到如此高的议事日程上的当下，而作为陆生生态系统的主体——森林，却失去了作为一个独立政策部门来管理。作为一个学者，我是完全支持成立自然资源部，统领我国包括森林、海洋、草原、荒漠、湿地、生物多样性在内各类自然资源的行政管理，真正实现自然资源管理的综合性、系统性和复杂性。然而，作为一个学者，又不得不表达出忧虑，自然资源部作为整体尚缺乏开展森林管理政策和法律制定的前提条件。至少没有理由让人相信，在政策决策上，自然资源部会汲取国家林业局所走过的基本失败道路的教训，让相关利益者参与作为一个重要准则贯穿到未来政策和法律制定过程中。降格而组建的国家森林与草原局应当作为政策实施者的角色，而又不得不承担森林管理政策和法律制定者的部分任务。未来林业部门的利益将越发浓烈，数以百万计林业行政和事业单位、国有森工和林场干部、职工面对只能在越来越有限的赋权中去寻找最大的利益。作为学者，不能不担心数以千万计林业产业工人和数以亿计的农户利益如何维护，中国生态安全、中国可持续发展、中国生态文明建设如何在森林管理政策和法律制定中得以体现。

2. 参与式林业政策是提高林业政策科学性的良好工具

林业作为环境和发展的纽带，在可持续发展框架下覆盖了政治承诺、国家发展规划、缓解贫困等复杂政策问题，考虑到林业政策的复杂性、整体性和相关利益群体的多样性，林业政策越来越成为一项公共政策，利益相关者的参与成为政策制定过程的中心。参与式林业政策过程可以整合不同利益相关者的观点和化解不同利益需求间的冲突，对于提高林业政策的科学性和有效性，促进不同利益主体的政策协调和政策合作有着极为重要的意义。

科学的决策呼唤科学的规范程序。参与式方法改进了政策制定的传统方式，将自上而下的程式化征求意见，转变成立足基层调研，让不同利益群体广泛参与其中，增强上下之间和利益群体之间的互动，尊重各利益群体的意愿，提高政策的可操作性和执行力。调研需要科学的方法和手段。参与式方法让不同的利益群体平等参与、机会均等，充分表达各自的意愿，丰富了工作调研的形式，能够克服以往座谈会、调查表、征求意见报告等方式的弊端，避免调查群体选择倾向性、强势群体主导发言，影响调研的客观和真实性。

将参与式方法运用于林业政策制定过程是一种新的尝试，虽然缺乏经验和人才，只能是边学习实践、边总结提高，但实践过程中仍有一些启示值得林业部门思考。将参与式方法用于林业决策和管理，将推动"部门林业"向"社会林业"的转变。计划经济体制形成的传统"命令服从型"管理模式，已不适应林业形势发展的变化，将逐渐被市场经济体制下的"引导服务型"管理模式取代。森林经营者不应被动地执行林业部门制定的规定，而是参与到政策的制定过程中，充分体现广大农户的自主管理，林业管理方式亟待转变。

3. 参与式方法的运用可增强林业政策的有效性

以集体林权制度改革为例，林改及其配套政策实施是一个复杂的政策过程，明晰林权是森林可持续经营的必要条件，然而却不是充分条件。集体林权制度改革不能只是单一明晰产权，必须对森林管理体系、公共财政支持体系、林业投融资体系、林业保险政策、林权流转政策、中介组织发展政策等进行综合配套的改革。集体林权制度是我国农村基本的经营制度，其改革显然已经超过了单个林业部门的职权范围。实现林业政策协调与合作，特别是在基层实现林业部门与非林业部门的协调，林业部门与农户社区、林业企业、国有林场等相关利益群体的合作显得尤为必要。参与式方法能够让包括政府部门和基层农户在内的各个利益主体参与到政策制定过程中来，从而确保改革措施能够适应基层实践，真正"接地气"，作为一个大国，我国不同地区林业发展水平千差万别，只有增强政策制定过程中的参与性，聆听不同利益主体的声音，才能够让政策适应各地实际情况，真正解决各个地区面临的问题。

二　促进相关利益者的参与

1. 增强不同利益主体的参与能力和意愿

不同利益主体参与林业政策过程，是一个渐进的、所有参与群体学习和相互适应的过程。林业部门行为和态度、相关部门和利益主体的参与能力是制约政策协调和合作稳定性的关键因素。对林业部门来说，在集体林权制度改革中，需要树立农民群众是改革的参与主体、受益主体、同时也是决策主体、监督主体的观点。林权分不分、怎么分、分多少，都应由农民说了算。地方各级政府应注重保障农民群众的知情权、参与权、决策权和监督权。此外，还要切实加强农户社区、林业企业等相关利益群体的参与能力建设。70年来，我国广大农户和其他相关利益群体很少，甚至没有参与到历次林权改革政策的制定过程中去，这在很大程度上动摇了农户对政府政策的信心。地方政府和林业部门的干部和技术人员应给予农户代表等弱势群体参与的空间和机会，提高他们参与林业政策制定的积极性，关注农户、社区型林业企业的政策介入能力建设。

任何政策在基层的实施过程，都是一个逐步建立信任和重塑基层权力关系的过程，要从根源上解决林业政策制定过程中在协调与合作上的问题，减少现行的相互重叠、相互冲突、相互矛盾的政策行动，就需要对条块分割、自上至下命令管制型管理模式进行改革。从这个角度上说，林业政策协调与合作中存在的问题，也是我国整个行政体系改革需要解决的问题，实现政府决策民主化、赋权还权于社群是世界范围内不可避免的趋势，也是中国行政体制改革的方向。

2. 努力推动林业政策制定过程中的多部门合作和多主体参与

森林是实现环境与发展相统一的关键和纽带，对改善生态环境、维护人类生存发展起着重要作用。中国林业部门已经意识到了林业新的发展趋势：林业已经从部门专营转变为多部门合作、多利益群体共同参与的事业，这就需要提供一个开放式的过程，通过构建多层次的伙伴关系，尽可能为不同利益相关者提供咨询、质疑和谈判的平台和机制，整合不同利益相关者的观点和化解不同利益诉求间的冲突。森林伙伴关系在本质上是为了应对和解决与森林有关的减贫、公平发展、生物多样性、气候变化、荒漠化等问题，林业系统内部以及林业部门与各利益相关群体之间，通过建立稳定的沟通平台和合作机制，在国际、国家、地方三个层面开展与森林可持续经营有关的行动。伙伴关系成员通过分享林业发展的经验和技术，加强自身能力建设，在政策、制度和战略制定过程中进行合作等方式，增进林业部门与其他相关利益群体在森林问题上的相互协作和协调，促进中国森林可持续经营。

3. 关注弱势利益群体的能力建设

参与式林业政策过程，也会在潜移默化中改变政府与公民、政府与社会的权力结构和信任关系。林业政策中的各个参与方，既不是某个整体下具有不同功能的组织单元的关系，也不是市场机制中竞争主体的关系，更不是科层制下的上下级关系，各个主体应该是相互协调、共同合作、求同存异、退出自由的。参与式方法的具体应用和表现形式是多样的，但核心是平等互利。需要注意的是，在理想的参与式实践中，参与各方的地位应该是完全平等的，拥有相同的话语权和参与能力，能够有效地参与利益博弈过程、传达自身利益诉求，最终实现利益相关者间的协调与合作；但在具体的实践过程中，政府部门，特别是上级政府部门往往在伙伴关系网络中处于中心位置，对伙伴关系的建立、维护、优化、调整有着巨大影响力。因此，参与式方法的实施，首先需要各方持有一种积极合作、平等相待的态度。在我国当前国情下,政府拥有丰富的行政资源,对公共事务拥有绝对的控制力。相对而言,我国民间组织发育较为缓慢,在专业化、规范化和影响力等方面与国际非政府组织仍然有较大的差距。私有部门和社区也往往缺乏足够的能力和意愿参与到伙伴关系的实践当中。因此,在伙伴关系的构建中,应当关注相对弱势的利益相关群体,特别是社区农户、社区型林业企业等,赋予弱势群体参与合作、表达意见的空间和机会,增强其参与公共事务管理的能力。此外,林业部门与森林之间直接的利益关系需要被切断,只要掺杂复杂的利益关系,林业部门就难以获得其他利益主体的认可和信任,林业部门也很难真正愿意与其他利益群体合作,分享自身利益,如此一来,改革不可能在一个正确的航向上。

三 森林管理政策改革复杂性

1. 公众对于政府不信任已经成为阻碍改革进程的重要因素

必须提高公众对政策制定的参与度和政府决策的透明度,增强农户对政策的归属感、掌握程度和信心。中国各级林业政府部门认识到相关利益群体的参与,对政策启动、形成、执行、监督和评估十分重要。积极推动参与式林业政策过程在集体林权制度改革中的试验,促进部门间政策的协调和推动相关利益者参与林业政策过程中。必须尊重当地群众的习惯和充分发挥集体行动在森林管理中的潜力。在市场经济相对发达的沿海地区,在市场的诱导下,农户可以自我组织起来,增加与市场的谈判能力,降低森林管理的成本。

2. 需要加强集体林产权与基层森林管理模式和利益机制的统筹

开展加强林业产权制度、基层森林管理模式、利益分配机制的综合一体化改革研究和试验。林业政策改革必须把视角拓展到中国经济社会高速发展背景下农村社会、政治、经济和治理模式的演变中来。林业部门需要坚决果敢地取消涉林收费,建立公共财政激励政策以支持林业的发展。政府建立恰当的财政机制,建立各方利益群体均能接受的利益市场化补偿机制,尊重当地人的传统习惯,结合市场手段,并组合以丰富多样的基层森林管理模式,是集体林权制度改革研究的重大课题。

3. 我国林业传统知识和文化应该受到重视

在具有悠久传统的社区里,森林与人长期和谐共生,创造了地方性森林经营的技术，传统森林管理制度（如村规民约、风水林），协调的基层权力关系和社会形态，进而形成了与森林相关的社区文化，这些都是人类文明的重要组成部分。林业传统知识在解决当前人类和本地区面临的林业、环境和发展问题中的作用逐步被重新认识。它必将对促进森林可持续经营、缓解发展中国家的乡村贫困，特别是少数民族地区的贫困发挥重要的作用。

4. 将林业政策纳入农村综合型社会发展政策框架之中

任何林业政策都不应该是孤立的部门政策，主导政策制定的政府部门，应该注重政策的综合性，林权改革必须与森林经营模式、具体森林经营者结合起来，必须与利益格局的调整结合起来，必须与政府管理职能的转变结合起来，必须与相关政策和法律、法规体系改革配套起来。这就需要做到以下几点：首先，应该聚焦于民众，包括对弱势群体的关注、贫困问题与贫困人群的资源可及性的解决、公平与公正的思路、消除社会排斥、促进民众的广泛参与、关注农户的生计维持等民生思路具体运用于林业政策制定之中。其次，林业政策制定需要采取综合型整体主义的思路。包括跨部门多主体的协作、林区综合社会服务体系的建立、组建农户的再组织政策体系等，多主体综合型的措施是整体主义思路的主要内容，而政策参与性是实现这些目标的重要手段。最后，应该注意宏观政策与微观的基层制度实践的联系。包括综合考虑地方传统知识、上层政策与地方制度的有效糅合、农村社会资本与政治资本的整合、权力资源与资本性资产的合理分配等，将宏观政策与微观基层制度实践的有效结合作为制定合乎实际林业政策的依据，推动农户致富、林区和谐、林业发展。

本书初稿完成于 2007 年，在过去的 12 年中，与我的学生一道多次赴贵州、云南、湖南、福建、河北、辽宁等地就集体林权制度改革开展了参与式林业政策过程的调研，致使我数易其稿。如果以成败论英雄，我与整体林业行业一样，是一个失败者。从 2002 年始，我开始倡导将参与式方法运用到林业政策制定中。作为一个身处激烈变革时代的知识分子，当不拘泥于成熟与主流理论和经验的束缚，投身于实践中为这个时代面临的重点和难点问题寻求解决方案。自豪地说，我无愧于这个时代赋予的责任，并付出了个人的努力，深感行走于林区和涂鸦在笔墨一样，都无比艰辛。FAO 和 NFP 支持下的参与式林业听证会及三明市林木采伐指标分配制度的调查，作为一种新的尝试，参与者为各种利益相关者，与专业的研究人员相比他们还显得稚嫩，思考还不够深入，但是他们没有"有色眼镜"，他们来自林区，不带任何预设的价值判断，但却用敏锐的眼光去捕捉事情背后的关系，这些忠实的原始记录，不断地纠正或者佐证我们的预设判断，尤其是政策决策者，需要在改革中学习，在改革中去探索林区发展之路、农户致富之策、森林可持续经营之良法。

我告诉学生：什么是参与式林业，简单地说就是"走万里路、访万数人、读万卷书"。这需要资金，需要灵活的项目资金以参与式林业政策过程思想的实践。感谢联合国粮农组织、原国家林业局计划与资金管理司、资源司、国际司，感谢国家社科基金，感谢中国人民大学科研处，感谢福建、贵州、河北、辽宁、湖南、云南、江西、广西等省（区）林业厅及各调研县的林业部门，尤其是三明市及下属各县（市、区）林业主管部门的大力支持。感谢福建农林大学刘伟平教授、中国人民大学谷莘老师对参与式林业政策过程理念的宽容和支持。感谢孙程艳、李科、盛建峰、李赛标、陈彬、王凯和陆婷婷。不管是真懂了，还是没懂，他们始终与老师站到一起。感谢三明市林业局原局长王怀毅、副局长庞闽志高级工程师、黄芳女士，沙县林业局副局长刘爱国高级工程师、永安市林业局副局长苏玉梅女士，还有许多调研县（市、区）的林业工作者、企业管理者和广大农户。

书中出现的错误和问题，一概由我本人承担。

中国人民大学　刘金龙
2014 年 8 月 28 日草拟于明德楼
2019 年 1 月 25 日修改于旧金山